# 星光下的劳作
——曹化根文艺评论集

曹化根 著

XINGGUANGXIA DE LAOZUO

北京师范大学出版集团
安徽大学出版社

**图书在版编目(CIP)数据**

星光下的劳作:曹化根文艺评论集/曹化根著.—合肥:安徽大学出版社,2017.5

ISBN 978-7-5664-1402-1

Ⅰ.①星… Ⅱ.①曹… Ⅲ.①文艺评论－中国－文集 Ⅳ.①I206-53

中国版本图书馆 CIP 数据核字(2017)第 119120 号

## 星光下的劳作
—— 曹化根文艺评论集

曹化根 著

| | |
|---|---|
| 出版发行: | 北京师范大学出版集团<br>安徽大学出版社<br>(安徽省合肥市肥西路3号 邮编230039)<br>www.bnupg.com.cn<br>www.ahupress.com.cn |
| 印 刷: | 安徽昶颉包装印务有限责任公司 |
| 经 销: | 全国新华书店 |
| 开 本: | 170mm×240mm |
| 印 张: | 16.25 |
| 字 数: | 251千字 |
| 版 次: | 2017年5月第1版 |
| 印 次: | 2017年5月第1次印刷 |
| 定 价: | 33.00元 |

ISBN 978-7-5664-1402-1

| | |
|---|---|
| 策划编辑:姜 萍 | 装帧设计:邓 雁 李 军 |
| 责任编辑:姜 萍 | 美术编辑:李 军 |
| 责任印制:陈 如 | |

**版权所有 侵权必究**

反盗版、侵权举报电话:0551-65106311
外埠邮购电话:0551-65107716
本书如有印装质量问题,请与印制管理部联系调换。
印制管理部电话:0551-65106311

# 执着与才情的展现
——《星光下的劳作——曹化根文艺评论集》序

钱念孙

时而白驹过隙、惊鸿一瞥，时而咀嚼品味、顾盼流连，更多是一目十行、走马观花、撷取要领，如此这般将《星光下的劳作——曹化根文艺评论集》翻阅一遍，不仅直观印象颇佳，还有三点可谓出乎意料。

其一，广博。当下做学问，分工趋向越来越细。研究中国文学，不仅分古代、近代、现代、当代等诸多学科，而且同是关注当代，有的侧重于前30年、有的偏向后30年，有的探讨思潮流派、有的专注作家作品，常常是打锣卖糖，各干一行。钻研贾平凹的，可能对莫言知之甚少，更不用说超出文学之外的其他艺术门类了。化根的评论与此迥然不同。这本评论集既有分析文坛现象，讨论小说、散文、诗歌的文学评论，也有解读绘画作品，研究画家创作的美术评论；既有探赜书法奥妙，品衡书坛人物的书法评论，也有谈论摄影、剪纸、影视纪录片、学术著作的图书评论，还有对唐代大诗人李白的系列专题研究。如此等等不同领域、不同方面，不仅视野开阔，涉猎广泛，而且彼此呼应，相得益彰，反映出作者具有较为广博的知识面，更体现出其拥有较为全面的综合艺术素养。《名著是伟大的山岳》《想象的彼岸：从平民意识到精英情结》《从边缘接续传统》等，凸显了作者对文学的独到体悟和深思；《说宋荦〈谪仙楼观萧尺木画壁〉》《乱头粗服的秩序》《书法圈中明白人》等，体现了作者对书画艺术的沉潜和稔知；《李白的明月世界》《王维李白山水诗艺术比较研究》《我读钱钟书〈宋诗选注〉》等，则彰显了作者人文学术的根基和匠心。化根的评论，不论在广度或深度上都可圈可点，这对当今中青年评论者来说，颇为难能可贵。

其二，敏锐。中国自古就有文以载道的传统。白居易主张"文章合为时而著，歌诗合为事而作"，得到绝大多数文人士大夫的推崇。所谓"为时""为事"，用今天的话说，就是紧密联系实际，敏锐反映现实。化根的评论，这方面做得相当出色。收入这本评论集中的文章，不是从书本到书本的知识搬运和演绎，不是躲在象牙塔里咏叹个人的欢愉和悲愁，而是面向热气腾腾的社会生活，面向绚丽多彩的文艺创作，捕捉其行进过程中的矫健身影或彷徨脚步，为其在庸常生活的夜空绽放精神礼花而雀跃，为其在市场潮汐侵蚀下随波逐流乃至自甘沉沦而痛惜。作者作为马鞍山市文艺评论家协会主席，对当地文坛艺苑的创作动态，对作家艺术家的耕耘劳作，投入极大热情跟踪关注，或综述评论整体演进状貌及成就，或剖析探讨作家艺术家的个案特点及得失，追寻进程、展示成果、研讨问题、传播新知，一定程度上起到整合力量、繁荣创作和评论的作用。《星光下的劳作——曹化根文艺评论集》一卷在手，马鞍山文坛艺苑的奇峰秀谷及鲜花瑶草，虽然难说尽收眼底，起码也可略知概貌。我想，这也从另一方面彰显了化根评论的价值。

其三，扎实。近日翻阅80年代出版的《书法》杂志，田恒铭先生在一篇评论方绍武先生书法的文章中提到：当年他曾将方绍武的书法作品带给林散之指点，耄耋之年的散之大师细看了好一会，才慎重说出四个字——"写得扎实"。田恒铭认为，扎实两字分量很重，既是对方绍武先生深入传统，在临帖上狠下功夫的肯定，也是对其书法灵动而合规矩，一点一划经得起推敲的赞扬。我觉得，谈论曹化根的文艺评论，"扎实"似也可算其特色之一。眼下一些文章或图书，标题十分抢眼，排版设计更是夺人眼球，但浏览下来，多空洞无物，哗众取宠，让人心中不禁大呼"上当"。化根的评论，当然不能说篇篇醒人耳目，但多为有感而发，言之有物，却并非虚言。他的评论，立足生他养他的一方热土，探测这方热土上文人艺术家的心跳脉动，记录他们的追求和耕耘，为他们取得的成绩而欣喜，存在的瑕疵而着急，多能有一说一，有二说二，且能有板有眼，乃至文采飞扬地说得头头是道。收入集中的篇什，不论是洋洋洒洒的宏论，还是简明扼要的短章，多有材料、有观点，叙述清晰，文思缜密，言之成理，持之有故，读后总能让人感到有所收获。以"扎实"两字许之，当非言过其实。

读化根的评论集，也生出一些惆怅和遗憾。他文笔好，有思想，素质佳，人勤奋，确为从事文艺评论的难得人才。多年来，他一直从事繁忙的行政工作,曾任马鞍山市雨山区副区长,现任市监察局副局长,文艺评论只是闲暇时见缝插针摆弄的副业,这不免让人产生用非所长、才非所用的感叹。他的评论集所以名为"星光下的劳作",我想便是意在表明,这点收成都是辛辛苦苦熬夜笔耕的结果。不过,这也从另一角度说明,他是一个有理想、有毅力的人,一个热爱文艺评论、并为之殚精竭虑、不懈追求的人。否则,在文艺评论这条缺少鲜花和掌声的崎岖山道上,很难想象一个业余写作者能够长期坚持,艰辛攀登,取得如此成绩,达到如此境界。化根正值盛年,他以自己的执着和才情,为马鞍山的创作兴盛和评论发展奉献力量,也在此过程中成长为当地评论界的标杆性人物。他的潜力还很大,我们相信并祝愿他在文艺评论上百丈竿头更进一步,写出更多更好悦心明智的佳作来。

化根同道要出版文艺评论集,嘱我作序,却之不恭,只好应承下来。七事八事耽搁好长一段时间,直到出版社已三校定稿,才将早已存在电脑里的电子版匆匆打开,匆匆浏览,匆匆写下以上粗浅观感。是以为序。

**2016年11月24日于书香苑**

(作者系全国人大代表、安徽省政府参事、安徽省文艺评论家协会主席、安徽省文联五届副主席、安徽省社科院文学研究所原所长、研究员)

# 目 录

## 文学评论

- 3 把握时代 反思历史 展示生活的画卷
  ——马鞍山市第二届"太白文学奖"获奖作品综述
- 8 想象的彼岸:从平民意识到精英情结
  ——严歌平小说创作透视
- 14 名著是伟大的山岳
- 17 阅读的堕落与无奈
  ——析电视引导读书现象
- 19 关于马鞍山散文创作现状的若干思考
- 23 以实笔状传奇 化抗争于幽默
  ——陶立群长篇小说《狐乡》纵横谈
- 29 语言干净 源自灵魂纯洁
  ——读石玉坤诗集《从清溪抽出丝绸》
- 34 至老不衰的诗情
- 38 真实的声音
  ——评甘迎春《十月的雨》
- 39 我想阅读的几本散文
- 41 感悟与捕捉
  ——评言行一散文集《我的星辰》
- 44 人生有味是清欢
  ——评苏竞散文集《别处的清音》

48 从边缘接续传统
　　——简评沙鸥诗集《触摸玫瑰》

50 安顿心灵的故乡
　　——评高方平散文集《姑溪河畅想曲》

53 她的文字，就是一场寂寞而绚烂的烟火

## 书　评　　　　　　　　　　　　　　　　　55

57 文艺评论集《擦亮珠玑　拯救遗忘》前言

60 "太白后身"的历史还原
　　——读张庆满新著《郭祥正评传》

66 吹尽黄沙始到金
　　——评沙鸥著《萧云从丛考》

69 抚摸肌理　聆听心跳
　　——序《城市记忆》

73 溢出的价值
　　——读《辉煌60年》

75 记住历史深处的童年时光
　　——刘阳生编著《新千家诗》读后

80 解读《国画》

82 我读钱钟书《宋诗选注》

84 独特的视角　震颤的心弦
　　——《青苔街往事》读后赘语

86 热爱故乡的一种方法
　　——读霍光武老师新作《姑熟诗韵》

90 山水诗心　人文化成
　　——《马鞍山文史简读·诗文流韵》概述

95 序《徐乃年散文集》

99 谪仙的人间情怀
　　——李子龙新著长篇历史小说《残阳——李白生命的最后两年》读后感

**103** 学者风骨　赤子情怀
　　——谨以此文纪念李子龙先生辞世三周年

**111** 拯救遗忘　擦亮珠光
　　——评沙鸥著《正在舒展的画卷——萧云从评传》

**118** 铜陵马鞍山小说散文大赛获奖作品读后

## 美术与影视评论　　　　　　　　　　　　121

**123** 话宋荦《谪仙楼观萧尺木画壁》

**129** 他用水墨表达哲学思想

**133** 朴素的感情　动人的艺术
　　——小记崔建锁剪纸艺术

**136** 来自大家　回归大众

**139** 张扬个性　继往开来
　　——记98马鞍山市二十五位青年书画展

**142** 简评纪录片《后工业来临之前》

**144** 关注王欢、陶李明

**146** 乱头粗服的秩序

**150** 简评摄影集《美丽诗城》

**152** 文化旅游片《沿着诗仙游历的足迹》解说词

**156** 《四时白纻歌》旁白

**158** 都市间的灵境山水
　　——褒禅山香泉旅游度假区

**160** 紧贴地面的飞翔
　　——评严歌平电影新作《萨摩耶和狮子座的故事》

## 书法评论　　　　　　　　　　　　　　　163

**165** 技道一体　优游卒岁
　　——蔡修权书法小记

168 诗书表里 山水文心
　　——写在汪荣政《千字文 江东山韵书法作品展》开展之际

170 狮子搏象 全力以赴
　　——小记蔡修权和他的书法

174 书法圈中明白人
　　——略记袁诚书法观及其书法

179 王月明书法集《诗仙高咏马鞍山》序

## 李白研究　　　　　　　　　　　　　　　　181

183 李白的明月世界

194 李白命名地名及其相关问题探析

202 李白诗篇万古传
　　——中国李白研究会会长郁贤皓教授访谈

206 李白使用严光典故之探析

214 李白四咏天门山

217 以"谪仙人"称誉为起点透视李白人生悲剧

229 王维和李白山水诗的艺术比较


242 附　录
　　——"文化发展年"里的文化思考

249 后　记

文学评论

# 把握时代 反思历史 展示生活的画卷
## ——马鞍山市第二届"太白文学奖"获奖作品综述

为鼓励马鞍山市广大作家遵循先进文化的前进方向,自觉投身于改革开放和现代化实践,努力推进文学的创新与繁荣,多出人才,多出精品,马鞍山市从1998年起设立政府"太白文学奖"。该奖的设立,进一步激发了全市广大文学工作者的创作热情。特别是2000年以来,涌现了一批具有较高艺术质量、反映现实生活、较有深度的文学作品。从2002年2月起,着手进行第二届政府"太白文学奖"的评选活动,经过作品申报、初评、终评、评选领导小组审定及公示,获奖作品已全部产生,16件文学作品从68件申报作品中脱颖而出。在5月23日毛泽东同志《在延安文学座谈会上的讲话》发表60周年之际,获奖作品受到市政府通报表彰。为公正客观地审视获奖作品,既肯定其创新与成绩,又指出尚需努力的方面,同时,也为引导广大读者理性阅读,下面从文学类别角度对获奖作品作简要评述。

### 诗歌:涌动真情 守望理想 坚持个性

毋庸讳言,诗歌的黄金时代已经远逝,市场经济催动社会蓬勃发展,也使整个社会迅速世俗化,甚至庸俗化。在大多数人心目中,诗和诗人或多或少带有贬义。但诗歌作为语言的精华,并不因为世俗的白眼而彻底丧失它的神圣性。诗集《世纪之旅》是陈光华多年诗歌创作的精选。朴素的意象和激越的情感形成了陈光华诗歌独特的风格,作品昂扬向上,充满刚健的雄性之美。从陈光华的朗诵诗中,我们感受到的是诗人对于时代脉搏的敏锐把握和对生活执着的爱。《他在黄山》是对小平同志的礼赞:"他在寻找/一根怎样的长缆/才能把搁浅的中国/——这条大船/拖出沙滩/寻找一根神奇的杠杆/寻找一个受力的支点/撬动一个社会的加速运转/寻找一把钥匙/把封闭的国门/向大洋打开/让强劲的风/鼓起一个古老民族之帆。"诗歌饱含深情而又具有充实的美感,他的抒情诗在艺术质量上更胜一筹,可以说是咀嚼苦难,在苦难中升华哲理,流淌出对于生命的深刻感悟。《磨道里》这样写道:"一圈一圈/驴是分针,人是秒针,黑亮的磨道/沉淀了厚重的时间/四季被装进磨眼/希望被装进磨眼/收获被装进磨眼/辛苦被装进磨眼/磨成了纷纷扬扬的碎片/磨尽了我祖母的青春/磨皱了我母亲的容颜/转了人老几倍/还在原地/画着一个沉重的圈/终于磨碎了一个长夜/终于跳出了这个圆圈/当我从磨道走出来时/天,已过正午/人,已过中年。"任何一个对诗有感觉的人读了此诗都会浩然长叹。我认为,即使在当代中国诗歌史上,陈光华的这首诗也应该有自己的一席之地,因为它表达了中国人普遍的悲剧与宿命和走出循环怪圈之后痛切的反思。

　　钱锦芳的《梅花雪》和石玉坤的《大地的远》是恰可形成鲜明对照的两部诗集。前者匠心独运,具有雕塑之美、音乐之美,于华丽中见凝重,如《题林风眠画册》所咏:"苍鹭风骨与世界一样苍老/而生命却永远年轻狂放/艺术宗教般的光芒/把人生归宿照得雪亮。"后者雅俗嫁接,古汉语和民歌口语熔为一炉,作品自然轻快,和谐生动,如《柴》:"桂花落深山/山月照秋火,哥呀/我的心花为你开。"但两者又有守望理想、张扬个性的共同品质。石玉坤的《齐白石》一诗可谓典型。在抒写白石老人对毛泽东送来温暖表示感激之后,笔锋一转:"白石老人一生正直/他画草虫不画太阳/白石老人/忠实自己的眼睛。"借助诗笔,诗人传达出自己所坚守的艺术信念和人格境界。如果说钱锦芳还脱迹于朦胧诗,在意象选用、辞藻修饰及诗思安排方面还苦心孤诣的话,那么石玉坤则因年龄尚轻而毫无负担地摆脱了传统窠臼,语言清丽,意境淡远,更加自由流畅。时代在两代人身上所留下的印痕泾渭分明。杨建《母羊的悲苦》是在静穆中显示思想深度的组诗。无论是薄暮时分的杉树林,是母羊分娩时的哀叫,还是冬至时节前往山间墓地祭奠亡灵的人群,虽然色彩、声音、动作、形象、氛围俱全,但透过缤纷的现象我们看到的是天地一体的安静,在安静中渗出一丝丝悲天悯人的关怀。

### 小说:解剖世象　回望历史　承担道义

　　当下,小说的地盘比诗歌大得多,尽管读者也在大批消失。无论语言、情节、文本怎么变幻,我都固执地坚持刻画人物是小说的第一要义。只有人物立住了,其他一切才有所附丽。20多年来,陈章永一直浇灌着自己的教育园地,并持之以恒地掘井不懈,最终掘了他的第一部小说集《出走》。《出走》的是小孩,《没有寒夜》的是小孩,《找人》《犹抱琵琶》还是为了孩子。所有的作品都顺汤顺水一路写下,浓郁的生活气息扑面而来,平民味十足。我们从学校的四方高墙内既读出社会脉动的讯息,又看到现实社会中各种人物的多元性格。但沉稳耐心的陈章永最终还是要透过孩子和教师来审视当代中国教育的尴尬:教育手段对教育目的的背叛,陈旧的教育内容对复杂社会现实的疏离,望子成龙的想象对青春自由的压抑,铺天盖地的市场大潮对师道尊严的摧残……新锐作家程迎兵的短篇小说《幸福生活》对当前城市青年的某种生活方式作了真实的揭示与描写。在许多人看来,那种生活方式也许是消极颓废、缺乏进取精神和显示未来亮色的灰暗的生活方式,但作者敏锐地捕捉到这种事实并把人物的心理活动展示得淋漓尽致,小说按这种心理逻辑有节奏地展开,令人信服这种生活方式的客观性,其新颖的表现形式标志着马鞍山市作家在小说创作艺术上的求索与进步。青年作家沙封的小说集《在民间》散发出泥土的清香,对农民的辛酸有着深切体会,文风朴实,对大自然的深情往往含而不露。小说在设置悬念、勾勒人物上都有尚好的表现,惜乎对农村的风物、对庄家与泥土的描绘未能自由舒张,也许作者集中精力于人物与情节,而忽视了以环境烘托氛围、表情达意的作用。傅嘉的中篇小说《自己的日子自己过》着力刻画了一个叫彭郁杰的小人物形象。他在计划经济体制下是个衣食无忧的人物,但随着社会变革,他下了岗,跌入弱势群体行列。小说细腻地描写了他自暴自弃而又心犹不甘的挣扎心理和行为,有一定的警示作用。稍显遗憾的是行文波澜不兴,对人物心理的演变轨迹缺乏深刻揭示。无独有偶,卞博的短篇小说《摇曳的风筝》关注的也是失业下岗的底层人物韦长卿,小说结构完整,行文流畅,虽然因偶发事件造成主人翁的悲剧,读来使人觉得凝重伤感,但也发人深省。

引人注目的是,本届文学奖还有两部长篇小说入选。曾闵穷十年之功推出《孤烟》。孤烟是一个象征。作品比较客观地展现了饥饿年代底层人群残酷的生存状态,真实塑造了各种人物的不同命运。作者用笔大胆,直面真实,以再现历史的勇气揭开了40多年前中国历史上那个特殊年代冰山之一角,是对极"左"路线有力的控诉和批判,具有强烈的认识历史真相的价值。就笔者有限的阅读视野而言,对那一时代如此放笔直言而又元气淋漓的长篇还十分罕见。但文字粗疏,个别描写有自然主义倾向,缺乏美感。有时,对事件本身的把握与历史感喟未能浑融一体,创作技法不够成熟。王杰数易其稿,写出了反映"文革"后期一批回城知青在钢厂工作、生活和爱情的长篇小说《冷火》。正如作品所展示的那样,这里有那一代人权利的倾轧、政治的角逐、人性的展示、青春的奉献、爱情的甘苦。小说具有"私人记忆"的特征,在回忆中放大痛苦凸显个人感受。在叙述方式上传统成分居多,小说前半部结构稍显散漫,后半部逐渐紧凑凝练,高潮迭起。

**散文随笔:学思结合　才力相济　透视人生**

20世纪90年代以来,散文随笔方兴未艾。散文与随笔的界限日趋模糊,但真正有学识、有感悟的作品仍然能够打动读者。一般来说,散文更倾向于审美,随笔则侧重于思辨,但唯美易流于柔弱,思辨易趋于枯寂。以思辨为经,以审美为纬,方能刚柔相济,文质彬彬。这样看来,散文随笔的结合,也是顺乎世味民风的自然之举。何永炎《秋日漫语》一书显示了相当厚重的分量。作者以丰富的人生阅历为基础,以清醒的哲学思辨为工具,以博览群书的气度为底色,对历史、命运以及纷繁复杂的世态百相作了较为深入的剖析。叙述畅达,议论洒脱,气象开阔,卓有识见。但少数篇什刻意强调彻悟,离自然平淡尚有一步之遥。沙鸥的《纸上残墨》有浓郁的书卷气。通观全集,作者可谓学养有素,善于思考。艺术感悟凝练警拔,艺术类随笔出经入史,且有考证索引之功,有一定的文化品位,确属难能可贵。其中的《无痕呓语》用语准确,时见新意。但个别文化散文中,对历史的议论稍乏厚度。

郭翠华《我的大学》是一组回忆性质的散文。但回忆并不等于怀旧,她想超越怀旧的局限而达于某种思辨的高度。作品通过对个人悲喜遭际的叙述反映了特定历史时期的真实与荒诞,较好地把握了散文文体的功能和特征。平淡里含深意,婉约中见沉重,但意韵的开掘似乎尚未达到预想的深度。郭启林《父亲的处世哲学》也是一组高质量的散文。以父亲为题材的散文汗牛充栋,可谓选材普通,但是作者选取了特殊的视角。从这种视角关照父亲,往往平中见奇。在亲切的叙事和伦理亲情的背后积淀着悠久深厚的历史文化内涵,有着在不经意间打动人心的内在力量。从某种意义上说,父亲的为人处世、父亲的一言一行都散发着传统文化魅力。父亲,就是我们因袭历史的一个代码。但散文的叙述语言不够精到,个别地方有点拖沓。

综观本届获奖作品,我们心中充满喜悦。同上届相比,本届获奖作品有四个特点:一是专集数量多,专集和长篇小说共10件,占总量的近百分之六十,许多专集是作者多年呕心沥血的结晶。二是作品质量总体较高,部分作品已在省内外引起一定反响。三是主旋律作品突出。四是一批青年作家和女作家引人注目。这些都表明马鞍山市的文学创作在稳步爬坡,后继有人。但是,喜中有忧。最大的忧虑是尚未发现在全国引起震动的作家和作品。关键是作品的厚度不够。不少作家学养准备不足,对社会认识不深,对时代发展走向把握不准。眼界不够开阔,文本创新的动力不大,难以出现大气磅礴、震撼心灵的作品,还有一些人耐不住寂寞,心情浮躁,或陷于个人琐事和私人情感的叙述而不能超拔。面对喜忧参半的现状,面对急剧转轨变动的大时代,我们的作家应该不断砥砺人格,丰富学养,拓宽视野,提升境界,勤于思考,勇于探索创新,不断推出新的文学佳作,以优秀的作品鼓舞人,满足人民群众日益增长的精神文化需要,为繁荣新世纪文艺百花园,为马鞍山精神文明建设作出应有的贡献。

(原载于2002年5月31日《马鞍山日报》)

## 想象的彼岸：从平民意识到精英情结
### ——严歌平小说创作透视

很早就想为严歌平的小说创作写点文字，但一直又不敢轻易下手。一则对他的小说没有完全通读，率尔操觚有恐挂一漏万；二则我和他曾经是同事，在平时的工作交往中，难免涉及艺术话题，相似的见解和共同的感受拉近了心灵的距离，但往往成为客观评价其小说创作得失成败的障碍。更重要的原因，是严歌平多年忙于办杂志，处理一些日常事务，不能集中时间、精力从事创作，在这种状态下评论他的小说总觉得时机还不成熟，因此放弃了动笔的念头。

但事物都有两面。随着时间的推移，社会思潮和艺术观念不断更新，自己也忙里偷闲读完严歌平的主要作品，于是有了新的感受，有些按捺不住言说的冲动。况且，昨日的喧嚣已经沉寂，隔开一段光阴的小河回望一下来路，给漂泊的心灵稍事休整，总是一件美差。正如李白所言"却顾所来径，苍苍横翠微"。

严歌平的小说创作发轫于1980年代初，阶段性地终结于1990年代中后期。要认识严歌平的小说，首先必须认识这段历史。对于大多数读者而言，这段历史是大家共同的经历，仿佛不言而明。我们从严歌平的小说中也能捕捉到一些时代变迁的信息。但是如果细心一点，就能发现严歌平在表现时代进程时，有明显的被动和主动之别，转折点就是1987年前后他就读于武汉大学作家班时期。这倒不是因为他镀了金从此有了闪闪发亮的作家标识，而是因为两年的学习使他在开阔眼界的同时打牢了人格基座，进一步强化了他的价值判断和审美判断标准，从此就以批判的眼光和抗争的态度顽强地构建自己的文学殿堂。而在前期，他的小说主要是在艰难困苦或平淡生活中发掘人性中美好的因素,用人性美来打动读者。在后期,人性中渗进诸多复杂因素,作者不再代替读者作出价值判断,而让读者自己见仁见智,给人留下意味深长的思索。简单地说,严歌平小说创作有一个从"平民意识"到"精英情结"的转变。不过,这种"精英情结"又受到经济大潮的猛烈冲击,在经济和文化对立中升华为对人文精神的执着追寻。

发表于1983年第4期《清明》杂志的中篇小说《裹灰头巾的女人》,故事情节并不复杂。主人公"我"和妻子雨寒都是知识分子,不会操持家务,更不会带孩子。女儿澄澄的出世打破了"我们"的生活规律,孩子又经常生病,"我们"的情绪极其低落。妻子雨寒又有娇小姐的毛病,和前任几位保姆关系紧张,保姆们都走马灯似的不辞而别。

于是,吴妈出现了。她从巢湖农村来,带着乡下人特有的质朴、勤劳、善良和隐忍。在妻子提出极为苛刻的条件下,吴妈却对雨寒没有任何计较,很快扭转了家庭生活混乱无序的局面,带给"我们"极大的安慰。雨寒一次疏忽弄丢了戒指,便认定为吴妈所偷,吴妈此时仍为"我们"着想,忍受巨大的冤屈费尽周折终于找到戒指,令妻子雨寒羞愧难当。历史地看待这篇小说,应当承认,它在当时是质量上乘之作,即使在今天也难掩它真切动人的品质。《绿茵深处的校园》同样是以小人物为主人公的短篇小说。老校工曹贵祥几十年默默无闻为学校打杂,干最累的活,做最多的事,维持最低标准的生活水平,保持最平静的心态。他的做人标准是不能让人家有一句闲话,只要领导和老师一句口头表扬,说一声"大老曹,真能干!"他就心满意足。一次学校一位物理老师患癌症住院,全校没有人愿意去医院看护,校长就把任务交给了曹贵祥,事后学校补他200元辛苦费,他觉得这么一大笔钱受之有愧,就买糖分发给大家,于是人们议论纷纷,说大老曹原来不傻,对能赚外快的机会瞄得准准的。唾沫星子压死人,从不生病的大老曹第一次住进了医院。小说叙述平静从容,小人物的艰辛生活历历如画,小人物的心理活动可触可感,小人物的美好品质能够拨动每一个读者善良的心弦。严歌平这一时期的小说,结构紧凑,情节自然,语言明晰,感应着时代风气,认同社会主流价值,成功塑造了一批底层小人物的形象,确立了自己小说创作的艺术视角,展示了一个崭露头角的青年作家的才华和锐气。在当时的文坛上,严歌平的小说应当是宏大交响乐中一支悠扬的牧笛,清新的旋律渲染着生机勃勃的春光。主人公们尽管出身低卑,有着常人难以忍受的苦恼,在生活的风浪里东倒西歪,在生命的泥淖里踽踽独行,但始终保持着乐观向上的信念,遵循着朴素的做人原则,有强大的传统力量在背后作支撑,无论故事结局怎样令人感喟唏嘘,但主人公的正面形象都寄托了作者唤起社会普遍良知的愿望。加之当时整个民族刚刚走出梦魇,社会需要恢复传统的价值体系和生活秩序,民众渴望安定过上正常的生活,于是上下同心,激浊扬清,重塑未来。这时严歌平将视角瞄准小人物,努力发掘人性美,无疑是有所准备地把握住了时代跳动的脉搏。然而也应看到,正是因为完全应和时代的节拍,着力于平凡中发现高尚的心灵,他这一时期与众多作家的差异性没有充分表现出来,他的独特个性可能随时被时代的潮音所吞没。我相信,以严歌平的聪颖,他一定警觉到了繁荣背后的危机。摆脱这一潜在危机,在蜕变中寻找适合自我的文本形式,用更强大的理性的光芒洞穿时代纷纭的表象已成为他必须解决的头号问题。可能正是这种想法促成严歌平去读作家班。我们从他1984年创作的小说《临别赠言》中可以发现这一转变的蛛丝马迹。M市文化局创作员苗巍才华横溢,是全国知名作家,获得过一系列国家级奖项。他将调到邻省省会城市工作,局长杜文清想为他举行一个欢送会,但由于存在种种原因,欢送会只得取消,苗巍在凄冷中独自上路。这里涉及一般文化人的性格,似乎有所批判,有所反思,但又仅点到为止,没有穷根究底地追问下去。

  数年辛苦不寻常。1980年代中后期严歌平一边读书,一边创作,迎来了他的第一个小说丰收期。短篇小说《角色》《周末》《礼拜天,我找朋友搓麻将》,作为"城市病"系列的《游说者》《抽屉》等都集中发表于1988—1989年。这些作品的主要人物都是城市人,尽管他们也是小人物,但作者情感的天平已经倾斜,他的目光更加锐利,他不再简单地判断,他开始严峻审视并无情解剖每一个人物的灵魂。《角色》中的黄阿泗、张总编以及编辑部的各色人等,是一群交织着自卑与自尊、在市场经济大潮裹挟下首鼠两端终于底线崩溃的杂色文人群像。《游说者》中的钳工"他"仅仅因为两分钟的小便而彻底改变了一生的命运,他无可奈何发疯般地游说,像祥林嫂般的可怜可嫌,多少显出了生活的荒谬,从而撕破了组织、程序、技术、人情等一层层的幕纱,让人目击现代社会里小人物悲凉无助的困境。《抽屉》是一部精彩的心理小说。老A、老G为大学室友,老A已婚多年,老婆在农村,女儿慢慢长大,老婆每月两封家书尽是柴米油盐,寡淡无味。老G是大龄青年,与一个又一个漂亮的城市女孩恋爱,并经常在老A面前炫耀,给老A读情书的紧要段落,给老A看女孩子彩照的玉腿,但每次又都掐头去尾,只露一鳞半爪,让老A越发心痒难禁。老A有无数次成功偷窥的机会,但都被他一一错过。当谜底最后揭穿之时,新的更大的谜团又在老A心中盘旋。小说真切勾勒了老A矜持、好奇、向往、嫉妒、羡慕、惊恐、怀疑、担心、急切、企盼、失望、坦然、自责等一系列心理活动。小说的情节也完全靠隐秘的欲望推动展开,我觉得,这篇小说不在于表达什么意义,如果说有什么意义,那么它的意义只在于对心理过程的展现,外表平静而内心波翻浪卷,滔滔汩汩,引导读者在极其平静的氛围里进行一次冒险的心灵之旅。

发表于1989年第5期《十月》杂志的中篇小说《西雅图航班》,是严歌平的一部力作,故事围绕侨居美国西雅图的富豪大姨妈即将回国省亲逐一展开。工于心计的半老徐娘二姨妈,混迹于艺术院校而缺少艺术才华却精于钻营且不乏玩世不恭的表弟砚文,相貌平平缺乏智商只知打扮吃喝的表妹砚茹,贪图安逸自私小气的姨婆,见风使舵小市民味十足的妻子小芹等纷纷登场。为了争夺对大姨妈的留宿权,二姨妈施展了一切手段,小芹也不甘示弱。就连到机场迎接的人员定夺,乘坐车辆,二姨妈也都反复权衡精心安排,亲戚们勾心斗角甚至达到白热化程度。而"我"多年来一直保留着外婆的骨灰,大姨妈此行就是为了护送外婆的骨灰回故乡安葬。"我"是外婆生前最宠爱的孩子,也是因为大姨妈的担保,"我"才得以到美国留学。"我"虽能坦然面对大姨妈的到来,但夹在众多的亲友之间让"我"无所适从。小说淋漓尽致地刻画了追逐虚荣与财富的1980年代的众生相,表达了作家鲜明的批判意识。在我看来,这篇小说标志着严歌平小说转轨的成功。他找到了一种适合自我、逐渐形成具有精英化倾向的新的文本式样,即具有某种家族传记性质,通过艺术加工处理而深层介入当下生活并保持批判态度的小说文本。1990年代创作的《祖母》《司令》《遗忘的记忆》等短篇小说也都有很明显的叙述家族史性质。尤其值得注意的是《西雅图航班》这篇小说的叙述结构,在确立总体顺序框架的基础上,倒错时空,大量穿插回忆、想象,大开大阖,腾挪变换又脉络分明,秩序井然。作为读者,我能想象作者构思时紧张亢奋、声东击西、思绪飘忽的激动状态,也能想象作者创作时左右逢源、行云流水、一气呵成的那种释放与爆发的快感体验。

进入1990年代,市场经济体制确立,价值取向进一步趋于多元化,传统已经溃败成散兵游勇,神圣纷纷崩落为文明的碎片,一时间物欲横流,拜金主义至上,欲望的旗帜鲜艳夺目,高高飘扬。历史的发展固有其规律可循,但芸芸众生面对急速变迁的时代惯性仍然禁不住瞠目结舌。人们很难把握历史的精神走向,也来不及调整自己的心理状态,因为喧哗和骚动必然成为转轨时期特有的历史景观。作家们也在这时出现了最明显的变化。有的金盆洗手弃文从商,有的抱残守缺泥古不化,有的瞄准钱袋制造滥情,有的躲进小楼吟风弄月,有的扛起先锋、实验、新写实、后现代等各色大旗招摇过市,有的固守精神家园以宗教般的虔诚奋力前行。严歌平在这场分化中自觉承担了一个真正知识分子特立独行的使命。他的选择不见得比别人崇高,但他的血性,他的素养,他的日趋坚固和稳定的文学观念等综合因素,决定了他只能作出坚守精神领域的选择。选择的结果便是《打工实验》《亨得利面包房的一天》《一位星级酒店的常客》这样一批冷峻审视文人经商心路历程的佳作的问世。曾获"安徽文学奖"的《打工实验》塑造了颇具才华的大学哲学讲师秦天白的独特形象。因经不住商品大潮的冲击,在妻子的白眼和朋友的怂恿下,秦天白下海了。然而秦天白的高智商在完全陌生的商海面前根本没有用武之地,他不仅与杨发宝、李小初之类的宵小之徒格格不入,就是与老同学、市委机关报广告部主任罗兆德也毫无共同语言。他不懂商场,更不懂官场,而他的学生,一家文化实业公司经理赵洪生愿意帮他下海,也不过是做了一份顺水推舟的人情,况且收获颇丰的还是他赵洪生。所以尽管老板胡鑫对秦天白非常信任,尽管赵洪生给秦天白介绍了一宗十分诱人的大买卖,并且眼看发财在即,但对秦天白而言最终仍是竹篮打水。秦天白的结局却是与妻子离婚,又回到自己曾经熟悉的书斋。不过秦天白可以告慰自己的是,他守住了两条底线。在商海仅是呛了一口水,他守住了正直和诚信;在情场,他抵抗了林玉琴青春美丽的肉体诱惑,守住了欲望的闸门。因此秦天白的艺术形象,在1990年代具有相当普遍的社会意义,许多知识精英都能从秦天白身上发现自己的影子。

如果说秦天白只是在海上偶尔行走不慎被海水溅湿了衣裤,那么沈端良已经相当老到地学会了搏击商海。严歌平自以为《亨得利面包房的一天》不像《打工实验》那样写得神完气足,但我认为亨得利面包房老板沈端良的形象更加丰满,意蕴也更加深刻。秦天白基本上无得无失,沈端良则大得大失。秦天白可以很快恢复平静,而沈端良可能常常会彻夜无眠。命运就是这样捉弄人:在非你擅长的领域,即使碰得头破血流,铩羽而归,你还是你,无损于你精神上的统一性和完整性;可你一旦成功,身后的大门便永远向你关闭,你就成为精神上的流浪汉,四处辗转,无所归依。省话剧团著名剧作家沈端良不耐清苦在省城商业街的黄金地段开张亨得利面包房,几年间面包房生意越做越红火,沈端良早已步入富人行列。通常情况下,沈端良在员工、剧团团长、情人、税务局干部之间周旋游刃有余,但今天一连串的事件,面包房雇员、剧团团长的小姨子刘若娣好心办坏事,与情人吴梅激情云雨后类似嫖娼之感的深深自责,吴梅一反常态背后的不良动机,对于既是学生又是对手的李丹的情感波澜,大师傅林小军的工伤事故以及税务局老窦的敲竹杠等,让沈端良高度怀疑经商的意义。他因袭了太重的文化负担,不能像天生的商人那样轻松洒脱,即使在生意如火如荼的日子,他也时常缅怀过去创作剧本时的情景。特别是得知老同学方茂辉新创作的五幕话剧《彼岸》引起轰动,看到方茂辉在接受电视采访对彼岸精神的精辟阐述时,沈端良突然悲伤地意识到自己除脑袋装满金钱之外,其他都空空如也,从此彻底失去了创作的灵感。沈端良经商成功的背后是生命价值和人生意义的陷落,在极度清醒状态下产生的幻灭感可以用锥心蚀骨来形容。与之相反,方茂辉多年来初衷不改,不受各种潮流左右,仅凭自己意志去实现的生活是一切文化精英应该选择但又常常显得异常艰难的道路。严歌平在这里表现更多的不是批判,而是超越,他的创作精神指向也像小说中的方茂辉一样,永远追求新的彼岸。

  前面说过,我对严歌平近年来中断小说创作感到遗憾。虽然他的创作已经取得相当可观的成绩,但在我看来,他的潜质远远没有得到充分发挥,他的一些思考远比小说表现得深刻和壮观,他的一些艺术观念远比小说呈现得新颖和鲜活。我真诚地希望严歌平在他未来尚能创作的岁月里迈向贯通天地的大境界,为读者奉献一批更加成熟更加甘美的精神果实。

(原载于2014年第10期《安徽文学》)

## 名著是伟大的山岳

这里所说的是最为狭义的名著,即经过历史淘洗而留存下来,对人类心灵、精神具有长时间滋养作用的鸿篇巨制。

少小时,听过一些名著的名称,如《三个火枪手》《猎人笔记》《堂吉诃德》等,便羡慕不已,以为一定是句句锦绣,字字珠玑,实际上许多名著是很难阅读的。《巴黎圣母院》中有长达十数页的建筑描写,对于缺乏建筑知识或对此不感兴趣的读者,简直难以卒读。四卷本的《战争与和平》,洋洋百余万言,但托尔斯泰似乎有说理癖,情节展开之中不断插入大量哲理议论,古板抽象,让人望而生畏。幸好常常可以囫囵吞枣跳过去看看小说大意,现在知道它们的作用何在了。譬如登山,绝顶风光固然气象万千,但山路曲折回旋,既无美景可赏,又累得腿脚灌铅,然而这是达到山顶的必然之路,必过之关。这些令人不快的内容正如同往绝顶的漫漫山路。但事情也有例外。《静静的顿河》到处都有关于森林、草原、旷野、河流的景色描写,它们饱含俄罗斯广袤土地的醉人气息。如果不是为了节省时间,我宁愿仔细品味这些段落。

阅读名著需要有足够的心理准备。阅读当下一些小说常有轻快流畅之感,但许多名著极其沉重,甚至让读者感到呼吸困难。冈察洛夫笔下的奥波洛莫夫是一个非常聪慧然而又慵懒透顶的没落贵族。他在梦中都在做梦。他对一切都没有兴趣,包括最漂亮小姐火辣辣的爱情。读者进入他那无可挽回的沉沦堕落的精神世界,就像在阴湿霉闷的地洞里绝望地等待死亡。《简·爱》直到最后我们才知道有个疯女人多年来一直囚禁在罗切斯特庄园古堡的黑屋子里,大火烧毁庄园之前的种种异常现象总让我们提心吊胆。

雨果在《悲惨世界》里也有足够的耐心摆弄可敬的冉阿让和可敬的沙威。我还替《红与黑》中色胆包天的于连捏一把汗,他竟在夜幕下当着市长的面与德侨娜夫人放肆地调情。许多尴尬、酷烈的场面,读者都希望早早结束,但作者们就像执行凌迟犯人的刽子手,非得千刀万剐才让犯人毙命。最为明显的是《基督山伯爵》中,邓蒂斯报复敌人总是像猫戏老鼠一样,直到老鼠奄奄一息才杀而食之。走出这些情节,我才明白,名著之所以是名著,往往就在于他的沉着而不顾读者的心情,不像现在的小说太会投人所好。唯其如此,才能让你长久回味。正像我们回味过去,苦难总是最清晰的记忆。

当然,阅读名著带来的巨大快感也非一般作品所能比拟。当来自意大利的智慧老人法利亚神父向被囚在海岛地洞里的邓蒂斯讲述知识的时候,知识神奇的灵光一定也笼罩在我的头顶。阅读那本小说时我才二十岁,一种无边的战栗的幸福袭击了我,以至于我合上书本走在校园月下林荫小路上的时候,胸口还怦怦直跳,眼睛发热,头脑眩晕。1988年热风鼓浪的夏季,我在迷醉中读完了罗曼·罗兰的《约翰·克利斯朵夫》。正统的教科书认为抗争—失败—妥协是约翰·克利斯朵夫一生的写照。但我决不这么看。约翰·克利斯朵夫的一生充满着长河巨浪、暴风骤雨般的政治激情、情爱激情和艺术激情。在度过充满激荡和斗争的一生之后,晚年的他面对蓝天下白雪皑皑的阿尔卑斯山群峰时,是那样的超然、平静。他的心中像流淌着潺潺的清泉一样无比惬意,无尚快乐。这是一种带有东方禅意的、只可意会不可言传的精神漫游。读到这里,我也像被融化了。我怎么也忘不了车尔尼雪夫斯基的《怎么办》,拉赫美托尔等一批"新人"几乎是理想中的完人。他们有智慧的头脑、英俊的相貌、强健的体魄、高贵的品质、坚强的意志、务实的精神和科学的态度。为了友谊,宁可制造"自杀"事件成全心爱的姑娘与朋友结合;为了磨炼意志,竟然长期睡在钉满铁钉的门板上,脊背血迹淋淋而乐此不疲。在理想主义湮灭的今天,这些形象或许已不被多数人认同。但在当年,是怎样地激励了我呀!瘦弱如我者,竟也敢在北风呼啸的雪地里洗冷水浴,而且安然无恙。精神的力量是无穷的。

说起这些,如今已有隔世之感,虽然不过弹指十年间。在网络时代和读图时代汹涌而至的今天,生命节奏越来越快,生活压力越来越大,阅读长篇文字已被认为是不合时宜的悠闲和奢侈。我青春期那点可怜的浪漫也早被浑浊的阳光蒸烤干净。然而,青春岁月所形成的认知结构和理想模式,将在一生中如影随形,让我无处逃遁。每当一段紧张忙碌过后有机会安静下来,我总会一次次把目光拽向过去,那些学生时代遭遇过的名著就像浸在水中的干枝花,重现灵动和丰满,给身体疲惫、灵魂麻木的我以新的勇气、新的力量和新的敏锐。名著就像一座座伟大的山岳,它的一草一木、一石一水也许并无特异之处,甚至还有污泥浊水,但是它横亘大地,上插云霄,让习惯低下头颅的我学会仰望,学会攀登。

(原载于2000年6月16日《马鞍山日报》)

# 阅读的堕落与无奈
## ——析电视引导读书现象

电视引导读书现象已成为近年读书界的一道景观。概而言之,可分为三类:一类是电视人或准电视人自传性书籍频频出炉,其思想性、艺术性虽乏善可陈,但都能狠赚一把读者的感情和钞票。另一类是电视剧走红之后,同名小说随即摆上书店的显要位置,几大名著如此,《突出重围》《牵手》《来来往往》等更是如此。最后一类是通过《读书时间》等电视节目推介给读者的各类图书。如何诉说这种现象呢?自然仁者见仁,智者见智。笔者为之忧虑。

首先是阅读的商业化浪潮扭曲和消解了读书的意义。作为公民,电视人、准电视人或者范围更宽一点的所谓名人,当然有写作和出版的权利,但其绝大部分作品的质量让人难以恭维。许多作品不仅以大幅照片、大号字体拉长篇幅,内容稀松,艺术水准欠佳,更在于思想境界多半停滞在大众水平。多的是台前幕后琐屑情感的曝光揭秘,少的是人格魅力的张扬和艺术精神的表露。这类书籍如果说还残留一点精神性内容的话,那也像一件几乎透明的外罩,掩盖不住对金钱、物质、名誉和肉体的欲望。更为可悲的是,许多读者不辨良莠,对这类书籍趋之若鹜,他们怀着世俗化的神秘感从中寻找和应对自己的兴趣与想象,并且作为饭后的谈资津津乐道地四处散布。如果说这也是一种阅读的话,那阅读的也不是意义,而是一种低层次的猎奇和盲目的跟风,以购买和阅读的方式扩大作者、出版社、书商的商业利润,扩大受广告宣传影响的读书队伍。这支队伍越扩大,读书越没有意义,世俗化的程度就越深。

对于尾随电视剧而走上书架的小说,笔者一般也不抱宽容态度。一方面,这显示了电视文化的强势与霸权。本来是应先有小说、剧本,然后才有电视剧,而现在两者顺序颠倒,只能说明大众在电视面前的被动和弱势地位。人们以电视的好恶为好恶,以电视的选择为选择,人的主体性、主动性被电视剥夺并取而代之。另一方面,这也显示了观众与读者是在主动地向电视投降。大众的独立思考能力日渐丧失。在笔者看来,即使是一些改编得很好的电视剧,也是对原作精神意蕴的阉割。在增强可视性和时代感的同时,必然流失只有潜心阅读才能获得的独特体悟和想象空间。而大众在收看电视剧后再阅读(同名)小说,只能是对电视剧情节和画面印象的重复与加深,因为视觉在人的所有感觉中占主导地位。一种精神意绪一旦化为固定的形象,便像天使堕落人间,折臂断翅,再也难以飞回缥缈的仙境。当前的一些小说难以单凭文字本身的魅力征服读者,而以电视剧的形式曲线救国,至少反映了小说艺术性的苍白,说明了人们浮躁烦嚣心态的攀升。长此以往,笔者真的担心,小说会不会沦为产品说明书的尴尬位置?当然,对于电视剧与小说之间彼此的抵达,笔者并非一概不予宽容。毕竟,多一抹色彩,总比永远单调的死灰让人高兴。

　　有人认为,电视台开办读书档栏目,是电视文化品位的提升。但也可以这样理解,电视欲以其强大的攻势瓦解最后一批读书的种子。我对电视引导读书现象的关切最终是落在这一层次。真正的读书人,对于电视上的所谓畅销书排行榜其实是大可不必介意的。畅销书多是短命书。精神丰厚、内蕴博大的书籍可能因某种因缘际会偶尔畅销,但绝大多数时间里它却默默无闻。人的命运和书的命运往往相似,坚守孤独是一种可贵的品德。那些印量很少的书籍往往承载着人类最深的苦难、最执着的追求和最深沉的智慧。它们散发着宁静而恒久的光辉。阅读它们,是真正读书人的天职。然而,作为大众传媒的电视,不大可能在宝贵时光里介绍它们。这就形成一个悖论,读书的种子们想通过荧屏找到最想阅读的书籍,而荧屏急于推销自己认为最有市场的书籍,双方都在期待中擦肩而过,但电视注定要更加繁荣下去,读书人也不可避免地在电视前守望下去。尽管,希望甚微,但毕竟不至于绝望。有谁能够否定,可以在大街上捡到一张钞票呢?在普遍堕落的时代,能够保持原有的高度,就是提升。

　　面对电视时代,面对电视引导读书现象,我只能无奈地作如是想。

(原载于 2000 年 7 月 28 日《马鞍山日报》)

# 关于马鞍山散文创作现状的若干思考

2013年马鞍山市作协与"风起中文网"联合开展了首届全市散文创作大赛,百余位作协会员参加比赛,经过两轮匿名评选,共有23篇散文分获一、二、三等奖。2014年比赛扩容,蚌埠市作协加入,"风起"杯南北散文大赛风起云涌,马鞍山8位作家分获二、三等奖及优秀奖。最近,笔者通览了两次比赛获奖散文,并阅读了部分其他参赛作品,尽管阅读面不算太宽,但所过目作品大致体现了马鞍山市当前散文创作的整体态势、基本倾向和总体水平。

从素材、内容上看,当前马鞍山市散文创作题材丰富,内容广泛。举凡记人记事、岁时物产、风土民情、山川履痕、市井生活、人情世态、花鸟虫鱼、城乡变迁、历史点评等,皆有所涉猎。从中可以看出,马鞍山市散文作者多姿多彩的生活阅历,热爱生活的生存态度,宁静平和的创作心态,敏锐活跃的创作激情。

从艺术风格上看,当前马鞍山市散文创作也是百花齐放,风格各异。或庄重典雅,情理交融,仔细探寻历史的脉络;或清新秀逸,灵动潇洒,一展作者汩汩才情;或追忆往事,深情绵邈,回味美好的过去时光;或游走山水,澄怀悟道,抒发天人合一的精神追求;或立足当下,由此及彼,表达对国事家事、大事小情的民间关注。迥异的创作风格带给读者的是新鲜的艺术感受,不少佳作滋味隽永,经得起反复品味,常读常新。

从语言特点上看,当前马鞍山市散文创作也颇具特色,可圈可点。凝重思辨者有之,幽默风趣者有之,活泼清朗者有之,跌宕起伏者有之,简净干练者有之,夹叙夹议者有之。总体来说,大部分作者都已形成自己较为固定的语言风格和记叙模式。对于语言的选择运用,能够见出一位散文作者的才情悟性。性有刚柔,才分高下,语言运用也随之或硬或软,或清或浊。

这里有几篇散文值得单独点评一下。老作家陶继森的《二嫂》,写尽了二嫂一生的艰辛与坎坷、坚韧与不屈、善良与宽厚,写出了我对二嫂"长嫂如母"般浓烈而深挚的亲情,读之令人动容。陶立群的《一条小河带我回家》,对故乡那条小河的深情跃然纸上。作者以省净的语言娓娓叙述,于平静中蕴含真情,在白描处媚悦人心。散文以历史印痕和四季轮回结构全篇,婉转自如,水到渠成。小河既是地理意义上一条现实的河流,也是历史意义上的象征之河。回家,既是回到物质上祖祖辈辈居住的家园,也是皈依到寄托生命永恒的精神家园。周代进的《为你惆怅为你醉》,以闪回穿插的笔墨,书写作者与西藏高原圣湖纳木措的精神之恋。人与自然刻骨铭心的猝然相遇,匆匆一聚之后的朝思暮想,雪域圣境给人醍醐灌顶、荡涤灵魂的神秘体验,无不令读者心旌摇荡。郭翠华的《23栋2号》,是少有的直面当下严酷现实的散文佳作。闹中取静的幽深小院、高贵而又败落的迷人气息、这座城市曾经的主宰者而今已几乎被人完全遗忘的痛苦现实、老干部们拼尽气力然而又是注定无果的抗争、几只野猫始而悠闲终而惊悚的眼光,等等,都艺术地表达了城市疯长背后的心灵的荒芜、权力的麻木和政绩观的错位。李丽娟的《二〇一三年夏季的某些记事》,以一位高考生单亲母亲的日记方式,记录下少年的成长与反叛、精神与现实,母亲对个性教育的努力坚守与最终的落花流水,表达了对当下应试教育的深刻批判和自己的沉痛反思,于失败与柔弱中爆发出泣血控诉的能量。

在充分肯定近期马鞍山市散文创作取得较好实绩的同时,笔者也感到还有一些倾向性的共性问题应该提出来。这些问题可能被作者们有意无意地忽略了,从而形成了地域性散文创作的某种瓶颈,在多方面制约散文的自由发展。

在散文意识方面,传统散文意识成为某种集体无意识,"新散文"概念尚未确立,更未生根。无论是题材内容、艺术风格,还是表达方式,基本上都是传统散义形态。尤其是表达方式,传统形态更为明显。耿伟的《那时风起》算是唯一的例外,只是散文意蕴有点飘忽不定。20世纪90年代末期,一种新的散文文体悄然出现,被称为"新散文"。新散文颠覆了散文"文以载道"的教化传统,还原了其虚构性的文学本质,创造了多元化的心灵书写。新散文的理论倡导和创作实践,为当代散文发展作出了重大贡献。不过,近年来新散文的弊端开始显现。笔者并不一味赞赏新散文,只是认为,新散文脱胎于传统散文,是对传统散文观念上的革新,两者应该相互借鉴。问题在于,马鞍山市相当多的散文作者还没有这种概念,对新散文没有明确的认识,新散文仿佛是与我们创作不相干的世外桃源。虽然大家基本摆脱了"托物抒情""卒章言志"的烂熟模式,从感动出发,抒写真情实感,即便虚构,也服从心灵的需要,从消遣性阅读看,作品的可读性依然是很强的。但是,由于新散文意识欠缺,特别是对语言功能和表达方式的习惯性忽视,致使散文的当代特性和审美品质受到很大影响。笔者阅读时,就经常感到一些散文的内在张力不足,作者的精神品格与文字融合度不高,文学魔力不够。

在散文题材方面,没能着力关注城市的精神特质和人在城市中的精神生活。现代化的本质是人的精神的现代化,现代化的物质载体则是城市化。从数量上看,表现城市生活的散文比比皆是,毕竟,现在作家们基本都生活在城市,而且相当数量的回忆性散文描写的也是过去的城市生活或过去的县城、古镇、厂矿生活,纯粹描写乡村田园生活的并不占多数,这和马鞍山的传统工矿城市性质、当前散文作者队伍来源密切相关。但是,书写城市生活并不等于体现了城市精神,更不代表把握了城市化的脉络。我们在享受城市化发展成果的同时,也在承受城市化带来的弊端。未来的田园城市生活应该是多数人理想的生活模式。传统的田园牧歌生活肯定是难以挽回的,一味地赞美追怀、沉溺缅想,只能是小资情调,在艺术上是苍白无力的。现代化城市生活本质上不同于传统的封闭的乡村生活,它必定要丢失许多珍贵美好的东西,但它的本质又是创造创新,是人面对陌生和未知世界义无反顾地投入。城市化进程中的野蛮、麻木,传统伦理的崩溃,传统人情的淡化,的确大面积地斫伤了中国人的人伦道德,大幅度地消解了中国人的情感资源,对此,应该持严正的批判立场。阿翔的《都市夜空》以自我反省的方式,对霓虹灯闪烁下城市人冷漠的生存状态给予了批判,尽管这一批判不乏真诚也不乏犀利,但仍局限于一己之身和心理纠结的表层,在开掘深度和批判力度上都稍有遗憾。但是,再激烈的批判,也不是要阻止城市化,回到小国寡民的状态,而是要城市化更符合天道自然的规律,更顺应人情人性的需要。总之,是一种面向未来的建设性批判。所以,关注城市成长,关注城市精神,关注城市人日常生活中透露出的新的精神变化,应该作为当代散文创作的新母体之一。

在散文思想方面,马鞍山市部分散文作者受"大散文"影响较大,着意钩沉历史文化底蕴,但受种种制约,未能于大气磅礴中彰显撼动人心的魅力。"文化大散文"盛行了多年。这种散文的普遍特点是,大规模地涉足历史的后花园,力图通过对旧文化、旧人物的缅怀和追思,建立起一种豪放的、有史学力度的、比较大气的新散文路径。这个潮流的倡导者,以前有余秋雨,以后有王充闾、卞毓方、费振钟、朱鸿等人(他们大概属于成功者,不成功的历史文化散文的书写者还有很多),他们所展示的话语风度,满足了许多人的文化期待,也使许多人觉得在散文中建构大话语模式的梦想正在实现。马鞍山市作家张永中的《先秦诸子漫话》、李爱群的《甲午年 在威海》,从一般意义上看,是相当有厚度、有分量的大文化散文,问题在于它们湮没于通常的叙事说理之中,其独特性、新异性不强。从全国范围看,近年,大散文亦趋橹橹之末,原因概为驾驭这种文体,最为需要的不是奇情壮采,不是历史知识,不是奇闻逸事,不是风云变幻,而是洞穿历史风云的深邃眼光和新颖特异的卓越史识,这对散文作者综合素质的要求是非常高的。一方面,这类散文远离散文抒情宜性、关注日常、热爱人间烟火的传统,作者叙述历史文化时笔力稍有松懈,就显得文体有些不伦不类,另一方面,作者如果没有真正独会于心的史识史见,率而下笔,也容易沦为面目模糊的庸常说教。真正的散文思想,往往不在于分析与说理,而是蕴含于独特的语言风格和表达方式之中。

发现问题意味着看到不足,分析问题意味着找到办法。对上述散文观念、题材、思想方面问题的思考分析,就是指出了突破瓶颈的若干基本思路。作为评论者,笔者的态度是实事求是,知无不言,言无不尽,有些判断可能存在谬误,有些要求可能求之过高,文中涉及的作者当以宽怀待之。笔者的希望不过是马鞍山散文真正在质量上有一个提高!

(原载于2015年6月6日《马鞍山日报》)

# 以实笔状传奇 化抗争于幽默

——陶立群长篇小说《狐乡》纵横谈

大体说来,《狐乡》是一部动物造反小说,是狐猴等动物们在人间正义美少女天喜的率领下,大造贪贿官府之反。很久没有读到这样一部既让人会心一笑又令人心绪难平的作品了。

中国狐文化历史悠久,源远流长。狐的智慧、传奇、精变故事,扎根于深厚的传统农耕文化土壤,广泛流行于民间,口口相传,代代相继,并不断变异,节外生枝,对狐的情感色彩也因人因地因事而不同。在此基础上形成的对狐的图腾、崇拜、祭祀等,也成为中国传统民俗的一部分。于是,无形的心理禁忌化为物质的庙宇殿堂,狐仙通灵的观念便久久笼罩在世俗人间善男信女们的心头。清蒲松龄的《聊斋志异》是中国狐文化发展高峰的集大成之作。花妖狐魅,大多楚楚动人,形象丰满,性格鲜明,她们穿越闪回于现实与幻境之间,自由无碍。她们寄寓着落魄书生的幻想,也曲折表达了作者对黑暗现实的批判和对人间真情的追求,对理想社会的向往。就这一主题而言,《狐乡》可谓传承了《聊斋》的一瓣心香。但《狐乡》与包括《聊斋》在内的一切状狐作品有着十分显著的区别。

其一,《狐乡》是一部描写在投入人间斗争中狐猴性格成长变化的长篇小说。历代写狐作品多为短篇故事。它们散见于上古神话(如《山海经》)、晋魏小说(如《搜神记》)、唐宋类书(如《艺文类聚》《太平广记》)、文人笔记小说(如《阅微草堂笔记》)之中,《聊斋》也不例外。但《狐乡》却以狐为主要角色,独自撑起一部长篇。长短还非关键,重要的是蓝鼻头、白面狐、疤耳猴等的性格随着情节发展而发生变化。因此,它们名为动物,实为人物。它们的性格是立体的,这就与一般的中外寓言或动物小说拉开了距离。它们因天喜的带领而进入人类斗争,它们的命运便由内外两种力量支配,即内在的灵性智慧和外在的斗争冲突。作为童话、寓言的儿童文学作品,狐猴等动物一般均为人格化主角、类型化性格、扁平化形象。要而言之,这是一种理念先行的作品,其教化功能远大于文学功能。《聊斋》的狐魅性格当然是生动的,是永远的经典,但它每一单篇的社会容量是无法与《狐乡》相提并论的。姜戎十年前出版的《狼图腾》,有人称为史诗性作品,对狼群社会性和人狼之间由来已久的爱恨情仇的描写,可能达到了前所未有的深度,超过了《狐乡》,但两部作品的着力点不同。《狼图腾》主要写人狼之战,是双方为各自的生存而战,而《狐乡》既有狐猴为自身生存而战的因素,更多的却是站在人间正义的立场与邪恶贪贿而战,应该说,其社会性要高于《狼图腾》一筹。当然,《聊斋》和《狼图腾》中蕴含着丰富的宝藏,能够让我们从不同角度解读出不同的意义。这里拿它们和《狐乡》作比较,不是要一比高低,而是要见出它们之间的区别所在。当下大量的动物小说,或着眼于生态保护,或致力于人与动物的情感交流,或探索动物伦理,从未来看,这些作品深契时代口味,具有广泛的阅读市场,但它们与《狐乡》主题离得更远,已无多少可比性。

其二,《狐乡》的虚构是建立在严格的写实精神之上的。作为乡土作家的陶立群,一直关注乡邦文献。他像蒲松龄一样,深入民间社会,聆听父老倾谈,搜集民间故事,整理散落志书,发掘沉埋资料。长久地深入基层生活,加之处处留心和作家的敏感,当捕捉到三县交界处狐山下由来已久的狐仙传说时,创作《狐乡》的愿望便暗结珠胎了。这种创作路径是对乡土传说的改写、提炼和升华,是极传统也极宝贵的,可惜现代许多作家已把这种方法抛到九霄云外了。陶立群放弃了传统的神话浪漫,摒弃了时下的玄幻穿越,也没有借鉴舶来的魔幻主义,而是采用了严格的现实主义写作手法。用现实主义手法来虚构传奇,而且情节跌宕起伏,精彩纷呈,扣人心弦,这便见出作者的真功夫、硬功夫。现在要探索的是,在现实手法与虚构传奇的张力之间,如何才能做到故事神完气足而非捉襟见肘的?我想,一是作者认真研究并准确把握了狐猴的生活习性、性格特点和动作要领,因而才能逼真描写,栩栩如生。二是天喜和狐猴们的相互学习与模仿。少女天喜7~14岁的成长期,正是最佳的学习期,而狐猴的模仿能力本就十分强大。少女的狐性与狐猴朦胧的人性相结合,于是山林间便时时闪现黑狐(天喜)与一群狐猴们灵动矫健的身影。甚至,我们把它当成少年的山林成长故事来读也并无不妥。成长意味着吸收、变化,意味着一切皆有可能。因此,天喜和狐猴们的一举一动、所思所想都是相当坚实可信的。三是充分利用了传统的民间狐狸崇拜禁忌心理。狐生性机警,昼伏夜出,加之栖息环境的荒远幽僻、传说中的仙灵精怪,更加重一般底层民众的虔诚信仰。至于贪官污吏,因心中有鬼而更会经常向狐仙祭拜,祈求消灾免祸。因此,社会心理成为推动小说情节发展的一大因素。也就是说,是小说中大众人物的心理积淀和认知水平决定了虚构的真实性。四是特定的时代背景、地域环境造就了小说的真实感。小说的时代背景是明代末年,地域环境是两省三县交界处的大小狐山。在当时科技、交通、生产力条件下,狐山既接近县城,来往出入较为便利,又近于原始荒蛮,林木参天,枯藤倒挂,峭壁深壑,险怪幽绝,所谓"可远观而不可亵玩焉",足以阻挡一般人涉足。因此,小说虚构有来自于历史的真实。

质而言之,《狐乡》具有传奇本色、神奇本质,但却一点也没有神话色彩,人、狐、猴各自按其本质属性敞开其生活世界。天喜出入山林与城乡间唯一的道具是身披黑狼皮,让外界误以为是一只"黑狐"。小说中的狐猴就是真正的狐猴,没有丝毫民间传说或《聊斋志异》中花妖狐魅精变为人的气息。但人、狐、猴的形象又具有高度的艺术真实性,这不能不说是作者可喜的艺术创造。

那么,《狐乡》的根本价值在什么地方呢?小说脱胎于传统的"君子报仇,十年不晚"的复仇模式,只不过把君子置换成了英风烈气、貌若天仙的美少女。天喜作为灵魂人物是毋庸置疑的,但这部小说的支点却建立在狐类能够嗅出金银藏匿地点的特异功能。小说全部情节就是围绕贪官藏匿赃银和天喜狐猴们怎样查找、起获赃银的斗争而逐步展开的。把狐类的这种特异功能运用于小说结构并着力发掘出其背后的社会意义,是陶立群的一大发现,也是这部小说迥异于其他所有动物小说的核心秘密和根本原因。当代,人类广泛运用警犬抗震救灾、寻找毒品和犯罪线索,利用"仿生学"制造雷达、吸盘等,但这一切都只是科技与事功,与把动物的特异功能运用于文学领域并开拓出社会学、政治学甚至心理学意义,是完全不同的两个层面上的意义。蓝鼻头在帮助天喜完成复仇从京城回乡途中被人下毒暗害,戴先礼所说的"正是因为它的嗅银功能才招致毒手"的话,揭示了无比深刻的社会意义。在我看来,这就是小说《狐乡》创造出的最大价值。我甚至有一种乐观的展望,《狐乡》如果能被作家同行们所重视,那么将会改变长久以来人与动物关系小说的格局,促成此类小说创作的转向。此类小说将会突破目前的平面与平庸而走向深沉和高远,成就融合了人与动物情感且包含丰富社会性内容的高境界文学作品。

在人间正义的感召下狐猴造反并最终取得胜利,这是一场以弱胜强的典型战例。其中有失败,有教训,有动摇。有由于天喜的复仇心切,但体力不足、武艺不精导致的失败,有狐狸的逞强卖弄和猴子的偷酒等顽皮劣性而得到的教训,有面对官军重重围困而难以突围的心理动摇,更有天喜和狐猴们的数次被捕,命悬一线。但每次都能绝处逢生,靠的绝不是运气和巧合。这其中又有什么奥秘呢?一是天喜的目标信念,不把远在京城做官的灭门仇人邵九久绳之以法,天喜就死不瞑目。在这一信念的支撑下,天喜苦练本领,不断反思,忍受一切磨难,有时也略施美人计。更重要的是天喜对战略战术的把握,在战争中学会战争。小小年纪,便积累了丰富的战斗经验。二是狐猴们的衷心拥护和勇敢战斗。山林洞穴是狐猴们最好的战场,夜色对它们是最好的掩护,对地形地貌的熟悉,各自特长的发挥,相互之间默契的配合,都能产生强大的战斗力。因长期的共同生活和斗争实践,狐猴们养成了对天喜的高度忠诚和信赖。天喜与狐猴虽然不能用语言交流,但他们心有灵犀,只需一个眼神,就能完全理解对方的心理。三是贫苦百姓的支持。有几次天喜和狐猴被捕,行将问斩,但贪官们出于邀功心理、迷信心理、畏惧心理,更慑于饱受欺压的广大贫苦百姓的反对压力,天喜们才转危为安。四是得益于多方正义力量的暗中帮助。这包括受戴先礼等高人指点、左春的舍命相救、狱卒的通风报信,等等。上述种种条件,貌似强大的官军都不拥有。因此,这是一场不对称的战争,双方攻守胜败完全不是取决于表面的实力,而是取决于表面力量背后的人心向背、信息判断、心理较量等综合因素。这么看,一个动物与人类官军间的"游击战争"的场景便缓缓浮现于脑海。这是虚构与现实之间的巧合吗?不,这不是巧合而是规律。掌握规律就破解了秘密。对于多数读者而言,在小说紧张曲折的情节之间,亦有大量的幽默叙述,特别是贪官赃银全被盗走以致无钱买米被迫下乡去干偷鸡摸狗之事,让人忍俊不禁。贪官醉酒与醉猴同瘫在县衙之上,以致衙役误认为醉猴是贪官,那种讽刺的力量实在入木三分。官府捉拿黑狐漏洞百出的文书布告以及违心建造大仙堂等情节,更给读者以丰富的联想和想象。因此,《狐乡》里的幽默不是无聊搞笑,而是包含着深厚的社会内容的。它是从民间沃土中生长出来的一朵奇葩,在风中摇曳,更在心中摇曳。仅此一点,足可为当下的网络文学提供借鉴。

《狐乡》初稿曾在作者同道中小范围传阅,大家在充分肯定的基础上也提出一些修改加工意见。作者从善如流,能够吸纳的都一一吸纳了。这种创作方法类似于五六十年代的"一人执笔、集体创作"模式,这种方式运用得当,可以体现集体智慧。作者敢于把初稿交给大家品评,既说明作者有充分的自信,也说明作者具有宽广的创作胸怀和科学的创作态度。现在呈现给广大读者的《狐乡》,结构均衡,内容丰富,语言质朴优美,情节波澜起伏,环环相扣,既紧张激烈,令读者时时为天喜和狐猴们的命运而担忧;又幽默生动,似麻姑挠痒令读者会心处莞尔一笑。从这个角度看,《狐乡》又具备一般通俗小说的特点,这也显示了作者历来雅俗共赏的创作追求。

《狐乡》也不是没有一点缺憾。主要是天喜7～14岁的关键成长期脱离了人类的社会生活而与狐猴世界融为一体,从社会学意义上讲,在这样原始而封闭的动物世界,天喜要完成她从"自然人"(或"生物人")向"社会人"的跨越是非常艰难的,或者更严峻一点说,基本没有可能。好在这是文学,没有多少读者会像人类学家那样从科学上予以考量。但作为评论者,我觉得自己有责任严肃指出,这是对作家创作能力的挑战。跨越这一步,就在某种意义上接近了经典。此外,小说因为追求真实,对狐猴生活环境的描写还稍显简单,对山林秘境、幽深莫测的原始气息的营造稍欠魄力。但这一点主要是作者的创作导向问题,而非创作能力问题。

《狐乡》作为一部社会化的动物造反小说,从艺术产业化观点看,有着十分可观的艺术生长点。我读《狐乡》的时候,脑子里总是时时浮现电影《阿凡达》的镜头,《狐乡》的特质(如森林山石强烈的画面感、朝暮光线的色彩感、星月夜色的神秘感、雪后山脊的层次感、庙宇厅堂的建筑形式感、正反人物略带夸张的动作神态、整部小说所表现出的轻喜剧和漫画式风格)决定了它很容易被改编成电影、动漫、童话剧、连环画等诸多艺术形式。它完完全全的中国元素、中国风格、中国气息、中国风景,如果由高手改编成电影或动漫,相信不仅会征服我们中国的孩子,也会让世界上所有热爱正义和自然的人们深深喜爱。所有真正的艺术,都有打动人心的力量,直抵人类精神之核。因此,《狐乡》超越《阿凡达》也不是没有可能。

我们期待着!

# 语言干净 源自灵魂纯洁
## ——读石玉坤诗集《从清溪抽出丝绸》

诗,是人性的确证。

敲出上面这个句子的同时,我的脑中便闪现了诗人石玉坤的形象。作为一个在大学期间就频频发表诗歌的早慧才子,作为一位长期坚守语文教学的一线教师,作为一名无论在什么困境中都坚持艺术创作的草根诗人,石玉坤,以他的坚韧、执着和实绩,向我们展示了诗人清瘦外表下那颗纯洁而高贵的灵魂。在当代,在这个雾霾浓重的国度,找到一片风景干净的山水越来越难,发现一颗纯洁而高贵的诗魂更不容易。石玉坤的诗歌像他的名字一样,质地坚硬,纯粹透明,因为这些诗歌生长在大地上,感受着地母的心跳,吸吮了土地的营养。

石玉坤的诗歌,无论什么题材,都遵从诗人内心的规则,不急不厉而又节奏分明。没有断崖瀑布般的气势豪情,却有山涧溪流般的跳宕自由。诗人从内心的感动出发,想象的翅膀紧贴地面飞翔,山川纹理清晰可见,花草树木摇曳生长。生活其间的人和万物,禀自然之性,发物类之情,生死歌哭,山水间荡漾着朴素而又灵动的声音。诗人特别善于把人的活动融于山水之间,寥寥几笔,就把人的精神状态凸显出来,而人和环境的关系又非常协调。人被环境塑造,人又在环境中建立自己的主体形象,并且读者还能感受到诗中人物那呼之欲出的魂魄,仿佛精神能够挣脱身体的躯壳而独自游走。像《木》《与诗人杨益生登雨山》《环山暴走的人》等莫不如是。诗人关注人的命运,往往是几个简短镜头的拼接,就勾勒出一个人一生命运的起起伏伏。这种白描般的手法,计白当黑,以一当十,简洁高效,留下大量的人生空白供读者填充想象。像《驼婶》《寡妇李》《瞎婆婆》等,每一首都那样令人心酸。诗人写了大量的咏物诗。这些诗歌完全斩断了中国古典咏物诗形象描绘、象征抒情、托物言志的传统脐带,也没有所谓的哲理和寓意,它们凸显的是某一物体诗歌元素的本质,充满了一刹那间美妙的联想和想象,但绝不作惯常的引申和发挥。它们像油画中的静物,没有任何说明,只在光影中敞亮自己的存在,留下被时间冲刷后的真实。但它们多数不仅并不难懂,而且诗意盎然。我想,这是诗人并置了两个看似毫不相干的平行的世界,这两个世界被诗人精神同构,让不在场的世界回到诗歌营造的现实中来。这些诗歌弥漫着"存在论"的气息,可以推想诗人早年接受西方当代存在主义哲学影响,越过朦胧诗阶段而直接进入当代诗歌腹地的创作历程。

石玉坤关注日常生活中的诗意。诗人的教师职业是平淡的,日常生活也是琐碎的。在一般人看来,平淡、琐碎是诗歌的大敌,但市场经济下的当代生活本质就是平淡、琐碎。衡量当下真伪诗人的标志就是如何在平淡、琐碎中表现出诗意的光芒。石玉坤的诗心敏感细腻,这倒并不是说他像林黛玉一样观花落泪、见月伤心,也不是说他像孩童那样睁开明亮的眼睛,惊奇地注视花园里的猫、花朵上的蝴蝶、小河里的涟漪,而是说他用成熟的心智灵活驾驭不泯的童心,打破日常生活平淡、琐碎、重复、庸俗、沉闷的外表,构筑起展现诗意生存的精神殿堂。诗人接受日常生活,但又超越日常生活。传统的说法叫心灵的超越,不过我总觉得少了一点物质基础和人格支撑。石玉坤的诗歌固然可以称作心灵的超越,但这种超越有根有源,脉络分明,没有一点玄幻的气息和自怨自艾的忧伤,倒是到处充满着对于生活的感念、生存的感悟、生命的感怀。诗人的联想和想象,带有泥土的味道、血肉的鲜活、生活的烟火和时代的创痕,但是提纯后的诗句又是那样简练、干净、饱满,从中我们可以读出诗人的抗拒与坚守、深入与超拔、痛苦与自在、泪水与目光。

石玉坤是从山野间走进大学走进城市的诗人,童年乡村生活的记忆刻骨铭心。三十年斗转星移,这个国家从自然环境到精神状态、从城乡面貌到体制规则都发生了前所未有的巨变。巨变之中,福祸相依,人性撕裂,不能不给生性正直的诗人创作带来潜移默化然而又深远巨大的影响。读《乡槐》和《农业夜》两首诗,就能看到时代变迁给诗人创作留下的灵魂的创伤。

村口的那棵槐树要移走了/绿叶翻动去年的鸟鸣/春风里阳光

跳跃/洁白的槐花吐出笑容

一棵童年的槐树被挖走了/来不及回填的深坑/残根像裸断的骨头/揪痛人心/有人正把它搬运到车上/根紧抱一团乡土/绕缠着几圈草绳

一棵乡村的槐树已移栽到城里/进城打工的二蛋、三狗子/一眼就认得/浑身臭汗的兄弟俩/刚从公交车上撵下来/抱着槐树痛哭/就像抱着自己的亲人

——《乡槐》

也许我们从来没有想过/有这样的夜晚/水稻站在田里/风缓缓拂过/它们谦虚的低垂的头颅/父亲们手持镰刀/站在雪亮的露水深处

这个时刻的田野/很容易使我们想起/一把柔软的椅子/农业夜端坐其上/母亲们跪在农事里/用耳朵贴住星光/农业的声音清晰极了/谷粒一样实在金黄

这种夜晚与生俱来/是一些幸福的手/从夕阳和泥土里摘取/此刻,正穿过家乡/白色的门廊/向我们缓缓逼近/眼含恩情的光芒

——《农业夜》

石玉坤创作时的心态应该是平静的,但情感十分浓烈。《乡槐》里没有轻飘飘的浪漫和唯美,没有自我感伤,只有深入骨髓的真实,它揭开了这个时代光鲜外表下血淋淋的伤口,再一次刺痛我们早已见怪不怪的麻木神经,它像漆黑暗夜里突然射出的一道强光,逼迫我们的眼睛不敢直视。这是一代人的命运,像槐树一样被连根拔起,既脱离了乡土,又融不进城市,在陌生的城市无根地漂泊,茫然面对城市,面对未来。他们丧失了家园,也丧失了尊严,甚至丧失了语言,只有"抱着槐树痛哭"。而他们的上辈,就是《农业夜》里的父亲们母亲们。父母们在露水和星光下劳作,在夕阳和泥土里生活,清贫、辛苦、安然、恬静,对未来有实在的把握,"眼含恩情的光芒"。需要注意的是,这样解读,并不能简单理解成诗人想回到昔日田园牧歌般的生活,而是表现了诗人对当代体制性不公的深切感受和深入思考。石玉坤的这些诗歌,锋芒耀眼而又内敛沉着,具有强烈的现实感,同时又有高度的艺术性,体现了介入现实的深度与强度。

形式服务于内容。但就诗歌来说,形式往往大于内容,或者说形式就是内容。记不起哪一位先贤曾经说过,内容人人看得见,形式却经常隐遁无形。总体来看,石玉坤的诗歌介于传统与后现代之间,既继承了中国古典诗词的含蓄玲珑,又摆脱了其渐已丧失活力和表现力的修辞格套;既吸收了中外现代诗的构思方式和语言表达,又摒弃了其高度自我、幽暗晦涩的诗风,逐渐形塑了自己明净、雅洁、清澈、意味隽永的诗歌品格。石玉坤诗歌的感人,首先在于形式美,即其诗歌语言的纯净精练、联想想象的贴切新奇、意象选择的准确有力。但是对于石玉坤这样当代诗人的语言,我们又无法像对待古诗一样寻章摘句,用"炼字"的方式去分析,因为从某种意义上说当代诗歌的语言就是诗歌本身,语言像水银一样渗透在诗歌形式和内容的所有方面。不过,有眼力的读者能够清晰而深刻地体会到诗人语言的简洁明净,感受到语言那不可思议的魅力、魔力。联想是诗歌构思的本质,联想能力决定了诗人的才华。诗人以同名诗歌《从清溪抽出丝绸》命名这本诗集,而这也是诗歌中的一句。在我看来,这样一个句子能够概括一切诗歌创作,即"从生活中提炼诗情"。因此,它几乎成为一种象征。不同的是,从清溪抽出丝绸,是那样的新奇质感,熨帖人心,它连接着形象与抽象,连接着实有与虚无,连接着观察与创造。这样的联想,也同样体现在诗集的许多诗歌之中。意象选择是否恰当准确,不仅影响到诗歌表现力的强弱,也关系到诗歌深层精神意蕴的盈枯。还以《乡槐》为例。粗略看去,把移植的槐树改为樟树、柳树、银杏树、桂花树皆无不可,现实中也以城市移栽樟树最为普遍,但"槐树"在中国人传统观念和深层心理积淀中却拥有非同寻常的意义。"家住山西洪洞大槐树""国槐""宫槐""官槐""媒槐"以及民间大量关于槐树的神话传说,赋予了"槐树"安土重迁、乡情乡音等心理意义,但《乡槐》中所有这些涉及传统与心理的内容都没有在诗句中出现。因此,以当代新诗的形式表现中国风格、中国精神,需要对传统文化有深刻的理解,对新诗理路有正确的把握,并作出艰辛的探索。在这方面,石玉坤无疑已经找到一把有效的钥匙。在肯定石玉坤诗歌创作普遍高质量的同时,我也想指出他的少数诗歌没能一以贯之,个别诗作形象不够鲜明有力,意象突兀,给读者的想象造成一些障碍,这大约是他在兴奋时快速创作随后又无暇修改打磨的结果。

作为艺术家的诗人群体形象,在当代读者的心目中并不高大,有时甚至沦为贬义,被污名化,这与诗人群体的自身修为有关,也与大量诗歌脱离生活、脱离现实、脱离读者,而一味以自我为中心,自说自话,自我标榜,圈子创作的鸵鸟心态有关,当然,还与当代文化转型,需要大众审美习惯改变、审美能力提高有关。在不太适合诗歌这株植物生长的工业城市,石玉坤工作生活了三十年。他坚守诗歌这块阵地,坚守内心的诗歌原则,成果累累。我最看重的是他明澈干净的语言及其背后那颗晶莹透亮、没受污染的原初的诗心。保持这样一颗纯洁的诗心,好诗才能源源不断地从他的笔尖汩汩流出。诗歌带给他清贫、寂寞,也带给他内心的平静、自由、充盈和人性的纯粹、高贵、完整。

## 至老不衰的诗情

　　一般来说,当代意义上的自由体新诗是年轻人激情喷涌的产物。许多诗人到了中老年以后,往往很少再去写诗,而会改换另一种笔墨,采用散文随笔方式去表达岁月之思和人生感悟。但是也有少数诗人,自始至终都会保持旺盛的诗情,虽然老之将至,依然激情四射,以诗抒怀。老诗人詹正香就是这少数诗人中的一员。他自20世纪60年代登上诗坛,半个多世纪以来,一直把写诗视作自己的生存方式,一首首或雄浑激昂或清幽淡雅的诗歌,源源不断地从他的笔底流淌出来,滋润着这座城市的文艺园地,给这座性格刚毅的城市多少注入了柔性的因子。

　　詹正香的诗歌,题材广泛,然而其突出的主题,就是爱国情怀,实实在在地向读者传递正能量。诗人最近汇编的诗集《岁月之恋》,按题材分为六类,分别是:时代之声、钢铁情思、热土恋歌、江山巡礼、叙事抒情篇和诗词歌谣。同许多老一辈作家一样,他们经历了新旧两个中国,对新中国的感情至深至厚。对这种深厚的情感今天的80后、90后可能不太理解。从这个意义上讲,詹正香老人的诗歌对现今的青少年具有教育意义。詹正香老人对祖国的爱是全方位的。他爱祖国悠久的历史、灿烂的文明。《盘古颂》《女娲颂》,从开天辟地的神话传说写起。诗人落墨神话,但讴歌的是神话英雄献身社会、造福子孙的不朽精神。《兵马俑前沉思》《长城断想》诸诗,诗人并非仅仅发思古之幽情,而是对故国文明的考问。现实是历史的延续。诗人更爱祖国的进步。伴随时代前进的铿锵步伐,诗人的心脏也随之脉动跳跃。《啊1978》《七月的赞歌》《想起十月》《梦之歌》《中国,一个梦的传说》,真切流露了诗人与祖国同呼吸、共命运的价值追求,字里行间,闪烁着诗人的理想信念。

如果说,上述诗歌重在抒情,那么,像《问秦川》《问黄河》《问格拉丹东雪峰》《妙笔生花》《人字瀑》《庐山有感》《走进沙漠》《皖南春早》《鼓浪屿遐思》等大量诗作,则是诗人直接把爱国之情寄托在大好河山之上。这些诗歌,以风景名胜的形象取胜,具有很强的质感。但要把这些人所皆知的名胜写好写活并不容易,往往需要诗人别出心裁。如《金鸡叫天门》就是这样一首构思独特的短诗:

一声鸡叫/天开云散/红日腾地一下/跃出山川/然而自己却化作了石头/伫立在天门默默无言/谁能唤醒这沉睡的金鸡呢/让它的鸣叫再响彻山川是金鸡唤醒了早晨,但是谁能唤醒金鸡呢?

这首短诗构思平中见奇就体现在这个地方。"金鸡叫天门"是黄山著名的景点,它是以金鸡叫晨这个人们共同的感受为基础,加之山石如金鸡之形,运用美好的想象而提炼出"金鸡叫天门"这样一个经典的命名。但是,诗人逆向思维,执着地希望还原出作为景点的"金鸡"真正能够鸣唱而响彻山川。这种思维无理而有趣,并且能够给读者留下丰富的想象空间,自然山水仿佛在读者的脑海中生动地展现出来,境界华美,气象万千!

詹正香的诗歌,有鲜明的地域特色、职业荣誉感和自豪感。《热土恋歌》部分就是对马鞍山这片热土的深情吟唱。他歌咏家乡的山水、风物、历史和人民。有诗人说过,熟悉的地方没有风景。但詹正香诗歌大量地赞美熟悉的地方、熟悉的人和事,说到底还是因为他对故乡爱得深沉。诗人并没有什么诗文理论或诗歌宣言,他质朴地践行着"文章合为时而著,歌诗合为事而作"的现实主义文学主张。他把这座城市的一山一水都收拢进自己的笔端。尤为可贵的是,他的这类诗歌许多都是"即事名篇",针对一人一事有感而发。如《博士母》《马鞍山》《慈姥竹》《马滚坡啊马滚坡》都是如此。这些诗歌前面均有小序,三言两语,说明诗歌创作的缘起和背景,这与中唐白居易及张籍、王建的"新乐府"创作十分相像。也许有人认为这些诗歌粘滞于现实,不够空灵,但我认为,真正的空灵境界固然美妙,富于技巧而又带有温度的现实主义创作更能体现诗歌人间烟火的味道。作为钢铁工人出身的诗人,对于钢铁的感情可能很难为一般人所理解。况且,钢铁曾是新中国工业成就的重要标志,是几代人的梦想和追求,围绕钢铁而生发的历史传奇和人生悲欢,绝不仅仅像钢铁一样冰冷凝重。诗人饱含深情,写下《我是太阳神》《钢铁背带》《罐笼》《炉前遥寄》《致凹山》《师傅》《"大炮"——"园丁"》《致老经理孙玉泉》《我思念马钢》等大量以钢铁为主题的诗歌,贯穿其间的不仅是对火热的炼钢生活的怀念,更多的是凝结了对职业的自豪、对青春的怀想、对时代的追忆和对个人"小我"融入社会"大我"从而奉献青春力量的赞美。从这一点说,这些诗歌又具有深刻的时代印记,是对集体主义火热生活的深情缅想。

詹正香还善于创作长篇叙事抒情诗。《啊李阳冰》《马鞍山之歌》均是诗人在迟暮之年创作的500句左右的叙事长诗,它们见证了诗人至老不衰的澎湃诗情。这些诗歌的创作难度不同于精巧构思的短诗,它们需要诗人具备开阔的视野、严整的思维、旺盛的精力、一气呵成的贯通感,同时还要保有诗的韵味,不允许在诗的某个部分出现情感的松动。总体来看,这些长诗是成功的。但更出色的叙事抒情长诗应算《火恋》,这首诗长1400余行,分序歌、第一至十五章和尾歌三个部分,完全可以当成一部中长篇的诗体小说来读。这首诗实际上是诗人青春岁月的自叙传。读这首诗的时候,我的心情久久不能平静。它的情节跌宕起伏,故事峰回路转,人物命运浮沉变换,人物情感浓烈炽热。这幅多彩而生动的诗卷,仿佛一首激昂壮烈的命运交响曲,深刻反映了五六十年代那个特定历史时期的时代风貌、特定人群的心路历程。读完这首长诗,我曾闪过一个念头,如果把它改写成一部长篇小说,会产生什么样的阅读效果?最后我想,可能还是诗体效果更好一些。如果完全是叙事,而丢失了诗的节奏和韵律,可能会使情感的浓度有所稀释,同时,会降低阅读时的紧张感和压迫感。这,或许就是叙事抒情诗的优势所在。

詹正香是诗歌创作的多面手。诗集中收录的一些五绝、七绝以及若干词作,基本上符合传统诗词创作的平仄格律。这一点颇可称道。当今真正掌握近体诗格律的人是不多的,这从一个侧面说明詹正香老人具有很好的传统修养,与多数"老诗人"拉开了距离。令人欣喜的还有,他创作的一批儿童诗,童心童趣,天真自然,清浅如话而又饱含寓意,如《别让水儿当泪流》:

洗洗手,洗洗手,
洗完小手别忙走。
记住关紧水龙头,
别让水儿当泪流。

读到这里,我想,詹正香老人是不是真的返老还童了?!能在迟暮之年写出如此地地道道的儿童诗,且诗味如此隽永,真是一种难得的幸福!

当然,用今天的诗歌观念和欣赏口味来衡量詹正香的作品,其诗歌在意象选取、语言组织、当代意识、表达方式上,多少还存在一点隔膜和错位。但这应当是时代风气使然而非个人才情所致。这也说明,艺术内容会不断更新,艺术手段会不断发展,读者对诗歌品质的理解无法逾越时代的藩篱。但詹正香老人牢牢把握住"真情"这个根本,并且熟练地运用了特定时期的审美方式,这就创造了一片属于自己的诗歌天空。

(原载于 2015 年 5 于 31 日《马鞍山日报》)

## 真实的声音
——评甘迎春《十月的雨》

今天,我们对"下岗"这个词,已经熟悉到麻木的程度。但是,"下岗"难道仅仅只是一个词语吗?它的背后包含着多少苦涩、多少辛酸、多少泪水。有谁真正设身处地地为下岗职工想过?青年作者甘迎春以他敏锐的笔触,为我们塑造了易慧这样一个以开出租车谋生的普通下岗女工的感人形象。

小说的情节极其简单。易慧下岗后到我们公司开出租。因为开车撞了人,要赔偿被撞人的医疗费,公司管理费和分期购车款难以按时交付,求"我"考虑她的困难予以暂缓。说起困难,她干脆一股脑儿把几年来的苦水全倒了出来。后来易慧生病住院,"我"去探望她并告诉她,公司决定买下她的车,请她病好后再回公司。

易慧的叙述构成了小说的主体部分,随着叙述的展开,读者的心也揪紧了,就像倾听自己的姐妹向自己哭诉一样。这样贴近日常生活而又每时每刻都在继续发生的大量事件来自底层苦难的、挣扎的、真实的声音,湮没在灯红酒绿的喧哗之中已经太久了。从这个角度来看,甘迎春的敏锐实际上来自他内心深处的良知和直面社会的道义感、责任感。这再一次印证了鲁迅先生的话:从水管里流出的都是水,从血管里喷出的都是血。小说通篇白描,不事文采,不见雕琢,也无明显的铺垫及高潮,纯粹以质取胜,以情取胜,在平实无华的叙述中升华出对易慧的同情,对她质朴品格的赞美。

就艺术技法而言,这篇小说虽然情节简单,但在布局、照应上,针线颇为细密,殊为不易。以刘欢一曲《从头再来》歌声作结,固然有点睛之意,但似直白而欠含蓄,算是一点美中不足吧。

(原载于2001年6月26日《安徽交通报》)

## 我想阅读的几本散文

一个远离散文的读者,他对散文的阅读一般来说是散漫而自在的。我就是其中之一。比如,我曾经迷恋过余秋雨,他的《文化苦旅》《山居笔记》中确有一部分大气磅礴、具有深邃历史而又富于时代气息的佳作。但后来读到他的《遥远的绝响》,忽然就丧失了阅读的兴致。我以为,这篇散文可以算作余氏散文时代的终结。他从以前的以情为文蜕变为现在的为文造情。此后很长一段时间,我没有真正读过散文,聊以《随笔》《读书》打发业余时光。然而就在最近,我在散文愈益繁荣也愈益迷乱的星空发现了几颗新星,勾起我认真阅读他们的热望。他们是曲令敏、苇岸、刘亮程。

曲令敏是一位来自河南的乡土散文作家。我所知道她的散文集子有《消逝的田园》《有情如画时》。有评论认为,她的乡土系列散文又一次使我们把目光回望至乡村,又一次闻到了打麦场上"五月人倍忙"的人气和麦香,她的语言水灵鲜活,有一种舒缓如歌的节奏,不事做作,自然哼唱,是劳动过程情感的流露,是辛苦忙碌的打麦场边的淙淙溪流。同样来自乡村的我,现在对本地槐、国槐、杨槐、香椿、臭椿、面条菜、毛妞菜的记忆已经模糊,对黄蒿、艾蒿、卢草、茅草、马兰头,也已不大认得,对少年时走亲戚的风俗、端午节的香荷包、中秋节的火把已经陌生。但是它们潜伏在心灵底层,一旦春风吹过,就会万物复苏。乡土间万物众生与城市有着微妙的对应和解释关系。

苇岸的生命在39岁戛然而止。他的骨灰撒在了他故乡北京昌平县北小营村头的麦地里,且让我抄一段他的散文集《大地上的事情》中《放蜂人》的一段落:"放蜂人是自然的核心,他与自然一体的宁静神情,表现他便是自然的一部分。每天,他与光明一同沐浴阳光或风雨。他懂得自然的神秘所在,他用心同他周围的芸芸生命交流。他仿佛一位来自历史的使者,把人类应有的友善面目,带进自然。他与自然的关系,是人类与自然最古老的一种关系。只是如他恐惧的那样,这种关系,在今天的人类手里,正渐渐逝去。"在这里,放蜂人的担忧,不正是苇岸自己的夫子自道吗?苇岸的散文艺术世界展示了一种被我们久已忽略的原生状态的大自然。他希望人类在风声中返回故乡,在一场大雪之后的寒冷里回到五官清澈的童年。

去年《天涯》杂志第五期以大篇幅推出刘亮程散文专辑并配发多家评论,紧接着中央电视台《读书时间》又对他专访,使这位默默无闻、土生土长的边疆作家从边缘状态一下子凸显在世人眼前。他的散文结集为《一个人的村庄》。刘亮程散文对都市人灵魂的震撼与熨帖主要取决于他对生命细节的开掘,这种生命细节的开掘来自于他对乡村生活的深刻感受和体察。刘亮程散文选材的独特性是在其他作家停步的地方起步,正如"文字终结处是音乐起点"一样。同时,他的语言又是那么率真、淳朴,没有污染,没有雕琢,保留着西部古风的闲暇与舒缓。他用最质朴的文字表达着自己的哲学意识和时间感悟。生命的充盈、美好不仅存在于一切微小的生物,甚至存在于大自然的元素之中。

当我稍稍理顺思绪,回头打量三位散文作家,我竟吃惊地发现他们致命的共同点:来自乡村,怀念乡村,带领我们重新发现乡村的秘密,把乡村那人与自然的和谐统一视为生命的皈依。令我至今遗憾的是,我对他们阅读得太少,一鳞半爪,尚未形成完整系统的印象。我将继续寻觅他们,在不断寻觅中完成自己对乡村理解的一次次升华。

(原载于 2000 年 4 月 7 日《马鞍山日报》)

# 感悟与捕捉

## ——评言行一散文集《我的星辰》

鲁迅先生说过:"从水管里流出的都是水,从血管里喷出的都是血。"最近,读完由百花文艺出版社出版的言行一的散文集《我的星辰》,我感到其中许多篇什都是作者从心灵深处喷涌出来的血汁,新鲜的或者凝固的情感血汁。

从本质的意义而言,文学就是人生,或者说就是人本身。但喧嚣而至的都市化和商品经济让现代人有点猝不及防,情感真空越来越大,于是越来越多商品化的艺术轰涌而来填补真空。当人们猎取了最初的精神快餐之后,很快就会转向寻找更为深沉坚实、更能契合心灵之需的精神食粮,《我的星辰》生逢其时,在这个真实缺位而又呼唤真实的时刻呱呱降生了。

现在,人们普遍感到,物质的丰裕并未相应地带来心灵的宁静和自由,相反,它愈来愈烦躁不安甚至从高高的虚空迅速坠落。作者无疑敏锐地觉察到这点并开始掬起清纯如水的语言洗涤蒙垢的心灵。大自然的永恒之美就这样溶化为一篇篇透明的文字扑入我们的眼帘。大海、河流、山泉、雨水、雪花、薄雾;灿烂的星辰,如镰的新月,金色的太阳;春夏秋冬,风雨雷电,泥泞的小路,连绵的山峰,洁白的刺槐花,缥缈的葫芦滩,无边的青纱帐……这一切的一切,都是我们童年多么熟悉的事物,多么亲密的朋友。但伴随工业文明而来的污染和快节奏生活把它们无情地逐出了现代人的视野。"才下眉头,却上心头",就在它们消失于视野之时,却又顽固地占据了我们的心灵甚至潜意识,挥之不去,拂之还来。它们变成飞翔的精灵,在无垠的脑海里任意遨游,得感谢作者,是他编织成细密的沉思之网,将自然的精灵们从变幻莫测的意识中一一打捞,化成清风,化为新绿,化作细雨,慰藉着我们疲倦的眼睛，滋润我们枯槁的心灵。美国著名哲学家苏珊朗格说过，艺术表达的是人类普遍的情感。自然是万物之母，是人类童年的摇篮，中年驰骋的疆场，盈缩之期的归宿。因此，依恋自然、赞美自然、探索自然、融人生与自然为一体，便成为人类普遍和永恒的话题。就《我的星辰》的特殊性而言，它不同于古代诗人的寄情山水，也不同于现当代许多作家的山水游记，他描写的都是经过时间之手酝酿的业已逝去或正在逝去的自然，它是回首往事的追怀，是刻骨铭心的战栗的复原，是情感之弦遗留下来的袅袅余韵，是混合着缅想与希冀的感悟。正是这一点使得它深深契合于时代，契合于人们的精神追求。对自然的感悟是如此，对人生、对青春、对命运的感悟同样如此，因此无论从共性还是从个性看，《我的星辰》应该属于真正的艺术，它可能是镜花水月，但肯定不是一现的昙花。

"作诗火急追亡捕，清景一失后难摹"。如果说感悟是一个作家之所以成为作家的先决条件，那么准确表达则是真正的作家的必备本领。已届中年的言行一有一颗不泯的童心。他似乎永远睁大着惊奇的瞳孔去注视着身边发生的一切，在童心的驱使下，他练就了速写素描般的本领。再普通不过的一块石碑、一片树叶、一夜投宿、一个眼神、一次乘车、一句对话……对于许许多多说不清道不明的必然偶然，他都能灵巧自如地转动文字的魔方，三言两语，塑造出坚定的形，清晰的影，凝定住心的狂跳、血的奔涌和情感的潮汐，刻画出栩栩如生的形象、鲜活逼真的性格，如水之触物赋形，如云之卷舒聚散。

当然，作者追摹物象、表达情感的本领与他数十年来孜孜不倦的研读有关，从青少年时代起，他就迷恋外国文学，尤其是对外国短篇小说情有独钟。莫泊桑结构的精巧别致，屠格涅夫对大自然的顶礼膜拜，邦达列夫对生命瞬间的强烈感受，沃罗宁对人生哲理的独特阐释，都给了他十分有益的启示。同时，他在写作中又有心借鉴明清小品和《读者》《青年文摘》杂志刊登的许多优秀短文的特色。正是以这些灿若珠玑的华章为借鉴，以现代人的情感为基调，以独特的自我颖悟为依托，才烘托出他的短文的鲜明底色。

歌德曾言："内容人人看得见，形式对大多数人来说却是秘密。"我所剖析的感悟与捕捉应该属于形式，至于清词丽句中所流露出来的种种喟叹、惊讶、赞美、思索及出人意表的点睛之笔随处可见，无须饶舌。总之，它们是岁月之河淘洗之后遗留下来的浑朴圆润的卵石,不是商厦里陈列美贾的晶莹珠玉;是山坡上芬芳嫩绿的野草,不是阳台盆景里娇艳欲滴的鲜花,最后需要提醒一句,悠着点,慢些读。

(原载于1997年6月30日《天津书讯》)

## 人生有味是清欢
### ——评苏竞散文集《别处的清音》

　　世界越来越单调。但是,在单调的大趋势下,总有一部分人在顽强地表达自己的丰富和细腻,以期求精神的平衡。或者更进一步,在世俗生活规定的价值之外,追寻属于自己的意义。这是我读苏竞散文集校对稿《别处的清音》时的强烈感受。

　　十几年前,因为一次共同的采访任务,我初识了同是记者的苏竞。车子行驶在山道蜿蜒的采访途中,苏竞一边和大家开玩笑,说些略带色彩的段子,一边娴熟老练地抽着烟,袅袅青烟从她纤细的手指间升腾扩散开来。对于一位女性,这样的言行,的确让我记忆深刻。此后还有过几次不多的交往。印象中,一次是朋友借阅我买的霍金的《时间简史》,看后没有还我,说是苏竞转借去了。后来我几次催促朋友还书,但终于无果。还有一次,一帮外地朋友来马鞍山,我带他们参观采石太白楼。在楼内无意间撞见守着几十方歙砚的苏竞。她开店了?我有些疑虑。但又不好多问,寒暄几句便离开了。因为接触很少,所以对苏竞终究隔膜。不仅没有读过苏竞的文字,而且一直以为苏竞的"竞"是"静"字。这回一看书稿,竟然是"竞"。静者,传统心理之淑女也;竞者,现代竞争社会之才女也。一字之差,何啻天壤。苏竞,人、名何其相符也!

　　上面这段话本可不写,因为不合评论规范。但从通常所说的知人论事的角度看,又不能不写。几次偶尔的泛泛之交,容易产生误解。知人论事之"知",应是深刻的精神之"知"。从这一点出发,或许"知文论人"可补知人论事之弊吧!清明节的夜晚,春雨霏霏,小区安静极了。灯光下,我也正静读书稿。透过雨帘,偶尔从郊外传来几声隐隐的蛙鸣。此情此景,真正是别处的清音。心,微微一颤。

以我的成见,当代一般的女性散文,或多或少都摆脱不了一点小资情调。她们有宽裕的经济条件,有闲暇时间,除把日常生活打理得井然有序之外,与多数贤妻良母相比,她们多一些知识,多一些灵性,多一些感悟,也多一些忧郁。于是发而为文,占据晚报、都市休闲杂志或者《读者》的部分版面,或寄寓情思,或自我抚慰,或寻觅知音。这类作品,量大面广,构成女性散文的主体,具有广泛的阅读群体和阅读市场。但从本质上讲,这类作品只是古典诗词深闺高楼春情闲愁的现代翻版,观花落泪,见月伤心。可是它们又是多数现代女性的精神寄托,不可缺少。难以设想,如果没有它们,大量的休闲报纸杂志销售给谁?如果没有它们,花前月下、柔情蜜意、卿卿我我的少男少女,又如何吐露出无穷无尽的绵绵情话?苏竞的可贵,不仅在于她基本摆脱了这一习见的文化模型,还在于她清晰而独立的女性角色意识,更在于她思辨的触角所抵达的深度。也就是说,她对当代生活的体悟迥出时辈,而且放射出时代女性灿烂的思想光芒。

首先,应该承认,苏竞散文也散发出淡淡的小资气息。小资气息,是大众阅读的基础。没有这种气息,文字就丧失了绝大部分可读性。这是市场经济环境所酝酿出来的独有气氛。除非离群索居高蹈物外者,没有人能逃脱这种氛围的笼罩,尤其是作为散文的文体,作为女性的人群。这一点,从散文集第三部分《可爱的精灵》五篇中可以看得很清楚。《一个也不能少》中那只领头羊,在归栏时通过十几声执着的"咩咩"呼唤,终于使跟错队伍的迷途羔羊回到自己的家族。作为宠物犬的豆豆,尽管不像屠格涅夫笔下的《木木》之惊心动魄,但它是那样的多愁善感,情绪变化多端。它的恋爱,它的嫉妒,它对主人的依恋,它的勇猛或献媚,让人顿生对宠物及其主人同情之理解。仅凭这一点,就足以让众多读者津津乐道,甚或沉醉其间而难以自拔。人与宠物的感情自古有之,到现在虽不能说于今为热,但似可以说于今最为普遍。这种情感的产生,到底是因人与人之间感情日益疏远,还是因当今人类泛爱万物之博爱精神的发扬光大呢?至今未有定论。但无论如何,这是一种毫无功利和自私之心的纯粹的、普遍的、美好的感情。

其次,苏竞在书中表达了鲜明而独特的女性角色意识。这里先要澄清一个误解,并不是说一位女性作家写了女性的所思所想,所作所为,或者表现了要与男性一争高低,男女平等,就是具有女性角色意识。我的意思是,她必须清楚,女性在社会、在家庭、在婚姻中的地位和底线(或曰界线)。如果女性一味机械照搬男女平等的教条,甚至凌驾于男人之上而去争取"女强人"的称号,或者只是小鸟依人,相夫教子,惯于养尊处优,自囿于家庭、闺友之间,未从"第二性"的附庸角色中挣脱,那她都不能算是具备了独特的女性角色意识。《女人,付出时别丢了自己》一文,最能体现这种角色意识。文中临近结尾一段话是这样说的:"我并不反对女人爱一个人时为他付出,可我反对女人的全部付出,以至于没有了自己。得到了爱情却放弃了爱好,有了爱巢却空出了自己,有了丈夫便不再去想一丈以外的世界。时间长了,男人不愿意再爱一个空壳,你能完全怨他吗?"很深刻吗?不见得。老生常谈吗?更不是。身为女性在为女性说话吗?不像。身为女性却在为男性辩护吗?更不像。这是一段持平之论,持平之论来自持平之心,持平之心来自投入生活、热爱生活之后的回望和回味。有道是:看似平常最奇崛,成如容易最艰辛。没有把自己当成一个平常的人,没有历经风雨而后的回望和反思,断难说出这番道理。它纳激情于理性,容深沉于浅易,不苦不涩,不淡不浓,不激不厉,却安然超逸,宛如长江大河千回百折而终入大海,平静浩瀚,水天一色。但是,她又分明站在女性立场,同时在为男女两性考虑问题,寻求答案。说到这里,还真不能不对苏竞刮目相看。

再次,也是我对苏竞最看中的一点,是她思辨触角所能抵达的高度。常言道,女人是感情动物。言下之意,女人缺少思想。思想是男人的专利。但苏竞是一个带着真挚感情的思考者。开篇散文《为登徒子"正名"》就有点让人猝不及防,像是一场还无准备的短兵相接,是巷战,是肉搏,同时又是一场唇枪舌剑的辩难,一场心灵的较量。经过宋玉一赋,几千年来,登徒子已成为"好色"的代名词,潜伏进中国人的基因。但在苏竞看来,登徒子并非好色之徒,只是一个嫉贤妒能的小人。说他好色,反而为他染上了风流色彩,他还不配。于是忍不住非要为他"正"一下"名"不可。我觉得,这篇文章多亏是篇现代散文,如果苏竞将此文以赋文形式出现,说不定会起宋玉于九泉,与她再来一场论辩呢。因为苏竞褫夺了宋玉嫁于登徒子"好色"的冠冕堂皇的正当性,动摇了宋玉立论的根基。《来不及"笑不露齿"》是对公安大学王大伟教授正襟危坐在电视上开讲《女儿经》的质疑。而她的质疑,又是那样的感性,那样的自然从容。可以设想,如果主讲人遇到苏竞这样的听众而辩论起来,场面一定非常滑稽。一方器宇轩昂,一本正经苦口婆心头头是道,一方嘻嘻哈哈声东击西四两拨千斤。看起来系一场不对称的战争,王教授或许会有一拳打进棉花垛的感慨。但就是在这种轻松中,"笑不露齿"那么严肃的话题就被轻轻拆解,如落花随风水银泻地,悄无声息地飘散了。上述两例,或许就是苏竞式的女性特有的思维方式。她们用这种方式思考问题,把握世界,从而宣示自我的存在与价值。

说至这里,我的意思也渐渐说明白了。好的散文,不仅要有真实细腻的感情,更要有独特的思考元素,而且两者要在一个适宜的平台上融合无间。三者缺一不可。所幸的是,苏竞做到了这一点。

苏竞的散文,还有几点比较特别。一是她的叙述从容和无畏。从容好理解。什么是无畏呢?就是她从未流露出对权威的膜拜和对生活的怯懦。她的心灵是很强韧的。散文集第二部分《心灵风景》既是对人物心灵的掠夺,也是自己心灵的写照。苏竞好像并没对什么事物产生过恐惧,她思考着同时也行动着。游走四方,随缘交友。而且很容易在陌生的环境里撑开一片熟悉的天空。这种气质也许是与生俱来的。二是她的文章总是氤氲着一种淡淡的佛教气息。文章多半都很短,一千来字,偶尔有几个长篇,但篇篇都散发着佛音。这令我想起台湾作家林清玄的散文。他们有不少相似之处。对佛音的理解或许把苏竞多少有些男性化的举止往后拽了拽。这也令苏竞文章的弹性空间增大,让人在质朴单纯的文字背后看到神秘的花朵幽然绽放。三是苏竞很讲究文字的选用和意义的表达。行文干净,绝无拖沓;推敲词句,稳妥精当;表情达意,鲜明准确。这一点相当难能可贵,因为当代许多作家包括一些著名作家在文字上尚未过关。整部书稿,我只发现了一个疑似错字。在浮躁的当下,这也算是绝无仅有了吧。

当然,严格说起来,苏竞的散文还有巨大的发展空间。她的散文一部分还不够深沉大气,一部分还没有写狠写透。这些缺憾,一是需要不断地增厚学养,升华灵魂,不断地勇猛精进,超越浮华;二是需要把自己本性的善良与复杂的世相作良好的融汇。仅仅是心灵的真善美,并不一定能表现出文字的真善美。而要在高尚灵魂之光的烛照下,去洞彻世间的苦难、不平、屈辱、丑恶。就像一切的污浊与肮脏,都要燃烧在熊熊的火焰里。在冲天的火光中,一切才会重生。

(原载于《当代散文》2009年1、2期合刊)

# 从边缘接续传统
## ——简评沙鸥诗集《触摸玫瑰》

在今天的大众看来,诗人和诗,即使没有沦为贬义,也已蜕化为人生边缘一片可有可无的风景。但这并不妨碍纯粹的诗人坚守诗歌最后的阵地。他们饱蘸生命的汁液,以敏捷的感悟、正直的良知和新鲜泼辣的语言抒写他们的人生情怀。也许,在无人喝彩的寂寞中歌唱,才能真正流淌出灵魂的声音。沙鸥,就是这纯粹诗人中的一位。

从沙鸥最新出版的诗集《触摸玫瑰》中,我读出他生命中的丰富和单纯。充沛的情感,联翩的想象,对于变迁的时代社会与人心的复杂体验,以及在拒绝与适应中探索自己独特的生存方式,构成了他诗歌丰富的内涵。但是,他的诗歌意义指向是直接而单纯的,即爱与思。这种爱,多集中于咏物诗,爱被化为一组组具体而美丽的形象,既含蓄迷茫又刻骨铭心。这种思,往往由物质性的存在抽绎而出,表达诗人对于精神家园的出走与回归。

十数年如一日反复歌咏历史长河中最普遍的爱和爱情,除说明诗人个人的执着与痴迷以外,其普遍意义乃在于,在世纪末的情感真空里呐喊,企图唤回那些已经消失或即将消失的古典传统。从一些咏物诗中可以看出,诗人在以现代方式接续李商隐的"无题"原型。跳荡的语言、连续闪回的意象和富于弹性的节奏,造成诗歌广阔深沉的阅读空间,特别是对季节、物候、地域的敏感,和对声音、色彩、光线细致变化的把握与捕捉,不仅显示了诗家本色,而且提高了诗歌的质量。经过如此的晕染烘托,一颗圆融而持久的爱心,就像晨雾渐退芳姿乍露的水中鲜荷,清新动人。

然而,诗人在精神深处更倾情于"思"的境界。情感的真诚执着并不表明诗思的锐利深刻,情感有时甚至会成为思想的障碍。如何弥合两者之间的裂纹,常常成为对诗人艺术创造能力的挑战。沙鸥在这两类风格大相径庭的诗歌间较为自如转换,恐怕既得力于阅历的曲折、诗歌构思的新颖,更得力于他对诗歌功能的认识。而这种认识又来自于比较综合的素养。他认为,卵石被温柔、透明的水杀死,发誓"今天我要带回你这/永不发芽的种子/走出这潮湿流动的阴谋/让美丽的斑纹复活"(《溪水中的卵石》)。而在充满铜臭和私欲的季节,"灵魂的向日葵结满真理的种子/在阳光灿烂的黑夜里/无法萌芽",因此,我"即使倒在枪口之下/也要让真理的种子从我口中萌芽/在这个季节里开花"(《在这个季节里》),他侧耳倾听,听出涛声的秘诀。"光明的时候它歌颂光明/黑暗的时候它歌颂黑暗"(《听涛》)。这些语言率真明了,删繁就简,直抵精神深处,让人激动和渴望,凸现了今日诗歌所应具有的精神力量。同时,也表明诗人自觉融自我于时代大我之中,并决心以一己之力与庸俗和阴暗抗争到底。从这个角度讲,诗人秉承了传统诗歌的风骨,并从语言和思想上为这一传统灌注了饱含生机与活力的现代意义。今天的诗歌所要做的,或许只有这样,安于边缘,从边缘接续传统,为日渐荒芜的现代心田多植几株绿色植物。

(原文删节名《〈触摸玫瑰〉读后》载于 2000 年 2 月 17 日《安徽日报》)

## 安顿心灵的故乡
——评高方平散文集《姑溪河畅想曲》

多年以来,在市报或晚报的副刊上,隔三差五,就会见到高方平的大名。他的作品,情感朴实,语言清畅,令人喜爱。前不久,收到他近年散文创作的电子稿,使我有机会集中拜读一遍。书稿总名《姑溪河畅想曲》,由姑溪情缘、山水情胜、往事情怀、絮语情感四部分构成。一整天,我的思绪都出入于他的文字,心有所动,于是,有了下面一些感触。

中国人自古就有深沉的故乡情结。今天,剧烈的社会变动特别是城市化的快速推进,使传统的故乡情结又渗入特有的时代因素。高方平从小在自己出生的乡村读书,长大后在自己故乡的乡镇上班,前几年才调到县城工作。在一般人的印象中,远离故乡才会怀念故乡,离得越远越久,怀念就会越深越长。高方平的学习工作生活并没有脱离乡土,按理说他的故乡情结不会那么浓厚,但通读他的书稿就会发现,他的故乡情结竟然浓得化不开。我想,这固然与他早年的家庭遭遇和个人性情有关,但时代变迁对他的影响更不容忽视。即使身在故乡,但故乡几十年的巨大变化,精神和面貌双重的巨大变化,可以彻底改变一个人童年时代对故乡的精神记忆。那么多曾经存在的美好事物和触动心灵的甜蜜情感,而今或者消失或者虽然残存但已发生很大变异,这对心灵敏感的人会产生潜移默化的影响。所以,尽管高方平对故乡的爱是深沉的、全方位的,尽管他是那么真诚地投入生活、热爱生活,投入工作、热爱工作,但他一直是以童年的精神记忆来衡量今天的现实,他的爱中包含几许遗憾,几许失落,几许怅惘!不过,这也反过来促使他执拗地去回忆去追寻去构筑心灵的故乡。也许,这就是他永不枯竭的写作动力!

在几种文学类别中,散文是最难精神造假的。当代散文繁盛,其中有不少小资情调的作品,不能怀疑它们虚情假意,它们的情感应该是真的,但是相对来说情感比较浅。高方平的作品,没有多少超拔和激越,但情深意切,情真如酒,值得品味和咂摸。透过作品,读者能够体察出高方平是生活的有心人,是故乡日常生活的观察者、记录者、探究者。作为观察者,他对生活时时处处留心留意。在对过去事物的回忆中,我们仿佛能够看到,一个对外界一切都好奇的孩子,随时睁大乌溜溜的双眸,目不转睛地注视大人活动的每一个细节,敏锐地体察乡音乡情的点滴流逝,细心地感受大自然音响、色彩、光线的微妙变化。这种观察并非刻意,而是一种与生俱来的敏感和天长日久的习惯。作为记录者,我倒觉得作者是有意为之,这从他把文稿收拾得这么停当、把情感梳理归类得这么妥帖中可以感觉出来。常言道文如其人,想必高方平处理日常事务时也是这样的有条不紊清清爽爽。我甚至猜想,高方平记录故乡有一个从零星感触到有意倾力而为的发展过程。时至今日,他或许已经萌生了记录故乡的使命意识。没有人要求他必须这么做,是他自己已经摆脱不了这种内心的召唤。好的观察者和记录者必然也是一个自觉的探究者。当涂自古交通便利,又是鱼米之乡,水乡生活丰富多彩,形成数量众多的非物质文化遗产,至今天还流传许多逸事传说,这是一批宝贵的文化财富,但其中也有不少以讹传讹、积非成是的地方。高方平在记录的同时,也没有盲目轻信,他还想努力弄清原委,所以他的散文又有很强的知识性,有心者可以通过他的文字描述复原出种种非遗产品,烹饪出可口的美味佳肴。长期的乡土生活,使他无意间积累的乡土知识相当丰富,这些知识经过艺术咀嚼都被消化进作品之中。因此,他的探究不是掉书袋,他没有考据的癖好,通常也只是点到为止,较好地避免了当下常见的风景名胜介绍性文字和百度百科式的文字说明。他的探究缘于内心的好奇,写进文章却在于引起读者的一些联想和想象,由于他时时注意到散文的特性,探究时情感和方向得以适度控制,所以阅读他的文字既有清切的愉悦感,又有不枝不蔓的中正平和之感。

好的散文是情感的自然流露,语言往往起关键作用。散文不像小说有故事和情节,除了语言,还可以靠起伏跌宕的悬念和张弛有度的节奏吸引读者,散文质量的高下基本上是由语言质量的高低决定的。高方平的散文语言比较精练、准确。语言问题要用事例说话。这里仅举《湖阳狮子头》中的一段作个简明分析:

小时候,我最喜欢看母亲做肉圆子,很有意思,原本一勺豆腐肉泥,舀进她的手里,两手一合,一搓一揉,瞬间便魔术般地滚出一个个肉圆子,而且个头都一样大。她做的肉圆子跟别人家有所不同,大的像个小皮球,小的像粒弹丸。无论大小,她都是一气呵成,非常利索地将肉圆子滋啦一声地滚进油锅里。不消多大工夫,满锅里的肉圆子一个个挤挤挨挨地漂浮着,太神了!待肉圆子变成了金黄色就炸透了,这时母亲用漏勺盛起来。我没想到刚出锅的肉圆子会这么可爱,个个油光发亮,而且黄得养眼。

这段描写母亲做肉圆子的文字,有叙述,有说明,有动作,有情感,行云流水,生动自然,轻松熨帖,是一段完整的情景再现,有很强的现场感、画面感。叙述成功的关键就是语言好。单看"舀""两手一合""一搓一揉""滚""挤挤挨挨""利索""滋啦"这些动词、形容词、象声词都很平常,但在特定的组合和表达方式下,却发生了奇妙的反应,极其生动逼真地表现出小孩子好奇、羡慕、喜爱、满足等复杂的心情和神态,这是一种生活场景的情景交融,写到这一步相当不容易,已经接近汪曾祺散文的笔法和韵味了。可能习惯了语言华丽的读者对这样的文字没有什么感觉,但这种语言是散文的正途,就像老话说的"嚼得菜根,百事可做"那样,高方平语言就是那盘淡而有味的菜根。这语言当然还没有达到"绚烂至极归于平淡"的境界,似乎从前也不曾绚烂过,但他朴实而准确的叙述的确平中见奇,饶有意趣。

通读全稿,也有两点意见要向作者说出来。首先,作者思路宽阔,对某一事物从不同侧面给予观照,单看一篇令人舒畅,这是很好的,只是有些材料和情绪在不同的篇章重复出现,虽然形式有所变化但基本梗概或情感基调没变,在综合阅读之下不免有点累赘、重复之感,我想这在以后的创作中应尽量避免。再者,作者文思敏捷,写作速度很快,这也很好,但少数篇章,叙事略显简单,发掘深度不够,意蕴没有充分体现出来,这也应该有所弥补。总的看来,高方平的散文胎息于传统,扎根于乡土,是故乡的山水风物人情世态五行八作滋养出的,盛开在阳光下的一朵野花,存一种质朴,散几缕幽香。如果要真正领略高方平的散文味道,那就请你打开书页静静品味吧!高方平正当盛年,文思泉涌,未来的创作道路还很漫长,我们期待他取得更丰硕的创作成果!

## 她的文字,就是一场寂寞而绚烂的烟火

我见证了仝志男散文集《一个小城女人的笔记》大部分文字的创作过程。大半年过去了,这些文字即将结集出版。作为一个先睹为快的读者和一个介入式的评论者,我想简单谈谈自己的几点感受。

这些文字,是作者用腿"走"出来的。与其说这本集子是本笔记,不如说是本行记、散记,但它又不是通常所说的游记或旅行记。作者风风火火走南闯北,看山看水观景观物,她流连远方的风景,首都北京、山城重庆、宝岛台湾、彩云之南,屐痕处处,情思绵绵,但她更熟悉更依恋自己的故乡自己的城市。常言道,熟悉的地方没有风景,仝志男颠覆了这种判断。故乡和州她爱得那样深,寄居的江南小城她爱得那样深,就连朝夕走过的自己居住的小区,她也发现了那么多美好,她甚至注意到小区花圃里一朵玉兰花早晚间的变化,一片树叶的抽芽、生长与凋零。她从自家的窗台隔着玻璃细心地观察小鸟一家的生活,担忧它们的命运。没有人认为步行上班是旅游,也没有人认为在自家的庭院、小区散步是旅游,但没有人否认这些活动是行走。人们都会带着双眼去旅行,迈开双腿去游览,而作者时时刻刻带着一颗心去散步,这大约就是她的不同。但是她也并不想刻意去发现什么,也许她养成了从寻常事物中发现惊奇的习惯,久而久之,习惯就变成一种能力。

这些文字,是作者用心"悟"出来的。文学是人学,更是心学。我与作者只有一次时间稍长的面对面的交谈,平常都用QQ交流。在我看来,她把文学当作安身立命的事业来做,因此格外投入。她谦虚、勤奋,关键是有很好的悟性。我丝毫没有将悟性神秘化的意思,我只是感到她对文字的生息、气韵、格调有较好的把握。她努力把心中的感触真诚地表达出来,偶尔不太准

确,像我这样的读者只要轻描淡写地提出来,她很快就能弥合其中的龃龉或缝隙。也许作为女性,她天生就多了一点敏锐的感受力和感恩的心态,这帮助她写作时能够自然而然地在情感上深入一层,容易把读者带进文字情感的旋涡。另外,生活中的善良本性随时都从笔端流泻而出,使她略带清雅透明的文字又平添了朴实自然的底色。所以,"文如其人"用在仝志男身上是很合适的。她的文字初步形成自己的格调,放在诸多作者的散文作品中,已然有了一定的辨识度,我以为这一点是较宝贵的。

  这些文字,是作者用情"改"出来的。写作需要一定的才华,但写作又是一个艰苦磨炼的过程。仝志男出手很快,但她常常并不急于脱手,而是反复修改打磨,直到自己满意为止,因此我认为她是老老实实地践行了"文章不厌百回改"的古训。修改文章的过程,是一次次思绪梳理想象放飞的过程,更是一次次情感收拢文心凝结的过程。我甚至有一点偏见,认为作者写作中反复修改的收获要大于她第一遍成稿的收获,因为我从她的反复修改中看到了虔诚、执着和文字化茧为蝶般的变化。如果说初稿靠才华、激情而一气呵成,那么一次次不厌其烦的改稿就是对文学耐心的锻炼,是向文学腹地的挺进,就像一棵树长到一定高度,不再盲目长高,而是在地下默默地伸长根系,将营养源源不断地输往枝干,增强木质的韧性厚度,用坚韧顽强的内力去抵挡风雨雷电的侵袭。我不能说作者已经完全达到了这样的目标,但她正一步步地跋涉在通往这一目标的崎岖山道上。

  仝志男的文字介于传统与当下之间,适合心情放松的时候静静阅读,就像宁静的夜晚邂逅一场寂寞而绚丽的烟火,只有经常夜行的人才有可能遇见。猝不及防的绽放,倏现倏灭的闪烁,留下幽微的硝烟气息在薄凉的夜色里很久才能飘散。当然,从目前来看,作者的散文还有不小的成长空间。她的文字在干练爽捷中还拖了一点淡淡的"小女人散文"的影子,在灵动跳跃的表述中偶尔还会出现没有踩准节点的碎步。另外,由于经历所限,题材似乎也不够宽阔,就是现有的题材,少数篇章发掘深度也显不足。这些都是需要作者今后花大力气去克服和弥补的。

# 书评

# 文艺评论集《擦亮珠玑 拯救遗忘》前言

　　从理论上来讲,文艺评论与文艺创作应该如车之两轮,鸟之双翼,两者互为依托,相互促进,共同推动文艺的繁荣。但理想与现实往往差距很大。相当一段时期以来,文艺评论与创作都不能令人满意。岂止不能令人满意,许多方面甚至可以说是乱象丛生。就文艺创作而言,表面上看各类作品层出不穷,争奇斗艳,充斥于杂志报纸荧屏网络。在眼球经济时代,新招迭出,唯恐在收视率比赛中落伍。难以计数的各类奖项竞相设立,到处莺歌燕舞。但真正称得上艺术、能够撼动人心的作品却少得可怜,尤其在号称创新和追求特色的当下,我们的艺术家已经被创新和特色逼上虚脱之路。更何况还有金钱的鞭子时时在艺术家的头顶甩响。以至于当洋人顾彬说出"中国当代文学(笔者注:似乎应再宽泛一点说文艺)多数不过是一堆垃圾"这样一个基本事实后,许多国人不能接受,于是群起而攻之,不少攻击之词堪称诛心之论。那么文艺评论现状如何呢?答曰更加混乱。可以从几个层面来说明。首先是报纸,从地方报纸至国家部委行业报纸,也包括部分大报,所刊发的艺术评论基本上都是应景之作,没有学术性,相当一部分文字是否可以称为评论都很难说。其次是各类艺术专业杂志和学报。个人认为,许多这类刊物艺术评论的基本质量难以保证,相当比例是人情债、同仁稿。尽管可以披沙拣金,但往往如大海捞针,耗时费力,得不偿失。再次是一批所谓核心刊物。基本质量或有保证,偶见精彩之作,但也经常鱼龙混杂,泥沙俱下,让人无可奈何。最后是网络。网络是一个民意沸腾的世界。对艺术现象,多数是率意指点,夹杂着无可名状的辱骂、褒奖和固执,但真正超凡脱俗的见解评论往往也在网络,让你爱恨交加,悲喜莫名。电视作为大众日常生活方式,似乎更难看到严格意义上的艺术评论,故在此存而不论。

再就现实中的文艺评论和文艺创作关系而言,两者似乎并不存在理论上的依存关系。既然艺术评论不能引导艺术创作,艺术家也没有必要从内心对评论家表示虔诚。既然艺术家不想获得评论家的真诚帮助,评论家似乎也没有义务真诚对待艺术作品。于是形成怪圈:两者看似结成利益共同体,为了共同的浮名虚利走到一起,实则在精神上形同陌路,自话自说。更或甚者,从内心相互鄙视。

上述尴尬同样适用于我们这座江南小城,无论是艺术创作还是艺术评论,都会时时刻刻感受到来自经济和鄙俗势力的强大压力。但艺术是自由的象征。艺术也是一颗不屈的种子,只要有一滴水、一丝光线、一阵春风,这颗种子都会不顾一切地发芽生长。散落在城市各个角落的艺术家和评论家,也因共同的爱好而不断聚合,竟也像茫茫荒漠上形成了一片小小的绿洲。它虽然不像森林那样苍茫葱茏,不像草原那样芊芊绵绵,但它多少给日日劳碌的人们带去一点慰藉。评论家时时关注这座城市艺术发展的动向,并及时作出自己的回应。艺术家与评论家相互帮衬着一同走过几十年的风风雨雨。当然,评论家的眼光并不局限于本市,他们更多的时候还在关注着更广大的领域,每年总有一些新的评论文章面世。尤其是最近几年,一批素养比较全面的青年评论人才茁壮成长,让我们看到了马鞍山市文艺评论的未来和希望。他们踏着时代节拍,感受火热生活,追踪艺术发展,依托较为丰富扎实的知识储备,努力较准激情与理性的平衡位置,以新鲜的理论构架和新颖的文化视角透视作品,观照生活,陆续推出一批较有分量的文艺作品。这些评论的出现,使我们可以略无愧色地面对艺术家群体和同类城市的同行们。我们不能自诩成果多么丰硕,但起码我们初步站稳了脚跟,发出了自己清晰的声音,显示了这支队伍的存在和行进。还有一点值得欣慰,那就是大家多数没有职业和功利方面的顾忌,思致灵活,笔触灵动,保存了心灵底色的单纯和纯真。

进入新世纪,城市在疯狂地拔节长高,甚至听得见城市长高的声音。但遗憾的是,作为对城市长高记录的一个侧面,我们至今还没有这座城市的文艺评论集。五十多年过去,弹指一挥间。这本评论集,算是对这座城市的一个小小补白。它同时也向外界传达一个信息:滚滚红尘中,仍有一二素心人,虽深陷泥淖,仍忍不住仰望星空。编委会成员为编辑这本集子,有过争论,但更多的是理解和宽容。其一,尽可能反映建市以来之文艺评论成果。老中青评论家兼顾。其二,评论艺术门类尽可能齐全。其三,基本质量有保证。以专家意见为主,个别地方采纳领导意见。我们不奢望喝彩,但求问心无愧,了却一帮同仁的夙愿。我们更愿意看到,这仅仅是个开端,今后会有更多更好的艺术评论作品面世,为我们这座城市的文化建设贡献绵薄之力。

(《擦亮珠玑 拯救遗忘》,北京:大众文艺出版社,2008年)

# "太白后身"的历史还原
## ——读张庆满新著《郭祥正评传》

南宋诗人陆游在一首小诗《小舟游近村舍舟步归》中写道:"斜阳古柳赵家庄,负鼓盲翁正作场。死后是非谁管得?满村听说蔡中郎。"诗中所说的蔡中郎就是东汉名士蔡邕,蔡邕是蔡文姬之父,也是一代大儒,侍亲至孝,当时在士林中极具声望,但是身后被民间逐步讥讽甚至丑化,以至于成了为功名富贵不惜弃亲抛妻的"负心汉"的典型。所以,当晚年陆游在家乡听到说大鼓书的民间盲艺人把蔡邕描写成一个负心汉之后,不禁发出了"死后是非谁管得"的感慨。然而,历史就是这样蹊跷,陆游本人在对郭祥正的评价上,也在无意间充当了一回"负鼓盲翁"。这是我在阅读张庆满先生大著《郭祥正评传》后产生的一点额外感想。

《郭祥正评传》(以下简称《评传》)前不久由安徽师范大学出版社出版,作者送我一本,拜读后深觉受益良多。本书许多观点值得学界重视,同时也感到此书在写作和结构上颇具特色。而张庆满先生以后代学者身份撰写往代乡贤传记,这在马鞍山文化史上堪称一次有意义的创举,对于整理发掘地方历史资源,弘扬地方乡贤文化具有一定的先导作用和借鉴意义。

郭祥正早慧,19岁中进士,20岁就被"宋诗开山"梅尧臣誉为"太白后身",得到当时诗坛认同,存诗1400首的《青山集》流传至今,在王安石、苏轼谢世之后,甚至有人推举郭祥正为诗坛盟主。然而,少年得志的郭祥正一生逆多顺少。纵观郭祥正高寿(79岁,当时堪称高寿)的一生,6次出仕,6次离职,长期沉沦下僚,每次出仕时间都不长,第一次和最后一次都只有一年时间,而离职赋闲往往数年,最长一次达8年之久,且在55岁时彻底告别官场,归隐故乡当涂青山。郭祥正生前身后一直伴随着不少风言风语,郭祥正自己做过一些辩白,收效不大,但他好像并没有为此太过苦恼。可是,将近1000年来,一些负面评价一直伴随着他,这恐怕是郭祥正生前始料未及的。从这个意义上讲,《评传》首次全面为郭祥正正名,在著名无冤学者孔凡礼等人研究的基础上,将郭祥正研究向前又推进了一步。《评传》占有大量资料,摆事实,讲道理,综合分析,查究原委,层层剥笋,于草灰蛇线间发现逻辑联系,渐渐显露历史真相,推翻了附着于传主身上的种种不实之词,基本澄清了传主的一生。《评传》不避烦难,正面强攻,紧紧抓住关于郭祥正的五个敏感话题,特设"是非评说"一章,就历史上的种种传闻逐一推究考辨,给出令人信服的结论。尤其是对郭祥正声名和人格伤害最大的与李之仪反目一事予以辨析,虽然文字不长,但辩驳持之有据,分析入情入理,最后的结论是"二人反目可能实有其事,但不能由此就说郭祥正是好揭发别人隐私的小人,扣在郭祥正头上的这一污名也应当清除"。在我看来,这一章是《评传》的最主要创获。

此外,《评传》还有多方面的成果,撮其要者:

第一,《评传》援引大量实例,充分证明了郭祥正博闻强记,诗才敏捷,艺术才情令人赞叹,说明郭祥正有"太白后身"之誉绝非浪得虚名,而是实至名归。郭祥正许多诗歌写于宾朋宴饮之际,即席酬赠唱答,并且常常技高一筹,力压四座,让人不得不刮目相看。郭祥正一生追慕李白,依原韵写下追和李白的《登金陵凤凰台》《姑熟十咏》《望夫山》等大量诗歌,而且往往化出新意,满足了文人士大夫之间智力、诗意上的比拼心理。梅尧臣、郑獬、章衡、章望之、李薦等都以"太白后身"视之,王安石与郭祥正为世交,对郭祥正诗歌"警绝豪迈"一直称赞不已,黄庭坚尊之为"诗翁",苏轼虽没有直接评价过郭祥正的才华,但从他们几十年的交往和相互挂念来看,也应是惺惺相惜的。后世传说的所谓郭祥正"谀颂安石反为安石所挤"纯属子虚乌有。苏轼与郭祥正就《姑熟十咏》作者问题发生的一点不悦虽是事实,但这根本没有影响到他们之间的终身友谊,从某种意义上说,反倒更能说明两人都是心直口快、有口无心的诗人,他们之间的交往是天真的、赤诚的,后来陆游入蜀经过当涂时再次提及苏郭之争并倾向于苏轼观点,实际上也没有任何真凭实据。陆游自号放翁且又满腹掌故,他知道苏轼郭祥正的这件趣事,不说出来肯定是很难受的。但苏轼陆游都没有想到因为自己的名气太大,自己的片言只语都会被后人奉为金科玉律,从而给郭祥正带来了不必要的麻烦。这也就是本文开头所讲的"额外感想"。

第二,《评传》肯定了郭祥正作为地方官的政绩及其很高的从政能力。郭祥正生于官宦之家,从小饱受传统的儒家教育,走的也是正统的登科入仕的道路,虽然时代并没有给他大展身手的机会,但他在有限的天地里也展示了自己的从政才能。郭祥正渴望建功立业,深忧边患,关心民瘼,赞同变法,可见他的心态是积极开放的。郭祥正宦游半天下,所有任职之地不见对他有任何政绩上的负面评价,他最后任端州太守仅一年就"上书请老",史书上仍记载他"有善政"。特别值得一提的是,他第三次出仕任武冈令兼邵州防御判官期间参与收复梅山峒蛮一事。在宋军多次进攻失败和两次谈判无效的情况下,朝廷启用郭祥正,郭祥正劝降一举成功。事后他又参与登记户籍、划分田界、征收赋税等工作,颇有治绩,郭祥正自己说"论功辄第一",朝廷也认为他有功劳。这件事说明郭祥正智勇双全,行政治理能力也是很高的。但不知因何遭遇谤言,不仅没有重用升迁,反倒落得个"家便差遣"的下场。历史的细节隐藏在看不见的褶皱里,但推敲起来,北宋激烈的新旧党争和人性中幽暗的逸妒心理应该是郭祥正仕途屡屡受挫的基本原因,而这又是正直的诗人不屑于深究与钻营的。

第三,《评传》勾勒了郭祥正作为著名诗人的乐观、外向、自信、真诚、交往主动、平等待人的性格轮廓。郭祥正年少才高,早中进士,声名远播,也希望自己仕途顺利,大展宏图,造福一方,甚至身登台阁,致君尧舜。但是,他的诗人性格并不适应官场的尔虞我诈,他更多追求的是陶渊明式的安逸闲适和心灵的自由放松,所以仕途不顺、流言蜚语虽然给他带来一定的打击伤害,但不足以影响到他的精神人格的完整性。少年成名和"太白后身"之誉强化了他的自信与乐观,并使之保持终身。郭祥正热情好客,也喜欢主动结交朋友,许多人也乐意与他交往。他的朋友中既有达官贵人、各级官吏、诗词名家、丹青高手,也有同窗好友、平民百姓、和尚、道士、隐者,他的交往很少功名考量,多是出于真情真心,性情爱好相投,精神追求相近,因此友谊深厚长久。郭祥正是一个行动着的诗人,这一点也和"一生好入名山游"的李白非常相似,加之他的家境不错,没有陶渊明、李白晚年的生活之忧,所以,他有许多排遣失意苦闷的方式,对社会、人生没有过于激烈的看法,大概这也是他能够长寿的重要原因。

第四,《评传》认为郭祥正在中国山水诗史上应有一席之地。《评传》条理分明地详细叙述了郭祥正的游踪。这些游踪涉及现今9省300余处景点,作者还对郭祥正410多首记游诗、题咏诗进行了颇具慧眼的述评,揭示其独特的价值和意义,它们点化、提升、传扬了山水风光之美,大量题咏的景点很多至今仍是沉睡的旅游资源有待开发或重建,它们丰富了地方文化典籍的内涵,给人生以慰藉和美的享受、启迪。作者还把郭祥正与历代著名山水诗人的山水诗创作数量和质量进行了比较,指出郭祥正山水诗的价值被严重低估的现状,在此基础上,《评传》顺理成章地提出郭祥正是一位名副其实的古代旅行家,他的大量记游诗在中国山水诗中应该占有一席之地这一崭新的观点。

第五,《评传》对郭祥正的佛教信仰和佛学修为作了独到的阐发,加深了读者对郭祥正的全面理解和认识。北宋时期,西来佛教已完全中国化,佛教禅宗大盛,禅宗内部宗派林立。金人元好问有诗曰:"诗为禅客添花锦,禅是诗家切玉刀。心地待渠明白了,百篇吾不惜眉毛。"在禅师、诗僧以诗寓禅外,诗人也以禅入诗,或寓禅理,或用禅典,或述禅事,或富禅味,禅与诗密切相融之后,不但拓展了诗的领域,也增添了诗的意趣,禅的哲理真谛与诗的文学美感相得益彰;禅理添文彩,不致枯淡,诗艺附理趣,更凭增深度。时风所及,宋代绝大多数诗人都深受禅理熏染,郭祥正从小就与佛教渊源颇深,自然也不能置身事外。郭祥正有位大他很多岁的姐姐嫁给江西名士沈尊,郭祥正从7岁时就寄养在这位姐姐家多年。这位姐姐有一子,比郭祥正年幼一点,后出家,号法真禅师,郭祥正与其一同长大,舅甥关系密切,曾相互唱和。郭祥正后来皈依佛门与受到这位外甥的影响不无关系。郭祥正很年轻的时候就结识过一些高僧,随后宦游各地,更是与许多高僧大德密切交往,本就具有灵心慧根的郭祥正禅学素养当会得到很快提高。《评传》爬罗剔抉,从禅宗重要典籍《五灯会元》中拈出多条郭祥正与高僧们探讨佛理,机锋接引的记录,从中可以看出郭祥正的禅学水平确实很高。郭祥正晚年归隐青山,专心释氏,自号"净空居士",实在渊源有致,绝非故作高蹈。

第六,《评传》几乎以抒情的笔调介绍了郭祥正对故乡太平当涂的无限依恋和热爱。当时,太平州辖当涂、芜湖、繁昌三县,州治当涂。郭祥正足迹踏遍太平州,当涂的山山水水更是被他题咏殆遍。郭祥正79岁的生命中,有60余年是在当涂度过的,最后又在家乡终老。他对生于斯长于斯的这块土地充满深厚的感情,一生不倦地用自己的诗歌描述、讴歌、赞美家乡,笔端永远洋溢着得意和自豪之情。郭祥正对家乡血浓于水的深沉挚爱出于天性,用今天的话来说,他就是天生的"太平之子"。郭祥正之于故乡当涂有点像唐朝的孟浩然之于故乡襄阳,不过,孟浩然终生没有正式出仕,只有几次真正意义上的外出漫游。即使在短暂的外出仕宦期间,郭祥正也大量地写诗抒发思乡之情,《评传》认为这一现象在郭祥正之前甚是罕见。尤其令人感动的是他在"治狱历阳"(今和县)期间,当涂、历阳只有一江之隔,他的思乡之情也特别强烈,不断地隔江东望当涂,当涂山水一一形诸诗篇,朝思夜想,念兹在兹。依我看,郭祥正比西晋张翰借秋风之起思念家乡莼菜而辞官归隐要真诚率意得多,因为张翰更多的是对政治形势的觉察而托名隐遁。

难能可贵的是,《评传》秉持实事求是的原则,没有主观拔高郭祥正的形象,也没有曲意回护郭祥正的缺点,而是依据事实,有一分材料说一分话,给传主恰如其分的评价。郭祥正的人格是完整的,但他的性格有缺陷。归纳起来,其性格大概有以下缺点:一是自视甚高,争强好胜,即使好友之间有时也会引起不悦;二是褒奖人物往往类比不当,誉之过高,把话说满,也会让人受之有愧,心里不安;三是在官场上不大懂得谦让,虽有能力、有功劳但又好自我炫耀,引人嫉妒,往往被暗箭所伤而又不知箭从何来。在诗歌艺术上,尽管不乏名篇佳作,也被许多诗人推崇备至,但不少诗歌率意而作,意象重复,新意不多,尤其是一些诗歌的思想性不足,缺乏让人反复咀嚼的深沉韵味,凡此种种,都是受人冷落和诟病的原因。此外,宋人整体上扬杜抑李,而郭祥正反其道而行之,一生模仿李白,尽管继承了李白的许多优点,但也在粗放等方面放大了李白诗歌原本不太明显的缺点,这就从根本上决定了郭祥正难以成为正宗的宋诗代表。然而无论如何,郭祥正卓立于有宋一代名家之列是毫无愧色的!

《评传》的写作结构很有特色,与多数人物评传生平介绍、思想渊源、社会事功、艺术成就、后世影响的写作模式有很大不同。这里可能有作者的不得已之处,总体上看优劣互见。全书共分12章,每章专题介绍评述一个方面的内容,好处是脉络分明,归类清楚,好读易记。难处在于前后各章往往要选用相同材料,材料取舍颇费踌躇。好在作者整体把控能力较强,剪裁得当,前后照应,相互支撑,较好地解决了这一矛盾。

张庆满先生是含山人,长期在马鞍山工作,含山、当涂一江两岸,现在同属马鞍山市。张庆满先生撰写《郭祥正评传》,也算是对家乡先贤献上的一瓣心香。这是一个很好的开头。现在各地挖掘乡贤文化风云初期,方兴未艾。马鞍山市两岸三县历史悠久,人文荟萃,有一大批值得后人深入研究,为之写作评传的历史人物。有关部门如果能够切实重视,鼓励学者专家分工协作,有计划有步骤有组织地推出一批乡贤评传,将是扎扎实实的文化积累,也是从源头做好地方文化保护,接续地方传统文脉,促进地方和谐发展、文明进步的一大善举。

(原载于2016年第4期《江东论坛》)

# 吹尽黄沙始到金

## ——评沙鸥著《萧云从丛考》

萧云从,对于当今绝大多数普通人来说是一个完全陌生的名字,然而,如果时光倒流到360年前,在当时的南京、芜湖、大江南北的广大地区,萧云从都是名震遐迩的一代宗师,是公认的"姑孰画派"的创始人和精神领袖。今天,能否发掘那些湮没在历史深处的伟大先人非凡的业绩和崇高的精神品格,成为对当代学者是否具有担当精神和创新勇气的一种考量。沙鸥先生在世纪之初一接触到萧云从这一学术领域,便被它深深吸引。沙鸥集十年之功,先后出版研究萧云从的三部专著《萧云从评传》《萧云从诗文辑注》《萧云从丛考》。《萧云从丛考》后出转精,学术分量更加厚重。该书以25个专题系统考证了萧云从的家世、生平、交游、美学思想以及若干传世名作。该书的出版,让萧云从的精神面貌渐渐清晰地浮现于当代读者的眉睫之前,奠定了萧云从研究的坚实基础,而此前一直抽象的名词"姑孰画派"也因此立体而生动地展现出来。可以说《萧云从丛考》(以下简称《丛考》)以其系统的考证、宽阔的视野撑开了一片崭新的学术天空。

细读全书,我发现沙鸥的研究方法比较特别。这些方法,同时也彰显了本书独特的价值所在。一是广泛搜求,努力做到对现存萧云从所有资料竭泽而渔。萧云从研究基础十分薄弱。在当代,仅有极少数美术史学者偶有涉及,还基本停留在一般性描述阶段。在历史上,因萧云从是明末民间遗民形象,故正史对他的记载也极其有限。关于萧云从的文字,绝大多数都散落于当时交游或后代诗人、画家的记述、杂述之中,也多属于一鳞半爪。搜求这些资料,其辛苦程度无异于大海捞针。沙鸥不避烦难,迎难而上。他基本上以萧云从后代同乡、当涂人黄钺《一斋集》所记萧云从若干资料为起点,抓住其中只言片语,顺藤摸瓜,不断扩大搜索半径,遍求各地方志、诗人画家诗集画作、各大图书馆典藏萧云从书画作品及其著作,密切关注跟踪各大拍卖行拍卖萧云从作品公告消息,利用网络搜寻拍卖最新进展。他为此下过的真功夫、硬功夫可以从该书随处可见的注释、明确简洁的叙述中略知一二。

二是综合观照,打破各门艺术藩篱,既作微观分析又作宏观审视。当代学者不愿触碰萧云从,一个重要原因是萧云从是全能型艺术家和学者,仅有专业训练难以啃下萧云从这块硬骨头。首先,萧云从是画家,而且他的画不宋不元,自成一格。他的山水、人物、花鸟、壁画都有突出成就,尤其是山水、壁画更是开宗立派,雄视八方。其次,萧云从也是书法家、篆刻家。复次,萧云从还是诗人作家,著有诗文集《梅花堂遗稿》。他的许多题画诗、信札、题跋都洋溢着浓郁的诗情画意,同时又含蓄而明确地昭告世人他高尚的民族气节。最后,萧云从还是一位视野开阔、成就丰硕的学者。他著有《杜律细》《易存》《韵通》,精于小学、文献、鉴定、考据之学。当代"术业有专攻"的一般学者专家,面对萧云从这样一位山脉般重叠连绵而又高峰入云的宗师大哲,的确感到难以把握他的那种混沌气象,很可能只有望洋兴叹了。而沙鸥,也正好是当下堪称全才型的艺术家,具有良好的、综合的艺术修养。或许沙鸥正是出于异代知音之间的惺惺相惜,才能十数年如一日,念兹在兹,为萧云从洒下这几多汗水的。研究萧云从,也的确需要研究者具备多方面的艺术才情和会通审视的学术眼光。如,对于萧云从的画作研究,沙鸥往往从这幅画现藏何处、判别真假入手,然后,分别从画作命名、画中地名来历、地理实景与艺术创作异同及原因、构图技巧、融汇前代哪位画家的技巧及其创新、技法皴法、设色、人物与景物关系、题款字体风格、题画诗字体风格、题款所蕴含之情感与识见、不同署名及年号、印章之意义、诗书画之构成与关系、整幅画的气韵及其寓意,等等,全方位地加以比较、分析、透视,层层剥笋,鞭辟入里,给人以沦肌浃髓之感。

三是思想饱满,以鲜明的立场态度统领学术研究。当代许多研究者讲究学术路径、技巧、规范、格式,而有意无意地忽略研究者自身及其研究对象的精神旨归。沙鸥的研究以解决问题为核心。一方面,他从现象入手,擘肌析理,从技术或学术层面分析问题,得出令人信服的结论;另一方面,他又紧扣明清易代之际士人、遗民的心理活动、思想矛盾和社会审美风尚的变迁,结合鲜明的地域特色,来探讨萧云从绘画艺术的独特成就。因此,迥异于通常的纯技术性考证,沙鸥的研究饱蘸了丰富的情感之液,饱含着深广的社会内容,从而凸现了一代宗师萧云从的人格精神及其作品的艺术价值。《萧云从丛考》各篇对这一特点均有体现,尤以名号释文考释、绘画美学思想考、绘画风格考、太白楼壁画考、太平山水图考、离骚图考、民族气节考等篇为显著。沙鸥这种思想与学术并重的研究方法,一则来自于他的社会担当精神。他常常将学者的"小我"融入社会的"大我",认为学术乃天下之公器,而绝非学者个人成名成家的独家秘籍。一则受自于乃师、当代国学大家卞孝萱先生的耳濡目染、耳提面命。卞孝萱先生生前十分看重沙鸥,我想这绝非仅看重他的才情,更重要的是看重沙鸥的学术视野和学术胸怀。

萧云从是被历史尘封已久的大师,关于他的现有资料如吉光片羽,十分珍稀,这就先天决定了沙鸥的萧云从研究之路的艰辛曲折。《萧云从丛考》虽然是一部堪称"萧学"的奠基之作,但由于资料所限,萧云从的一些谜团仍未彻底解开,这种遗憾只能留给时间解决了。

(原载于 2013 年 4 月 11 日《马鞍山日报》)

## 抚摸肌理 聆听心跳
——序《城市记忆》

这是一本主旨鲜明、内容丰富的关于一座城市方方面面历史记忆的书。

今年是马鞍山建市 60 周年。市作协组织广大作家,从自己的切身感受出发,紧贴城市跳动的心脏,钩沉一桩一件具体而微的人和事,点滴记录城市发展的历史进程,渐渐勾勒出这座城市清晰生动的面貌,并进而呈现出这座城市独特的精神气质。因此,可以说这本书就是作家们集体编织的记忆之网,这张网,以时间为经,以空间为纬,以具体的一人一事、一街一巷、一山一水为网结,打捞那些或深或浅或浓或淡的关于这座城市的记忆。单看每一篇文章,似乎都是私人记忆个人经验,无关宏旨,一豆灯火,一张照片,一次邂逅,一场离别,上学、上班、搬家、恋爱、结婚、调动,柴米油盐,家长里短,人事纠纷;但集中起来看,就像在现代化的三维地图上查看这座城市的大街小巷、道路交通,熟悉中透着陌生,寻常中流露惊喜;又像刚刚推出的微电影或者纪录片,晨光熹微,城市从睡梦中醒来,开始紧张繁忙的一天。风驰电掣的城际高铁和气势恢宏的长江大桥纵横交错,共同托起这座城市快速崛起的脊梁。夜幕降临,林立的高楼辉映万家灯火。万古不息的长江在城市脚下静静流过,作为地标的采石矶头仍然升起唐朝的那轮明月。四季流转,春花烂漫,秋叶纷飞。城市在拔节生长,城市发展变迁的铿锵脚步如在耳畔回响。而这一切,又都被凝结成文字,合上书本,它们就是封存的记忆,打开书页,它们就是鲜活的历史。这令我想起韩愈的小诗《早春呈水部张十八员外二首》:"天街小雨润如酥,草色遥看近却无。最是一年春好处,绝胜烟柳满皇都。"那一篇一篇独立的文字,就是早春萌动的嫩草尖芽,只有从远处才能看到那淡淡的然而又是铺天盖地的春色,嗅出那缥缈的然而又是无处不在的春天的气息。

我通读过本书全部文章，产生几个明显的感觉，我认为这也是该书的价值所在。

一是个性与共性的统一。与一般的个人回忆或集体编纂不同，本书充分尊重作家的个性，除了对个别字句和历史事实给予正误，其他叙述内容和行文风格特点不作改动，但是作品又必须符合记忆城市的总体要求，很好地体现个性与共性的统一。有了这种统一作基础，全书内容才显得既丰富多彩又不枝不蔓，仿佛一棵扎根沃土的白杨，主干挺拔，枝叶婆娑，在蓝天下茁壮生长，充满生机和活力。

二是人物事件与其时空活动上的统一。本书是集体组织活动的成果，作品是有选择的。有的作者提交多篇文章，编者会择优而取。也有几位作家不约而同写同一事件同一人物，选题撞车，编者也会审慎去取。比如有多位作者写到老市里的半边街、矿内新村、工人电影院，经过修改，质量较好的作品都予以收录。对比阅读这些文章，往往会有一些奇妙的感受。作家们的回忆视角不同，情绪不同，潜移默化的影响不同，但又都浸润着浓得化不开的情愫。作为读者，我好像被带入某种平行叙述的梦境，它们相互交织，相互支撑，相互证明，也在一定意义上相互矫正。博尔赫斯所谓"小径交叉的花园"或许就是对这一现象的隐喻。不过，在博尔赫斯那里，是一个作者进行的交叉叙述，而在这里是不同作者共同完成的交叉叙述。综观全书，市辖三县三区、江南江北的风物人情，60年的物换星移时事变迁，都得到较好的体现。大至毛主席两次来马视察，小到寻常巷陌芸芸众生，都被栩栩如生地反映出来。当然在内容比较均衡的同时，描写矿山、马钢、市区的作品相对多一些，这也符合这座城市的传统性质和特点。尤为可喜的是，全书充满浓郁的生活气息。从马鞍山走出的著名作家严歌苓女士认为一座城市的"市井气"是产生小说的肥沃土壤。与邻近的南京、芜湖等老城相比，建市较短且为工业城市的马鞍山，市井气相对要淡一点，不过，本书收录的作品会较大程度改变这一传统印象。全书洋溢着人间烟火的醉人气息，这气息来自底层大众对生活的热爱，对乡土的眷恋，对创造的渴望和对未来的信心，这气息也无意中流泻出马鞍山从单一生产性城市向生产生活消费并重的综合性城市转型的轨迹。

三是历史回顾和现实关怀的统一。2009年纪念新中国成立60周年时,马鞍山被新华社等权威媒体和机构列为见证新中国发展成就的60个标志城市之一。作家们写自己的城市,写自己熟悉的身边人身边事,回忆那并不遥远的过去,除了天然的亲切感,还有一种见证人的自豪感。昔日,他们用双手建设了这座城市,目睹她的成长变化,感受她热烈的心跳,体验她的痛苦与欢乐,今天,他们又把这些亲身感受和体验化作灵动的文字,像泉水一样从心底潺潺流出。许多作家与城市一同长大,城市不断延伸的框架好像就是自己不断长长的腿脚和臂膀,他们用深情的目光打量这座城市,就像缓缓抚摸自己的肌肤。一些作家站在今天城市某个繁华道口,面对滚滚车流或默默矗立的高楼,却在脑海中努力搜寻记忆中几十年前这儿的村庄或者羊肠小道的影子,真切与虚幻紧紧地交织在一起,恍如隔世。作家们回忆过往,却立足于现实。透过作品的字里行间,能够真切体会到作家们宽和的心态、平静的心情,这既缘于对自己当下工作和日常生活的满意,也缘于对这座城市今昔对比而产生的爱与理解。因此,这虽是一次集体组织活动,但又是作家们出于真心而主动参与的积极活动。不过,作家们又是敏锐的,他们的爱与理解不同于无原则的赞歌。原来热闹的村庄一天天老去,故乡的小河不再清亮,阴沉的雾霾时时盘踞在城市上空,邻里间的关系由其乐融融到铁锁冷面,昔日热火朝天的厂房如今锈蚀衰败枯草瑟瑟,正常的晋升通道被权势者堵塞,等等,让人看到城市流光溢彩背后的斑驳面影,更看到底层生活温情下的艰辛与沉重。正面和背面两种真实的混合,才构成这座城市完整的形象。在这里,作家成了现实意义上芸芸众生的代言人。

四是纪实性与艺术性的统一。本书大部分作品以回忆性和纪实性散文形式出现。近几年,以梁鸿《梁庄在中国》为代表,文坛上兴起了一股"非虚构写作"潮流。这一潮流应和着"新散文"概念的起起伏伏,共同扩大了散文的疆域,提升了散文的品质,也逐步改写了散文的文体模式。本书收录的一些作品,无意间搭脉非虚构写作,在遵循写实的前提下,选择性地运用回忆材料,以合情合理的想象充溢文思,以不可复制的独特心理观照现实。这些方法的综合应用,一定程度上摆脱了回忆文章过于粘连现实的机械反映,阻断了缺乏难度的平顺叙述,提高了作品的可读性、艺术性。

每个城市都有自己的档案和地方志。它们以体制化行政化文件化方式留存城市的重大事件、重大活动、重要人物,偶尔为普通人记上一笔,那也是因为这个普通人是一种"典型",是一种政治意志的塑造,代表了某种趋势、方向、精神,具有"标本"性质。这些记录代代延续,固然有其价值,但是它们不可避免地过滤了原汁原味的日常生活,又由于是程序性的公文来往,公事公办,必须删除一切情感,方显出客观事实。因此,档案和地方志都是抽象的记录和资料的汇集。本书或类似书籍适可与档案、地方志鼎足而三,与之共同撑起一座城市的记忆大厦。三者结合,可以使城市记忆血脉畅通,有血有肉,有情有义,立体丰满,细节生动,可触可感。司马迁的《史记》之所以伟大,端赖其"史家之绝唱,无韵之离骚"的史、诗合一的品格。可惜,在当代能认识到这种意义并进而起身躬行者太少太少了。

这本书还有点不足。一是成于众人之手,质量不够均衡,因各人心性、气质、修养、见解、阅历、观点等的不同,水平有高下,阅读的顺畅感难免受到影响。二是有些作品尽管选题很好,但作者没能深入开掘,或是功力问题,或是意识问题,总之,结果是意蕴不深,不能不说是个遗憾。不过,与其丰富的价值相比,这也的确只是白璧微瑕,何况,她还能给我们带来那么多的意外惊喜呢!

(《城市记忆》,合肥:安徽文艺出版社,2016年)

# 溢出的价值
## ——读《辉煌60年》

今年是马鞍山建市60周年。市委宣传部组织相关部门编纂了一套丛书，旨在从不同角度总结反映马鞍山的精神风貌。市地志办编写的《辉煌60年》就是这套丛书中的一本。

通常来说，地方史志的功能是"资治、教化、存史"。"资治"，就是利用地方志的资料，为各级领导和领导机关进行科学决策提供依据；"教化"，就是利用地方志资料，向广大群众特别是青少年进行爱国主义、社会主义和革命传统教育；"存史"，就是利用地方志积累的资料，为编史服务，为社会科学研究服务，为各项建设事业服务。这本《辉煌60年》除体现上述基本功能之外，因其所收资料并不完全等同于一般史志或年鉴，且其编写目的之明确，略前而详后，着重记述了近十多年来马鞍山各方面的最新成就和进展，因此还有若干溢出的价值和意义。

其一，它是了解马鞍山新世纪以来最新市情的简明实用的读本。马鞍山因钢建市，是传统的重工业城市，20世纪60年代就是名扬全国的"江南一枝花"，但新世纪以来马鞍山逐步加快了转型升级的战略步伐，今天的马鞍山正在发生破茧成蝶的质变。与一般的时事宣传给人浮光掠影的印象不同，这本书比较全面而深入地介绍了这座城市转型升级的各个方面，使人对马鞍山的最新情况有了准确的把握和了解。现在各地发展都很快，对一座城市历史文化的理解和对其现状的把握在当下往往有很大的距离。昔人谓，士别三日当刮目相看，今天对一座城市的认识，亦当保持这样的心理和眼光。

其二，本书始终贯穿着"聚山纳川，一马当先"的独特的马鞍山精神。马鞍山城市精神从"奋进马"精神的概括到"聚山纳川,一马当先"精神的凝聚提炼,实际上也是这座城市自我认识的升华。马鞍山60年尤其是新世纪以来10多年的成就,就是城市精神的物质载体。不同于当代一般志书的是本书既见物又见人,读者可以从毛主席以及其他党和国家领导人视察马鞍山过程中体会到领袖和人民之间的精神互动,体会到人民群众是怎样把自己的力量投入到城市和家园的建设之中的。反过来,马鞍山几十年来又一直重视社会建设和民生建设。这是一种良性的因果循环,因此,这座工业城市才多少显出与众不同,才能在中部地区顺理成章地第一个获得全国文明城市这一殊荣。

其三,本书客观记述,不追求文学性,但图文并茂,直观形象,仍具有很强的可读性。全书虽然没有多少文学语言,但在城市形象、城市建设、生态家园、文化生活等许多篇章,不可避免地融进了一定的感情色彩,山川、园林、景区、植被等,尽管只是客观介绍,因其本身固有的美学元素,仍然给人以美的享受,这也从一个侧面说明马鞍山是名副其实的江南山水园林城市,更能说明地域文化的力量是多么持久而深厚。当然,精心选用的精美图片更加让人赏心悦目。

以上三点,凸现了这本书的价值,实际上是无意间凸现了马鞍山这座城市的一些特点。如果把此书与丛书中的另一本《城市记忆》对照阅读,时空切换,精神穿梭,忽而文采熠熠,忽而循名责实,读者当能更加深刻地感受到马鞍山这座城市的独特魅力。

(《辉煌60年》,合肥:安徽文艺出版社,2016年)

# 记住历史深处的童年时光

——刘阳生编著《新千家诗》读后

结识刘阳生先生大概十余年了吧。阳生先生退休之后,一直作为马鞍山市经济学会专家组核心成员之一,为经济发展和城市建设贡献自己的思考和智慧。每年在一些课题讨论会议上,总会见面几次,一直以为他只是在作经济建设方面的调查研究,与诗歌艺术之类怕是隔得很远,所以在前不久的市第四次文代会期间,阳生先生送我一本他近期编著出版的《新千家诗》一书,多少有点愕然。细读过,着实让我吃惊不小并进而钦佩起来。

中国蒙学源远流长,最著名者大约是"三百千千"(即《三字经》《百家姓》《千字文》《千家诗》)了。《千字文》出现最早,距今约1500年,为周兴嗣受梁武帝萧衍之命而一夜编成。编著地点相传就是今天的采石矶与小九华之间的荷包山,民间广泛流传周兴嗣为编写千字文而一夜之间须发尽白的故事。宋末大词人刘克庄编选的《千家诗》,数百年来都是最为流行的童蒙诗歌读物,与清人蘅塘退士编选的《唐诗三百首》可谓先后辉映,泽及百代千秋。如此说来,今天阳生先生编著《新千家诗》,也是踵武先贤,接续乡情,心系子孙的一桩善莫大焉的好事。

然而,多年来在重视教育的幌子下,一些不良书商利用中国家长望子成龙的心理,推出大量胡编乱造的所谓儿童读物,赚取昧心黑钱,遗祸儿童少年。阳生先生看在眼里,急在心里,决心以严肃认真的态度、一丝不苟的精神编选一本适合当下青少年阅读的、以古诗为主兼及新诗的大众读物。《新千家诗》的出版终于实现了这一夙愿。认真拜读之后,我认为它有如下明显特点。

一是选材精严。全书共选诗(包括词、曲)108首,其中古诗90首,新诗

18首，分别占5/6和1/6。这里需要说明的是，毛泽东的两首词《卜算子·咏梅》《十六字令（三首）》、朱德的《咏菊》、周恩来的《旅日》因是格律诗词被我划入古诗之列。全书以汉乐府《长歌行》起首，以当代诗人席慕容的《少年》终篇，严格按时代先后排序。阳生先生自己说，他以"少壮不努力，老大徒伤悲"的劝勉开篇，以少年珍惜"每一分钟的绽放与流动"的警示结尾，可见其言之谆谆情之切切了。全书首尾环合，规劝的结局应是行动的开始。这种谋篇布局，当为有心人所悟。一卷在手，可概览中国童蒙小诗起伏变化迁延发展的脉络。这些诗歌，全是千百年来流播人口，让人齿颊芬芳回味无穷的经典之作。其中绝大多数也被选入今天的小学、初中语文课本，因此早已被当代少年儿童所熟知，早已沉淀在他们幼小心灵的深处。也许课本所选诗歌给阳生先生以一定参考作用，但阳生先生选诗绝不囿于教科书。读后我才深深感到，即使所选为同一首诗歌，阳生先生的解读所赋予的内涵与境界也远超一般课堂和教科书的讲解。想象当年钱钟书《宋诗选注》未选文天祥《正气歌》而引起的社会争论就可知道选诗之难了。因为选择苛严，必会产生遗珠之憾。可能因为思想过于浓厚，鲁迅的诗歌就没有入选，为弥补缺憾，阳生先生以鲁迅《摩罗诗力说》一段话作为扉页题词："凡人之心，无不有诗，如诗人作诗，诗不为诗人独有，凡一读其诗，心即会触者，即无不自有诗人之诗。"这种安排，亦显示了编者的匠心独运。编者在其简短的"前言"中自陈，选诗原则为"小、易、精、名，即都是言简意赅的杰作，乐吟易读的妙品，精美绝伦的华章，脍炙人口的名篇"，寻名责实，洵非虚言。

二是读者定位明确。编选本书的预想读者是当代广大青少年儿童及愿意辅导孩子、与亲子共读的一般家长。对于记忆力处于旺盛时期的少年儿童，这些看似浅显易懂的小诗，三五分钟即能背诵默写，但记诵考试是一回事，含英咀华深得其中三昧是另一回事，况且这些诗歌的艺术滋养往往是终身的，人在不同年龄段对其理解、认识感悟体会是不同的。正像歌德所说"不同的人虽然说过同样的话，但其含义却完全不同"。因此，尽管少年儿童是这些经典诗歌的天然读者，但却绝不排斥作为成人的父母是其读者的可能性。相反，在亲子阅读成为时尚的今天，家长们对诗歌的理解因其渗入更深更广的人生和社会内容，更容易为孩子加深对诗歌的理解提供一把崭新的钥匙。更何况今天许多家长自身的古典诗歌修养也是十分欠缺的呢？从这个角度看,《新千家诗》已经超越了传统意义上的童蒙读物,它完全可以把成年人作为自己的阅读对象。经典的魅力就在于它植根于民族精神的沃土,寄至味于淡泊,寓纤秾于简古,只要民族性格不变,它就常读常新,常新常变,尽管它的文本形式永远那么简约单纯。

三是赏析优美深刻。赏析是这个选本的主体内容,也是本书独具价值的精华所在。从20世纪80年代起,古诗赏析就一直风靡至今,各类诗词鉴赏辞典层出不穷,蔚为大观。其中不乏精金美玉,然亦不乏东拼西凑,浮光掠影,缺乏真情实感擘肌析理的所谓辞典、大全等。因滥竽充数者大量存在,才不得不让人心存戒意。也正因心存戒意,我才多少带点挑剔的眼光逐篇读完阳生先生的赏析文章。平心而论,本书不仅没有让人失望,在许多地方还令人大喜过望。这就是我不吝赞词的原因,在此对本书赏析特色稍加论说。

各篇赏析除简要阐释外,重点开展了大量颇具识力的评析。视诗歌内容之不同,或侧重于诗歌意脉之梳理,或侧重于诗歌结构之再造,或侧重于诗歌意境之开掘,或侧重于炼字炼句之奇效。凡此种种,最见作者敏锐的诗心、识见和功力。我自认为对诗歌的感觉已经比较细腻了,况且这些小诗绝大多数也早已烂熟于心,在脑海中不断闪回和重构这些诗歌生动感人的独特画面,不断以人生经历充实丰富这些诗歌的精神意蕴,不断用柔嫩的心灵触觉去探及这些诗歌的幽玄微妙,但当我读过阳生先生的评析之后,仍然常常获得意外的欣喜,既有王维"行到水穷处,坐看云起时"的自由自在,又有陆游"山重水复疑无路,柳暗花明又一村"的豁然开朗。这诚然就是所谓"诗无达诂",但我想,阳生先生为编读赏析一定是发了大愿,下了狠心的。人生阅历的丰富厚实,诗歌阅读的丰盈体悟自不必说,他的童心未泯白发天真可能是更为重要的因素。他的不满、他的希望、他的功力、他的见解和主张,都已打成一片,化合在评析的字里行间了。

作者想在评析之中尽量融入更加广阔的历史内容和生命感受,并和文本赏析有机融为一体,这个目标也完全实现了。有些精美的小诗,如果仅就文本分析和字句推敲,无论如何也不能显示其全部意义,而且往往会陷于刻意求深求新的尴尬。这就用得上"距离产生美"这句话了。经典的形成,根本原因在于其表达了民族的甚至人类的普遍情感,诗歌不过是这种普遍情感在某种情境中寻觅到的最好的载体和形式罢了。这时，经典诗歌就像万绿丛中的一点鲜红，不从广阔的"万绿"背景去认识那一点鲜红，那点鲜红就失去了依托和打动人心豁人眼眸的力量。我想，阳生先生在潜意识里是深刻地把握住这一点的。因此，许多赏析文章写得情思婉转而又气象开阔，一面生动曲折鞭辟入里，一面举重若轻行云流水，令人读后回肠荡气。

全部赏析文章也处处荡漾着阳生先生"心里装着读者"的主动服务意识。编者心目中时时想着为孩子而写，因此尽量采用平易近人的叙述化口语，而少用学术性语言，以期孩子更容易接受。我的感受是，仿佛作者在叙述时就有一个或几个孩子围在作者周边。因而这些赏析文字就不仅是单纯的叙说，同时也暗含作者与少年儿童之间相互交流的期待。我也正是在作者的这种心理期待上才选用"娓娓道来"这个词汇的。文中随处可见这类亲切随和的家常叙谈，这和许多学者自得其乐的会心赏析有着显著不同。但这类家常叙谈绝不意味着没有深刻理解的絮絮叨叨，缺乏艺术才情的敷衍塞责，而是恰恰相反，表现了作者融盐入水天机流行的艺术本色，从而使整篇文章亲切自然、浑化无迹，让人涵咏不尽。为了提升孩子们的理解力和辨析能力，作者在选诗苛严的同时，在赏析中巧妙穿插了大量的同类诗歌，因此本书实际出现的诗歌有 300 首左右，这也是一种弥补选诗数量过少的手段。世易时移，近几十年快速的城市化和科技发展，极大地改变了几千年的生活方式，古代广大地区普遍的、反复的生产生活方式于今不复存在或日渐式微，变得不易为现今的少年儿童所理解。阳生先生充分考虑到这种情况，一方面，在赏析文字中对古代赏识作必要的介绍和交代，有时作者还在文章中现身说法，对农事耕作、岁时节令、民俗风情等，以自己的亲身体验告诉孩子们来龙去脉；另一方面，阳生先生精选宋、元、明、清及近代共 35 幅古画（在此我将近代吴昌硕两幅《墨兰图》《红梅图》列入古画范畴）作为插页均匀放入书中各处，古画的作用，既与赏析文章相配合，以求图文并茂，赏心悦目，更在于以直观方式说明古诗所涉及物质生活与精神生活之内容，以求相得益彰，加深青少年读者对古诗的同情之理解。

阳生先生的每篇赏析都是一篇文字优美的散文。如果说前述种种都只是证明作者的宅心仁厚，此处质朴优美的文字则足以证明作者的文思才情。没有这里的文思才情，前面的评析、历史内容和生命感受、服务读者的美好愿望则容易流于干枯生涩,所以千万不能轻视赏析文章的文字之美,这是诗歌赏析成功与否的艺术基础。概而言之,阳生先生的赏析文字美在质朴、自然、圆融、熨帖。读之如清风拂面,泉润心田,总的感受就像一脚踏进旷野草原,草木葱茏,天高地远,令人心旷神怡。限于篇幅,这里不再展开。

  阳生先生严肃认真的编著态度还体现在本书的诸多细节上。如封面设计上,封一上部清新素雅,下部选用赭黄色的古代市井生活图卷,上下对比鲜明而又色泽柔和,书名集古代名家墨迹,潇洒沉稳,古意盎然。不烦旁人作序而自作简短前言,剖白心迹,一派生机尽显仁者胸怀。选诗作者简介,注释简明扼要,对个别歧义处则说明选择某一义之原因。赏析文章结尾补白处饰之汉代瓦当,浑厚朴茂。书末附"中华历史朝代口诀歌""二十四节气""诗词常识",帮助少年儿童了解古代相关基本知识,全书最后一页单列主要参考书目,编选作者和出版社,以示自己赏析之作所来由自,踪迹昭然可循。成败在于细节,岂此谓也?一书在手,朴实大方,墨香四溢,心生欢喜,当然开卷有益。就一般大众读物而言,无论内容、装帧、校对,此书均应算作上品。但个人细阅之后认为也有一点小小瑕疵,前后赏析文章有少数诗歌被多次引用,稍嫌重复,可能是写毕编成之后未能集中通览之故。如可更换另外诗歌,当更完美。

(原载于 2010 年 12 月 4 日《马鞍山日报》)

## 解读《国画》

我一向不大关注所谓流行读物,即使对洛阳纸贵几乎人手一册的畅销书也是如此。然而,不久前一场近乎无聊的考试弄得我身心疲惫,为了解乏,顺手操起一部近来风行的长篇小说《国画》,花了一个周末把它读完。因为小说中污秽的东西太多,读后不仅没有解乏,相反,脑子晕乎乎的,一个星期才缓过神来。

我知道,对绝大多数读者来说,这是一部可读性非常强的作品。小说以朱怀镜为核心人物,以他在官场上的逢场作戏、升沉命运为主线,通过对荆都市一幅幅台前幕后世相图的传神描写,近距离、原生态地刻画了一批生存于权力中心或边缘地带的人物形象,对其独特神貌及游戏规则作了镜子般的映照。小说的可读之处在于抓住并揭破了当代官场的层层黑幕。圈内人通过阅读对自身处境的认同,因而往往对号入座,容易误将小说当作事实而津津乐道,而圈外人亦可借以窥破深院高楼里静静发生的惊心动魄的种种事件,从而产生"原来如此"的感慨并进而证实自己洞察人情世事练达的能力。无论对圈内人或对圈外人而言,他们都因阅读而释放了心理能量,现实生活中的种种猜疑、传说、悬念由此破解,因而都在不同程度上获得了满足与快感。

但是,笔者对有评论认为这部小说具有警世意义的评价不敢苟同。我认为,它只具有对现实的认识价值而不具备警世的品格。像朱怀镜这样的人物,由一个山区的副县长调至荆都市政府任副处长,凭借宦海智慧,由副处长而财贸处长、财政厅副厅长,最后失势,被迫外调任地委副书记。沉浮背后,朱怀镜又是一个集敲诈、嫖娼、与情妇长期姘居、行贿、受贿、充当掮客、迷信特异功能、附庸风雅等于一身的人物。即使如此,作者始终都未对其作出明确的负面道德判断,相反,还时时流露出欣赏、称赞的心态。因此,笔者有理由推断,作者在心里深处是陷入现实、认同现实而没有超越现实,还没有表现出一个作家应有的理性激情,更看不出用理想之光照亮和穿透现实迷雾的精神力量。当然,这一点对王跃文有点苛刻,因为这是当下许多作家的共同缺陷。正是在这一点上,绝大多数当代中国作家与19世纪俄罗斯伟大的作家群拉开了距离。这也是我阅读这部小说感到未能解乏的根本原因。

然而,作者又是一位颇具才华的青年作家。他对人物心理变化的把握以及驾驭长篇小说结构章法的能力足以证明这一点。不过,作者功力或许不够,特别是对艺术本质、文化精神的理解不够深入,以致理想文本与现实作品之间出现乖离。在作者的想象中,他试图努力塑造出三个正面人物形象,即具有天真艺术才情的画家李明溪、看破红尘大隐于市精神逍遥的卜未之以及作为正义与真理化身的记者曾俚。但事实上,这三位人物形象不同程度地存在扁平化、概念化倾向,远远不及朱怀镜、皮市长、张天奇等人物形象丰满真实。所以,这两类人物之间产生不了预想的对峙和张力,这就从另一侧面削弱了作品的忧患品质。

以上都是对作品现实性的分析。最后,我想就《国画》的象征意义稍作解读。一般来说,流行小说可以不设置象征意义,但王跃文有意设置了象征迷宫,这可能是他对小说认识的深化。歌德曾说:"内容人人看得见,形式对大多数人来说却是秘密。"那么,《国画》的形式在哪呢?第一,小说命名《国画》的意义。我认为可以作两层解释,既可以理解为当代中国官场的画卷,又可以理解为国画是中国传统文化的精粹之一。所谓笔墨意蕴,以少胜多,以白当黑,所谓言有尽而意无穷、线条刚柔相济,所谓空灵层次、境界等,不都流淌着国画的某种精神意蕴吗?第二,小说中几个正面人物结局的意义。李明溪尽管是朱怀镜的挚友,但终于免不了被逼发疯而下落不明。卜未之尽管被朱怀镜奉若神明,但高龄无疾而终,令人空怀无限惆怅。曾俚尽管是朱怀镜最钦佩的北大才子,但还是无法在荆都生存而落脚南方一家言论激烈的报纸,也都象征着传统精神的式微,文化良知的消亡和正义真理的艰难处境。总之,人性中一切美好的东西都在不断飘散和消逝。如果我的分析大致准确的话,那么可以推测作者对挽救某些美好的东西正在丧失信心。但愿未来证明我的推测是错误的。

(原载于2000年12月1日《马鞍山日报》)

# 我读钱钟书《宋诗选注》

平常,我们只留恋一丘一壑之美。偶尔登山临海,仰望峰峦逶迤连绵,便觉人间美景,尽入胸前,以致豪情鼓荡。这是读一些好书给我的感受。然而,读完钱钟书先生的《宋诗选注》,我对好书的理解又更深了一层,感受也愈加微妙。打一个比方吧,先生像端坐云头的孙大圣,或者像旋转在地球上空的侦探卫星,用他的火眼金睛和尖锐的科技装备,察看大地山河。万里江山奔趋眼底,茂树幽花尽展奇姿。这时,阅读产生的不是豪情,而是超越豪情的快意。它平静、舒缓,饱含着从真知灼见中流泻而出的幽默。

15年前,我还是高二学生,偶然购得《宋诗选注》,第一次接触到钱钟书的名字。那时,知道先生的人还不多。当然,我也只是凭对农村风物的熟悉和热爱而读熟若干写景抒情的诗句,读注,只是为了弄懂诗句的含义,仅此而已。而立之年重新捧读,方悟其中妙谛。我以为,与众多古诗注本相比,它的最大特点在于序、诗人介绍、诗歌及注释四位一体,相互支撑,相互补充,相互印证和阐发。时髦一些,也可以说,它形成了一个完整的具有自我生成功能的统一场。这样说有点抽象,下面作些解释。

先生之序,高屋建瓴,别具风调。首以所选之诗揭露宋诗反映现实的几种不同方式及其重理寡情的缺陷,次论宋诗艺术得失并着重辨析"江西诗派",最后对严格的近乎苛刻的去取标准略加说明。一篇万言长序,剥茧抽丝,剔肉见骨,删削凡近,有宋一代诗风诗貌已牢笼笔端。诗家介绍,摒弃其生平履历之陈规,而直接点明其传承流派、诗学主张及诗艺得失。简者,寥寥数十字,详者,洋洋几千言。无论繁简,皆剀切中肯,似麻姑搔痒,正中下怀,又似快刀毒剑,见血封喉。其实,诗人介绍是对序言的充实、延伸,由总而分，构成钱先生对宋诗整体的理论观念。选诗当然要灵心慧眼，更要苛刻审慎，因此只好独辟蹊径。在常人看来，改选传统名篇既是对"识"力的挑战，也往往出力不讨好。但对钱先生而言，这种风险几乎不存在。

如果说立异标新的理论还容易欺人，那么，真刀真枪的演练显示却只会让人心服口服。所以，《宋诗选注》的着力点在于"注"。选诗表现胆识，注诗全靠功力。从注中，我们看出了钱先生的巍巍气象和睿智通达。先生注诗，博采群书，东西合璧，旁搜远绍，纵横捭阖，出经入史，左右逢源。先生不喜江西诗派的字句必有来历，但他自己做学问特别是下断语，却极讲究言必有据。而且还要列出各家证据以相互印证。仅序言就有附注79处之多，但一般并不引出注文，只点明出处以示所言不诬。在诗注之后，先生又往往对注释再加以辨析，连绵回环，以澄清历来对诗意的含混理解。注与注之间又可相互参证，使全书前后左右密不透风，谨严之至。许多未能入选的诗人，如苏辙辙、张孝祥、郭祥正、谢翱等，都以注带出，以弥补过于苛严而可能带来的遗憾。这种注诗方法，以笔者管见，前人今人都极少使用。有时，联翩而至的注释有点让人目不暇接，如徒手闯入宝山，只恨无力背回些精金美玉。

《宋诗选注》中随处可见的比喻和幽默，一如钱先生散文、小说的一贯风格。因为这种幽默被移到庄重典雅的学问中来，更能窥见先生的学养和性情。这里仅举数例供欣赏。先生论陈师道与黄庭坚诗歌优劣时，说道：假如读《山谷集》(黄庭坚，自号山谷道人)好像听异乡人讲他们的方言，听他们讲得滔滔滚滚，只是不大懂，那么读《后山集》(陈师道，自号后山居士)就仿佛听口吃的人或病得一丝两气的人说话，瞧着他满肚子的话说不畅快，替他干着急。在论范成大诗不足时，先生说了这样一句话：他是个多病的人，在讲病情的诗里也每每堆塞了许多僻典，我们对他的"奇博"也许增加钦佩，但是对他的痛苦不免减少同情。再如，在对徐玑介绍时附带说明为什么不选叶适的诗：他号称宋儒里对诗文最讲究的人，可是他的诗竭力炼字琢句，而语气不贯，意思不达，不及"四灵"还有那么一点点灵秀的意致。所以他尽管是位"大儒"，却并不能跟小诗人排列在一起；这仿佛麻雀虽然是小鸟，飞得既不高又不远，终不失为飞禽，而那庞然昂然的鸵鸟，力气很大，也生了一对翅膀，可是绝不会腾空离地，只好让它跟着走的动物赛跑去吧。有了这些幽默而晓畅的论说，谁还认为读书是一件苦差呢？

（原载于1999年6月9日《马鞍山日报》）

## 独特的视角 震颤的心弦
—— 《青苔街往事》读后赘语

现居深圳的安徽籍女作家杜梅近作《青苔街往事》,是当前难得一见的描写少女精神成长的儿童小说。小说以四十多年前江南小镇青苔街为背景,以六指少女灯灯十年成长为主线,采用中国传统风俗民情画散点透视的叙述形式,真切而形象地展示了特定地域、特殊时代的生活场景。小说的成功之处在于:一是生动塑造了灯灯、粉红、宝儿等性格迥异的少女和一批街坊邻居的形象。不少人物虽着墨浅淡,但稍事勾勒、对话,便声口宛然,栩栩如生,令人难忘。二是源自生活的情节线摇曳起伏,推动人物命运的发展变化。日常生活在平静的叙述中暗含令人惊心的波澜和力量,从而使小说结构总体显得十分紧凑而又浑融饱满。

小说的引人入胜之处在于从一个小小女孩的视角和心灵,以俯身贴近地面的方式去观察和思考青苔街的一切,散发出鲜活的泥土气息和芳香的植物味道。许多被成人世界忽略和遗忘的琐细事物都显现出神秘美妙并因此关系重大。作者以女性特有的细腻笔触,像显微镜一样烛照并放大一叶一花的生长与绽放。一片云影、一阵涟漪、一声虫鸣、一只鸟叫,在孩子的眼里都有不同寻常的含义。大人们毫不在意的一声叹息、一个眼神都会牵动孩子敏感的神经,唤醒他们沉睡的记忆,引起他们的惊悸或欣悦。甚至,成为他们成长过程中具有重大意义的心灵事件,潜在而恒久地左右着孩子的人格发育和人生走向。但是,这些叙述虽然渗入了孩子的幻想却又都是人物亲身经历的心理事实,因而又不同于一般的童话。因此,小说具有鲜明的生活感和现实性。但又因为以儿童的眼光观察生活,所以除平中见奇以外,作品更处处充满了未知和悬疑。有意无意地探求未知和悬疑,构成了推动小说情节的暗力量,也成为吸引读者阅读时欲罢不能的理由。

小说具有明显的作者精神成长的自传性质。在经过数十年的酝酿、咀嚼和回味后,作者调动了童年时代丰富的记忆贮存,以自然亲切的笔调和灵动敏锐的思致娓娓叙述,在朝暮阴晴和四季轮回的时间流走中,重塑了那个特定场域和时代的鲜活场景,展现了青苔街的市井生活和人生悲欢。并且,作者时时把视线引到更为渺远的乡村,把触角伸向更加幽深的历史,从而使青苔街的生活凸现在深广的时空背景之中,巩固了青苔街与现实生活的逻辑联系,加深了青苔街的历史厚重感。

通读全书,笔者也有两点小小的建议:一是全书后半部分个别地方的叙述和情节推进稍显急躁,这可能和作者创作时的心境或某种外力影响有关,建议稍加调节。二是"六指"对灯灯童年生活和性格有很大的影响,也是小说的逻辑起点,但小说中段的很长过程中却把"六指"的意义淡化甚至遗忘了,建议在适当的地方强化其象征作用。也许常人眼中弱智的粉红就是青苔街现实生活中那个多余的六指,她最后的消失也就像多余的六指最终被切除一样,令青苔街人心战栗。毕竟,十指连心,毕竟,那是一个幼弱而卑微的生命曾经存在的坚强证明。

唯一的担心:现在的孩子成长于城市化和网络化进程中,他们缺乏传统小镇悠闲恬静的生活方式和人与自然融为一体的直观体验,如何顺畅接受兼具牧歌和挽歌色彩的青苔街往事?

## 热爱故乡的一种方法
——读霍光武老师新作《姑熟诗韵》

一个人,尤其是一个文化人,对故乡的爱有没有方法,这是我在阅读霍光武老师《姑熟诗韵》书稿时忽然冒出的一个奇怪念头。

前不久,刚刚从教育领导岗位上退休的作家陈章永兄打电话给我,说八中有位霍光武老师酷爱文史,有本新书即将出版,问我有没有兴趣提前看看。我相信陈章永兄的眼光,于是,霍老师就把他的书稿发来了。不承想,霍老师的文章一入眼帘,我就想一口气把它读完。个中原因,说来复杂。

我们身处的这个时代光怪陆离。这个时代好像比以往任何时代都更呼唤爱、强调爱,现实中也不乏种种爱的表现和行动,甚至还有些泛爱、滥爱,但是,许多人真实的感觉是爱在逐渐淡化甚至消失,他们既很难感受到别人向他传递的爱的力量,也慢慢丧失对别人的爱的能力。对人如此,对国家、故乡、山河、草木、自然等,同样如此。正是在这种心理氛围中读霍老师的文字,心情才复杂起来。从霍老师的文字中才知道我们是同龄人,从小在乡村长大,上了师范跳出农门,一步步从农村走进城市,相似的生活经历更容易让我理解他的心理。对故乡的爱是人的普遍情感,多数人随着年龄增长会把这种情感压在心底,只在特殊场合会偶尔流露,但霍老师对故乡的爱却广泛、持久、深入、执着,形成一种情结,并上升到理性的高度。如果以霍老师的爱为标准,那么我们许多人对故乡的爱是不合格的,但有了霍老师的标准,我们的故乡之爱是不是更有方法、更有方向了呢?我想,答案应该是肯定的。

《姑熟诗韵》是霍老师献给故乡的一份深情厚礼。

没有这份深情,很难把故乡的文史资料、乡邦文献、掌故传说搜集得这么丰富。我对当涂的历史文化有一些了解,但读了霍老师的文章还是吃惊不小。比如,对大公圩的形成、历史变迁、治圩名宦、科技成就、风味特产等,全都引经据典一一介绍,并且条分缕析脉络分明,字里行间灌注饱满的乡情,熔地方志之典实、说明文之数据、小品文之情感于一炉。读之,既能补人历史知识,又会引人思考,同时给人美的享受。而这样的文字遍布全书,几乎每一个章节都是同样吸引人。

没有这份深情,很难追踪反映家乡社会文化事业的最新进展。与一般零星的思乡怀乡之情不同,霍老师几乎是对家乡社会文化给予竭泽而渔式的叙述。这一点也近似于地方志,有点故乡小小百科全书的性质。更令人意外的是他对家乡最新社会文化事件追踪反映得迅速与执着。比如,2015年8月24日,南京大学"首届中国古典文学高端论坛"全体与会学者,谨以鲜花清酒致祭诗仙李白之墓。南京大学文学院院长徐兴无教授主持公祭仪式。南京大学文学院教授张伯伟代表同行者在李白墓碑前洒酒祭奠。台湾诗人郭枫撰写并宣读了祭文《祭李白》。我是当时马鞍山寥寥在场者之一,事后也并没有怎么宣传,真不知道霍老师是如何搜集到这个信息的。郭枫撰写并宣读了祭文《祭李白》,这《祭李白》全文居然也被霍老师搜到,在此我不能不佩服他超强的抓取资料的能力。再如:

2015年9月,在2015年安徽省申报创建4A级旅游景区景观质量专家评审会上,当涂县大青山李白文化旅游区顺利通过专家委员会评审,大青山旅游区已成功取得国家4A级景区创建"入场券"。

2015年10月,在"第八届长三角投资发展论坛·长三角慢生活旅游峰会"上,大青山李白文化旅游区以深厚的历史文化积淀、优美的自然环境荣获"长三角最佳慢生活乡村旅游度假区"荣誉称号,万山村被评为"长三角最美乡村"。

2015年10月17日上午,中国诗歌学会创作基地在"中国第一诗山"大青山揭牌。

这些新近发生的文化活动尽管可以从网上搜到,但若不是持之以恒,时时处处做个有心人,那也是很难做到的。从这里我们看到,霍老师这样一个普通的文化人,他对故乡的爱是那样微小那样具体,然而又像一眼清泉,滔滔汩汩,源源不绝。

没有这份深情,很难把心田的这块艺术园地打理得如此整齐鲜美、明丽夺目。我与霍老师素昧平生,从照片上看,霍老师是一个壮实的汉子,甚至可以说是孔武有力,难得的是他有一颗细腻的诗心。阅读他的文字,觉得他本质上是位诗人,又像是位精心伺候土地的老农。读其文,想其人,我想霍老师在平常的生活和工作中,应该是严谨的、整洁的,同时又在憨厚中透出灵气与幽默。他对文字的讲究和对形式感的追求,体现在书稿的方方面面。书以"诗韵"为名,各个章节也以诗歌起领,既有历代诗人礼赞姑熟当涂的诗歌,也有霍老师的自作诗,既有格律整饬的古诗,也有形式新颖不拘一格的自由体新诗。这些诗歌置于篇首,其功能相当于《诗经》中的起兴,但又不止于此。全书各个章节均以四字为题,光目录就极为整洁美观。文中遣词造句也多以四字为主,辅以各种散句,仿佛古人的骈散结合,平仄铿锵,语调优美,读之,绝少板滞拥塞,多觉流利畅达。为适应读图时代的需要,书中也穿插了不少精美的图片。这些图片大都经过作者的精心选择,不仅构图讲究富有美感和艺术性,更在于它们富有表现力和说服力,图片是文字内容的有力佐证,我愿从这个意义上来理解本书图文并茂的特色。

从整部书稿看,作者的构思是严密而完整的。不过,这种体例也给内容安排带来一定难度。同样一首诗歌、一则轶事,从不同角度看,可以放在不同篇章,而且如果删除不用又会伤害某一章节的完整性、丰富性、可读性,所以作者只好多处运用,只是尽量突出某一方面的意义。这给阅读的整体快感带来些许影响。与此相对,个别资料的意义又没有得到充分开掘,思想的穿透力稍显弱化。不过,这点不足与全书的厚重和灵动相比,对绝大多数读者来说是可以忽略不计的。

霍老师对故乡深情的爱给了我们一个启迪,爱,不仅源自内心深处,爱,还要讲究方法,并进而培养爱的能力。上述种种事例表明,霍老师不是那种"两耳不闻窗外事,一心只读圣贤书"的老夫子,而是与时俱进,永远保持年轻心态,自觉训练敏锐感受力和捕捉力,并且始终保持很强创作力的时代新人。他是很早就触网并开设博客的老师,十年坚持,2000篇博文源源流泻,进一步活跃了他的思维,激发了他的创作欲,所以他才有了今天这么丰硕的成果。作为一名曾经的语文老师,我也由此想到,多年来的语文教育饱受诟病,除社会风气的浮躁、高考指挥棒的导向、教育体制的僵化、语文教材的不接地气等因素之外,恐怕也与语文教师的整体水平不尽如人意有关。霍老师承担了《初中语文地方文化课程资源的开发和利用研究——以马鞍山为例》研究,《姑熟诗韵》也是课题研究的成果之一。这种结合地方文化的语文研究很有意义,也是教育部门目前大力倡导推动的事情。霍老师算是一个先行者,我希望看到更多的老师切实跟进,这支队伍越大越好。因为,乡土教育天然地包含了情感教育、艺术教育、人生教育。今天中国快速地走在国际化、现代化、市场化、城市化的道路上,在激烈转轨的时代,更多地回望传统,理清我们历史文化的脉络,有助于我们的教育之花开得更香更艳!

## 山水诗心 人文化成
——《马鞍山文史简读·诗文流韵》概述

马鞍山市横跨长江两岸,境内山水纵横。山不高而连绵苍翠,峰奇岭秀;水不深而曲折萦回,溪清鱼肥。春秋战国之际,马鞍山属于楚头吴尾。秦汉时期,东西两岸又分属会稽郡与九江郡。逮及三国,吴魏常在此纷争鏖战。六朝更迭,马鞍山成为扼守首都建康(今南京)之西南门户,军事地位陡升。同时,地近京畿,王孙贵族常于此啸傲吟咏,"文的自觉"随之到来。唐宋时期,江北之和州(州治历阳),江南之太平州(州治当涂)得到进一步开发,交通便捷,人文荟萃,迁客骚人,多会于此,诗文流韵,灿然生辉。流风余韵,波及元明清。

我以为,在马鞍山地区文学发展史上,首先必须突出三个关键性诗人:谢朓、李白、郭祥正,而这三位诗人又有极其自觉的精神上的联系。南齐著名山水诗人谢朓出任宣城太守,遍游郡内山水佳境,清词丽句,大大拓展了山水诗的题材,丰富了山水诗的表达手段,提升了山水诗的境界,完成了由玄言诗向山水诗的革新,奠定了山水诗在中国诗歌史上的正宗地位,山水诗成为中国诗歌美学的核心内容。蔡元培先生所谓"以诗歌代美育",笔者理解这里的"诗歌"主要就是指山水诗。唐代伟大的诗仙李白,一生多次漫游当涂、和州,留下了包括《望天门山》等千古名篇在内的七十来篇吟咏马鞍山的诗文。晚年李白贫病交加,归依其族叔当涂县令李阳冰,病危时枕上授简李阳冰,阳冰为其编《草堂集》并作《草堂集序》,对于李白诗歌流传后世居功至伟。李白秀口一开,便吐出半个盛唐。而这半个盛唐便由阳冰保存,马鞍山为中国文化传承作出了伟大的贡献。李白一生浪迹天涯,平交天子,笑傲王侯,唯"一生低首谢宣城",其现存诗作中有十余首直接赞美谢朓。在当涂

《题东溪公幽居》中写道:"宅近青山同谢朓,门垂碧柳似陶潜。"《金陵城西楼月下吟》写道:"解道澄江净如练,令人长忆谢玄晖。"李白为何如此倾心谢朓至今仍是谜团。日本学者松浦友久认为,李白天生就有亲近透明光辉事物的心理气质,而谢朓诗歌的清新最容易引起李白的共鸣,此论聊备一说。李白最后归葬青山,实现了与谢朓结为异代芳邻的遗愿。北宋当涂著名诗人郭祥正一登上诗坛,便被尊为"宋诗开山"的老诗人宣城梅尧臣目为"太白后身",当时诸多诗人也纷纷以此许之,郭祥正自己也当仁不让,自视为太白后身。其《青山集》中有大量追和李白的诗歌,以至于苏轼、陆游都认为李白《姑熟十咏》为祥正托名李白所作。作者究竟是谁迄今没有定论。这也从另一侧面说明,郭祥正诗歌的确与李白飘逸浪漫的风格十分相像。但从诗歌的独创性上考察,郭祥正则稍逊一筹,故其《青山集》至今未见有人为之作注。郭祥正晚年归隐青山二十余年,日日守望谢朓、李白的青山,冥冥之中,是否真有一缕诗魂相系?

其次,张籍和张孝祥作为马鞍山历史上的本土诗人应当给予特别的关注。张籍为张孝祥七世祖。张籍一生官位不高,与韩愈交谊深厚,但与韩愈拗峭诗风风格差异明显。张籍人格正直,品性高尚,喜奖掖后进,留下许多佳话,是中唐时期"新乐府"的代表诗人。其乐府诗大量内容实际上与年青时期家乡生活经历密切相关,关注民生,关注现实,关注底层,文字清浅质朴而又耐人寻味,王安石评其诗"看似寻常最奇崛,成如容易却艰辛",赢得古今读者的普遍喜爱。南宋初年的张孝祥乃状元出身,是著名的爱国词人。孝祥号于湖居士,于湖为古代县名,治所当在今芜湖与当涂之间亭头一带,其词集亦命名于湖,集中有不少涉及江东风物人事之内容,可见张孝祥对故乡山水的一片深情。孝祥词热肠郁思,笔酣兴健,气道格高,而又不失清空婉约,词风接近辛弃疾,在豪放词中占有重要地位。惜其38岁英年早逝,未尽长才,上至皇帝,旁及同僚,下至所任各州民众,无不为之惋惜深悼。

万里长江,浩荡东流,唯在马鞍山一段掉头北上,故称"横江"。长江自古以来既是天险,又是黄金水道。横江为东西交通之要冲,牛渚又为南下北上之咽喉,历代文人墨客在此云集星散,酬和赠答。江天风月,人生悲慨,历史兴亡,国仇家恨,尽于此地发抒。更因李白之故,无数诗人维舟采石,凭吊青山,"怅望千秋一洒泪,萧条异代不同时"。又因马鞍山襟江带湖,接壤金陵，地近扬州，物产丰饶，风物和美，所以也常常成为被贬官员回迁的首选之地。如唐刘禹锡长期贬官蛮荒之地，便主动上书乞得和州，于824年秋浮江东下赴任和州刺史。其长诗《历阳书事七十韵》甚至可以当作和州当时的一部微型志书。再如宋黄庭坚被贬为涪州别驾，"徽宗即位，起监鄂州税，签书宁国军判官，知舒州。以吏部员外郎召，皆辞不行"。而主动上书，乞得太平州，至之九日而罢，因而情不自禁地发出"奈此当涂风月何"的感叹！这些故事一再表明，古代马鞍山地区是诗人们真心向往的地方。如果读者仔细品读过陆游《入蜀记》盘桓当涂七日之所见所闻，那就能明白为什么当时的马鞍山能令众多名家流连忘返。除上述诗人之外，粗略算来，唐之孟浩然、李颀、刘长卿、钱起、李端、白居易、贾岛、孟郊、姚合、许浑、李德裕、杜牧、皮日休、杜荀鹤、项斯、郑谷、韦庄等，都曾在马鞍山地区留下了自己的诗篇。有宋一代，林逋、梅尧臣、潘阆、文同、曾巩、王安石、沈括、苏轼、李之仪、米芾、贺铸、晁补之、陈师道、徐俯、周紫芝、韩元吉、洪迈、尤袤、杨万里、辛弃疾、姜夔、方岳、文天祥等都来过马鞍山，吟咏过当涂、和州、含山风物。其中，王安石、苏轼、贺铸、杨万里、文天祥等名家还多次经过马鞍山，留下一批名作。而李之仪晚年编管太平州，自称为姑溪居士、姑溪老农，其集为《姑溪居士文集》，对马鞍山山水更是一往情深。

降及元明清，山水文化大盛。加之明代和州直隶，清代安徽学政长期设在当涂，往来马鞍山地区的诗人作家更加频繁，本籍诗人作家大量涌现。择其要者，元之赵孟頫、萨都剌、揭溪斯、杨维祯，明之高启、方孝孺、杨基、解缙、李东阳、王守仁、王廷相、王宠、宗臣、梅鼎祚、汤显祖、袁宏道、袁中道，清之施闰章、方孝标、毛奇龄、屈大均、查慎行、刘大櫆、袁枚、姚鼐、朱筠、章学诚、汪中、洪亮吉、黄景仁、曾国藩、张之洞等无虑数百人，或游宦于斯，或取道于斯，或客居于斯，或鏖战于斯，他们与马鞍山本籍诗人学者唱和往返，使歌咏马鞍山的诗文蔚为大观，足以傲视江东，垂声后代。

纵观马鞍山地区历史上的诗文创作，笔者觉得有以下几个明显特点。第一，山水诗发达。从作者看，盖由谢朓奠基，李白发扬光大推向高峰，一批唐宋大家接踵联袂，驰骛竞彩，斐然继作。明清以来，模山范水之作更是联翩而出，让人应接不暇。从名胜景点看，马鞍山境内的大江南北山水胜景几乎题咏殆遍，略无遗漏。一卷马鞍山诗文在手，令人想起南朝宗炳名言："澄怀观道,卧以游之","抚琴动操,欲令山水皆响"。第二,凭吊李白的诗文数量众多。由于李白七游当涂,埋骨青山,在马鞍山境内留下大量游踪遗迹和民间传说。自白居易《李白墓》始,历代诗人作家凡踏足马鞍山,几乎没有不凭吊李白的。粗略统计也有千首之多,尤其是采石、青山,更是笼罩上一层浓得化不开的烟雨诗情。这在中国文学史上可以算作一种极其罕见的文学现象。时至今日,对这一现象尚未进行深入的研究。第三,咏怀诗成就突出。因项羽战败垓下,自刎乌江,采石扼守天险,历来为攻防要塞之故,相当一批诗人以此生发兴亡之叹。如李白《夜泊牛渚怀古》、刘禹锡《晚泊牛渚》、杜牧《题乌江亭》《题横江馆》、王安石《乌江亭》、李清照《夏日绝句》、张孝祥《水调歌头·闻采石战胜》等。这批作品,数量不算太多,观点不尽一致甚或针锋相对,但都具有深刻的历史意识和深层的命运沉思,往往成为诗人的名篇或代表作。第四,散文名作代不乏人。南朝梁周兴嗣编著《千字文》,被誉为千古蒙学之祖,虽是韵文,但因其内容浩博,往往被视为有韵之散文。李白《天门山铭》、刘禹锡《陋室铭》、李德裕《项王亭赋》、王安石《游褒禅山记》、贺铸《蛾眉亭记》、祖隽《姑孰八景赋》、郑瑜《采石新建三台阁记》、萧云从《太白楼画壁记》、黄钺《春日望谢家山赋》等,无虑数百篇,一时流布人口。其中《陋室铭》《游褒禅山记》更是千古名文,尤其是近现代因入选大中学课本而对一代代青少年的学习成长产生了潜移默化的影响。

因马鞍山地区现存诗文数量极为可观,上乘之作比比皆是,笔者选析时颇费周折。无论如何摆布都会挂一漏万,无法让读者见出马鞍山历代诗文全貌。因此,我在心中定下两条原则:从时代上着眼,以唐宋为主,元明清略作点缀;从体裁上着眼,以诗歌为主,散文与词略作补充。作为概述,在此稍作交代,知我罪我,莫可奈何。

最后,笔者还要对赏析文章略作说明。赏析虽然面向广大一般读者,尽可能通俗易懂,但为保证基本质量,避免出现史实错误等硬伤,笔者参阅了大量资料,其中甘苦非亲身经历者不知,少量文章,参阅化用了别人已有的赏析内容,不再一一注明。其中,王安石《游褒禅山记》赏析文章直接取自"国学网",笔者不敢掠美,故特别说明。

笔者撰写赏析文章所定目标如下:第一,能够纪年的作品均予以纪年。没有明确纪年但可大致确定创作时段的也均予以说明。这样做虽然给自己带来不少麻烦,如要查阅作者年谱、行纪,还要比较、核对、鉴别,但好处是避免望文生义,尽可能减少对作品的曲解、误解,尽可能还原作者创作时的现实处境和心理状态,达到"同情之理解"。第二,尽可能多地采取比较鉴赏的方法。不同作者歌咏同一对象,观察、思考角度均有差异,在突出赏析文本的同时,将同题作品加以比较分析,既能加深读者对文本的理解,也能引起读者探究其他诗文的兴趣。当然,笔者也相应注意到文章枝蔓过多的问题,一般只是点明意旨,不作发挥。第三,努力既站在今人角度理解古人,又阐发古诗文的生命力和在新时代带给我们新的启示。经典诗文具有恒久的魅力,就在于常读常新,在给人艺术享受的同时,又启人心智,发人深省。

  上述目标是否达到,尚待读者评判。在笔者自己,则是"虽不能至,心向往之"。

(《马鞍山文史简读》,合肥:安徽大学出版社,2013年)

# 序《徐乃年散文集》

徐老年届八十,退休后笔耕不辍,他与老伴张智芳的第二本散文集即将付梓印行。徐老希望我能为这本集子说几句话,盛情难却,我便欣然应允。

十几年前,我就常在本地日报、晚报上见到徐老关于历史掌故、民俗风情的文章,这些文章大多简朴清新,就像人们在茶余饭后随口咀嚼的一枚橄榄,滋味悠长。近几年因为工作关系,才知道徐老是雨山区的退休老同志,我又长期分管文教,所以感情上就更加拉近了一层。前两天元旦放假,抽空在网上把徐老夫妇发过来的文稿全部浏览一遍,又有一些新的感受,下面就简单谈谈。

徐老夫妇的许多文章家事国事交织一起,真正是一滴水珠映照大千世界。从50年代徐老夫妇两个女儿的先后夭折让我们看到撕心裂肺的家庭悲剧,更让人联想起当时国敝民穷的社会环境。从徐老夫妇三次回四川探亲所乘坐交通工具的变化,又让人真切感受到祖国日新月异的发展。四川5.12大地震发生后,他们忧心忡忡,痛悼逝去的亡灵,并积极募捐,献上一瓣心香。北京梦圆百年奥运,他们又像年轻人一样激情满怀,沧桑的面容也难掩他们的自豪与欣慰。一颗平常心与国家民族的命运紧紧相连,共同脉动。当前社会上许多人对国事漠不关心,或者只是牢骚满腹,对照徐老的态度,这些都是消极的。一个普通人,虽然不可能左右什么方针政策,但国事对家事却是影响巨大且无处不在的,所以关心国事绝不是空谈,而是实实在在关切自身的利益。想远离国事而躲进小楼成一统,无异于揪起自己的头发而离开地球。牢骚不平,当然也是一种感受,但重要的是如何理性对待,如何把一己的工作生活和谐地融入大千社会之中。家国之间的辩证关系也许需要我们一生才能理出个头绪,更别说透彻得把握了。徐老夫妇的可贵之处就在于他们经历了那么多的苦难和忧伤,却没有失去对社会的理解和信心。当然,你也可以说他们享受到比较幸福的晚年,而且在耄耋之年回望一生,已经从容淡定,波澜不惊。但是,像他们一样的老人又是否都能像他们一样看待社会和人生呢?从徐老身上,我们看到中国稳定和谐的根基在于民间,在于芸芸众生,是千千万万普通人的心愿汇聚成国家民族奋进追求的强大动力。

集子中还整理收集了大量有关故乡家园的地理风情、人文故事、历史传说。这类文字更有价值。高龄的徐老耳聪目明,思维清晰,尤其是记忆力甚好。生命中曾经的一幕一幕,不仅没有因为岁月的冲洗而黯淡,相反随着渐入晚境而愈发清晰。亲朋的音容笑貌,场景的氛围陈设,街巷的各色人等,古镇的五行八作,诸如濒于消失的爆米花的巨响、剃头担子的家什、手扎风筝的精致、昔日嘹亮的军歌、沿街叫卖的悠长声音……都像电影一样在他的脑海中不断闪回。对于我这样刚过不惑之年,从小长在农村的人来说,还能依稀记得一些前述种种物事模糊的面影,而对于80后、90后的城市新生代,恐怕只能是纯粹的传说了。借用崔健的一句摇滚歌词,就是"不是我不明白,这世界变化快"。现在的一个十年恐怕等于过往一千年的变化吧!况且,越来越快的城市化、现代化步伐,让所有人对生活来不及回味,来不及咀嚼就一闪而过。昔日那么多沉淀在记忆深处的美好事物,甚至连同它们的传说,都在追求现代化的名义下不由分说地被推土机轰鸣碾过。一阵尘土飞扬过后,白茫茫一片大地真干净。不,很快就会生长出不断刷新高度记录的一栋栋高楼或者气势恢宏的车间厂房。对于时值盛年或进取功业者来说,这是发展和进步的象征;而对于心性敏感、阅尽沧桑或者安于日常生活的底层细民来说,这也许就是家园故土的彻底沦陷,是对鲜活记忆的斩草除根,从而让生活、让情感飘浮于虚无之间。我正是在这样的背景下来认识徐老此类文字的意义的。对于作者也许只是美好的回忆,对于今天的社会,他其实是在无意间做了文化遗产的抢救和保护工作。由于工作关系,我常到采石镇上走走。今天的采石镇,既没有显现多少古镇的风貌特色,也没有发展成亮丽动人的新区,而沦为一个灰头土脑,说不上任何特征的普通街道。每念及此,我就浑身发躁。当然,新的规划正在酝酿,我也相信不久的将来采石会有一个华丽的转身。但即使转身之后又会增加多少动人的表情呢？可在徐老的记忆里，清澈的锁溪河水草摇曳，一串串游鱼自由自在倏来倏往，采石跳和合青年男女配合间婉转曼妙的身影，老街青石板上岁月碾过的深深辙痕，沿街木门边老虎灶里熊熊燃烧的柴火和氤氲的水汽，采石民歌所散发出的来自郊野花草的清新气息，回龙桥烧饼"朝笏板"的独特风味和美妙传说，年关逼近时整个小镇上上下下准备年货的浓郁氛围和大人小孩急迫的心情，等等，不都是我们非常熟悉而又全都渐行渐远的真真切切的生活吗？正是借助徐老质朴的文笔，我们才得以一窥采石古镇苍凉的背影。

　　从徐老夫妇的字里行间，我们还能读出这一对老人的单纯、善良和深情。有的人越老越世故，而徐老夫妇仍如儿童一般，天真单纯。他们之爬格子，没有什么名利思想，完全是晚年生活的一种状态。生命历程那么坎坷曲折，脑子里那么多丰富的素材，记忆又是那么清晰深刻，不形诸文字，对老人来说简直是一种折磨。因此他们不断地书写。他们的文章都挺简短，没有掩饰，没有拔高，没有发挥，没有微言大义。但同时在选材上又有选择，有删汰，不枝不蔓，朴素干净。他们的善良来自天性。无论对亲友，对同事，还是对陌生人，他们处处都能与人为善，为他人着想。这从他们写省亲、忆旧、别离、旅行的若干篇什中可以看得很清楚。如果把这类文章串连起来读，就能鲜明体悟出一对老人的性格和情感。但即使是这样一对好人，也时常被历史的激流冲击得东倒西歪，让人掩卷叹息。徐老夫妇的深情，不仅表现在与亲朋至爱的生离死别上，更表现在睹物思友、梦回故里和日常平平淡淡的交往上。特殊时刻情感的集中爆发并不说明日常生活的深情，反倒有可能是平素寡情的反弹。在《表弟的菜花情结》一文中，徐老写了他与唯一生活在农村的表弟数十年如一日的交往，真是声情并茂。寥寥几笔，就把表弟熟谙农事、安于恬静、受人尊敬的老农形象刻画得生动鲜明。尤其对油菜花的描写，铺天盖地，浓香扑面，浓烈辉煌，令人如置身于春日旷野的无边花海之中。虽然作者无意于借花喻人，但那朴实而壮观的场景，又不由得让人如此想象。文中最后写到每年表弟送我菜油，一如家常，娓娓道来："每年表弟都陆陆续续送给我几十斤菜油，我虽再三拒绝，但他还是诚恳地说，这菜油、菜地是我亲手弄的，菜籽是我亲自收的，油是农村作坊榨的，百分之百真菜油，一吃就知道有一种天然的香味，城里的油无法比。每每我家餐桌上闻到表弟家菜油的芳香,脑海就浮现出遥远山乡那无穷无尽的金灿灿的菜花香,还有表弟那浓浓的亲情!"这种真挚的感情浓烈如酒,越陈越香。这种真诚的馈赠更是奠定在几十年亲情交往之上,与现在城里春节的礼节性拜访、客套的寒暄何啻天壤之别?

　　写到这里,想再饶舌几句。一是集子中的有些篇章是极好的素材,可惜没有深入开掘,有的地方点到即止,缺少点酣畅淋漓的痛快劲。也许这是我们站在不同年龄阶段看问题角度不同所致。二是个别与时事结合过紧的文字,还没来得及淬炼推敲,尽管发自真心,但仍稍嫌疏阔。作为晚辈,指出老人家文章的白玉微瑕,是否算是一种罪过?但我也是真心地想读到徐老更加美好的作品。最后,我也想表达一下对这对老人的敬意,并从对他们的敬意出发,希望更多的老同志,老有所乐、老有所为,拿起笔,铺开纸,把生命的经历记录下来,把他们的所思所想所悟记录下来,能传之久远更好,不能传之久远,也是留给家庭、留给后辈子孙的一笔精神财富。如果更多的老同志都像徐老夫妇一样,我想老同志们的生活将会更加精彩,更加充实,家事国事将会得到更完整、更全面的继承和弘扬,社会的和谐程度也会更高。如此,则善莫大焉!

# 谪仙的人间情怀

## ——李子龙新著长篇历史小说《残阳——李白生命的最后两年》读后感

历史的偶然往往成为后世永久追忆的话题。尤其是这种偶然经过时光烟尘的熏染和岁月之河的淘洗,而积淀成为一方山水丰厚的精神文化遗产的时候。已过天命之年的李子龙先生,长期以来辛勤耕耘在李白研究领域,成就斐然。作为马鞍山李白研究所所长,子龙先生尤其注重对李白与马鞍山关系的研究,创获更丰,受到国内李白研究界的一致称誉。江东风流,青山有幸,诗仙李白选中当涂作为自己壮游天下一生的归宿之地,这一事件本身就蕴含了无尽的历史信息。种种机缘凑泊,子龙先生心目中的晚年李白形象便极具独创性。因此,我是怀着欣喜和急切的心情读完他的小说处女作《残阳》一书的。在我看来,《残阳》的问世,是马鞍山李白研究和文学创作的重要收获,将对进一步普及李白、宣传马鞍山、推动马鞍山旅游景点建设和旅游经济的发展产生深远的影响。

那么,《残阳》的成功或曰独特之处究竟表现在什么地方呢?首先,小说在准确把握李白晚年诗歌风格变化的基础上,沿波探源,塑造了注入民间底色的血肉丰满的、既有天仙之才又有布衣之质的晚年李白形象。学者们早就注意到李白晚年诗歌创作倾向的微妙变化,并对这种变化的原因进行过深入研讨,子龙先生把这种研究成果巧妙地吸收运用在小说中。我们看到当涂时期的李白在继续保持创作激情的同时,更多的是对自己一生命运的反思和性格的剖析。尽管他的报国之志、功成身退的理想至死不灭,尽管他复杂鲜明的个性仍时时冲决旋荡,尽管他对历史的吊诡仍然不能彻底认清,但晚年李白的确是以自觉的方式化解人生的痛苦与矛盾,他的言行及处世方式也多少回转到一个正常老年人的生活之中。壮年时期"欲渡黄河冰塞川,将登太行雪满山""大道如青天,我独不得出"的忧愤万端,已化着"田家有美酒,落日与之倾。醉罢弄归月,遥欣稚子迎"的伦常情怀。昔日长安上空的砰訇天鼓,已退作暴雨之后残云之外的隐隐雷声。作者这样塑造李白,虽然与飘逸"谪仙"的一贯形象拉开了距离,但由于是建立在晚年、民间、贫病、亲情等现实基础上的,因而不仅真实可信,还从一个侧面丰富了李白的精神面貌。其次,小说较好地处理了史实与想象之间的关系。李白生命最后两年的史实资料极为匮乏,这对小说情节的设置形成限制,但是,史料不足,也可以使作者摆脱拘囿,拓展丰富的想象空间。子龙先生避实就虚,合理想象,大胆虚构了李白的红颜知己毕红玉,当涂县衙的陆文秀、将隐、寒日高等群官以及一批小吏、杂役、村民等人物群像。通过人物活动展现了唐代的县衙运作和平民的日常生活场景。这些生动的场景,如同一幅幅清新淡雅的江南水墨画卷栩栩如生地呈现在读者眼前。值得注意的是,人物群像的虚构虽然突破了史实,但都以史实为依据。比如县衙食俸人员是严格按照唐制虚构的,这和当下众多游谈无根的"戏说"截然不同。与此相联系,《残阳》艺术地传达了厚重的历史文化信息。二十多年浸淫于李白研究,又长期钻研有关方志,子龙先生对唐代的官僚、税收、土地、户籍等典章制度相当熟悉,由历史而艺术,运用之妙,游刃有余,只在心手转换之间,小说对历史文化信息的传达,构成了推动故事情节向前发展的基本力量之一。在这里,子龙先生表现出富有艺术家气质的创造能力。在一般研究者眼里,典章制度所包含的信息是沉睡的,只能作为逻辑论证的材料,而在子龙先生手下,沉睡的典章制度被激活了,它们融入了人物思想和生活之中。一旦读者进入文本的叙述情境之中,你所阅读的就不再是知识或历史,而是感受那个时代特有的日常生活内容或者支配这种生活的无形力量。这时,历史就自动生成了艺术,沉睡的细胞开始活跃,厚重的典籍幻化成轻灵的衣袂,随风飘扬。最后,《残阳》的成功还在于它鲜明地呈现出盛唐时期当涂及周边地区丰富多样的自然山水及人文地理景观。一册《残阳》在手,就仿佛打开了色彩斑斓的历史地理导游图卷,任你恣意卧游。采石矶头江流拍岸,明月高悬,姑溪河水静静流淌橹声疑乃,龙山青山东西遥望黄花染浓秋意,横山山道弯弯桃花笑迎春风。此外,东溪公的神秘幽居、元丹丘的修道任诞以及谢公宅的荒庭衰草……无不让人心旷神怡,大大增强了小说的可读性。可谓行走山阴道上,令人目不暇接。

　　然而,塑造李白形象又是一项极富冒险和挑战性的事业。李白的独特形象不同于历史上其他任何一位大诗人。为杜甫作传,从杜甫的生命历程中可以更深沉地感受到民间疾苦、世间疮痍的诗史力量。为苏轼作传,有近乎日记般的苏轼札记提供传记资料。而且,"史"与"诗"相互印证,见出诗人生命个性与感发诗兴的高度统一。但李白极其不同。他是一个果敢坚决的行动者,一个似乎不受金钱和社会规范束缚的漫游者,一个高度自信而又四处碰壁的幻想者,一个时时由内心风暴而惊沙坐飞、孤蓬自振的复合的矛盾体,一个兴酣落笔摇五岳、诗成笑傲凌沧州的天仙诗人,但他任何时候都绝不是一个安于现状的生活型诗人。这就注定了复原李白形象难以逃脱进退维谷的两难处境。李白集儒、释、道、侠、纵横家等于一身,剪不断,理还乱,他的性格既单纯又复杂,既透明又神秘,人们仰慕迷恋崇拜而又无从模仿,无论从李白自己还是朝野上下,都真心以"谪仙"视之。从历史的眼光来审视,李白现振名当世天下趋风又光焰万丈腾声千古。如果这种分析不错,那么我们可以断言,李白的民间形象主要是建立在对玄宗降辇步迎如见绮皓,贵妃捧砚力士脱靴及其身世扑朔迷离,各种传说的暗示力量等亦真亦幻的想象基础之上的。李白的出现既是历史的必然也是历史的异数,所以对李白形象绝不存在所谓的恢复和澄清,更不能被定型。从这个意义上说,《残阳》的问世,虽然可喜可贺,丰富了李白精神的一个侧面,但又不可能完全满足读者的心理期待。由此出发,小说似应在李白生命特质的丰富性上再花一些工夫,特别是对造成李白晚年精神痛苦及其悲剧性格的原因作更深层的开掘与拓展,这样,李白晚年形象就会更加生动饱满,光彩照人,李白的日常生活和他独特的精神气质也就会更加统一圆融。

　　小说情节层叠推进,显示了作者宏观上驾驭长篇结构的能力。小说语言尝试以唐代白话形式,各色人物声口宛然,神情毕肖,一定程度上产生了陌生化效果。美中不足是小说酝酿情绪、推波助澜的"狠劲"不够,应该出现乱云惊飞巨澜狂涛恣肆酣畅激情崩摧的几处高潮略显平淡,质而言之,是作者从专家向小说家的角色转换不够彻底。在小说叙述过程中,一些历史材料稍显密集,浓得没有完全化开。子龙先生大约想以小说形式承担他难以用学术方式表达的对李白的认识。子龙先生未尝不想像笔走龙蛇的李白一样绘就那一时代波澜壮阔的历史画卷,但深厚的学养与严谨的学术追求无形中妨碍了他纵横驰骋在广袤的艺术大地,自由翱翔于浩瀚无垠的想象天空。这么说,似乎对子龙先生有点苛求,但这种苛求正是建立在我对子龙先生的信心之上。如果他的逻辑思维与形象思维的平衡点能够在动态中把握更加准确的话,他的艺术潜质将得以充分发挥,他就完全有能力创作出远远超越《残阳》的新的艺术佳作。

(原载于 2004 年第 12 期《安徽文学》)

## 学者风骨 赤子情怀

——谨以此文纪念李子龙先生辞世三周年

今年8月31日是中国李白学会副会长兼秘书长、马鞍山李白研究所所长李子龙先生逝世三周年祭日。子龙先生逝世一周年之际,马鞍山市委宣传部、市文化局举办过一次具有追思性质的学术讨论会。除此以外,再也没有关于子龙先生的纪念活动和文章了。但三年来,子龙先生的音容笑貌常在我的脑海浮现,而且还数度入梦。梦中,斗室之内窗明几净,与他谈天说地,品茶赋诗。醒后每每怅然若失。直到最近,我才把他的手机号码从我的手机中删除。平生风义兼师友,一个朋友的背影真的渐行渐远了。

子龙先生去世时,离他六十周岁还差三天,在当今时代可谓天妒其才,英年早逝。据他的夫人说,逝世前几个小时,他还哼唱了一段京剧,弥留之际连喊两声"一切都结束了!一切都结束了!"令在场者无不悲恸欲绝。对于同病魔顽强抗争十几年、具有强烈求生意志的子龙先生而言,"一切都结束了!"绝不仅仅意味着生命的终结,更是天不假年,未能驰骋其学术雄心的深沉浩叹。正像当年李白绝笔《临路歌》所咏叹的"大鹏飞兮振八裔,中天摧兮力不济"一样,包含无尽的悲伤,同时也清晰勾画出才志之士自信而倔犟的生命轮廓。

我相信,我是理解子龙先生的。无论年龄还是李白研究,他都是我的师长,但我们的交往又是那样广泛深刻,或促膝而谈,或抚掌而笑,或渊深静流,或思维奔跳。常常,盛夏漫长的午后一忽而过,山光西落,窗外树影婆娑,黄昏从紫红色的书架间蔓延开来。隆冬漫长的夜晚,不经意间又是子夜钟响。从他的住所出来,偶尔我还踏着江南的薄雪,行走在清旷寒冷的大街上,夜灯把我的身影拉长又缩短,内心却充溢着隐隐的欣悦。我常想,在这个喧嚣浮躁的时代,在这座快速发展的工业城市,在欲望和利益愈发疯长的环境下,像子龙先生和我这种纯粹的精神交往和学术探讨恐怕是很少很少的。子龙先生的逝世,使我的精神空间大幅坍塌,这是无法康复的内伤,只有一个人用一生默默地领受。

很多人弄不清楚学术或者文化的价值,他们总习惯于把一切折算成金钱和地位。其实我们可以倒过来想想,如果人世间只剩下金钱和地位,那么关于心灵、自由、探索、快乐、激情、体检等,总之一切关系到人之为人的隐秘与独特的东西将置之何地呢?让我们打个比喻吧。建桥是为了人的通行,顺利到达河的对岸。就行走而言,桥宽一米足够了,但一般桥的宽度远远超过一米。如果仅仅一米,下临波涛汹涌的大河或万丈深渊,你要过桥肯定会心慌腿颤,加宽桥面,两边再有护栏和雕饰,实际是为了行走的安全方便和适意。因此无论个人还是社会,必须要有名利之外的足够的宽度,才能保证人生的从容与社会的安定、繁荣。人生最难的不是生死考验或对深奥事物的探究,而是对常识的坚持。但我们的社会往往就因为缺乏基本常识而引起种种问题。那么具体到子龙先生,他的贡献是什么呢?大端有二。一是推动李白研究,二是弘扬马鞍山李白文化。就李白研究而言,子龙先生可谓厥功甚伟。一是经他的大力倡导和亲力亲为,在一大批学者的共同努力下,中国李白学会终于在 1987 年成立。二十多年来,这个民间学术团体在子龙先生殚精竭虑的运作之下,在众多全国性学会中脱颖而出,成果丰硕,与中国唐代学会并驾齐驱。专业学者以加入这个学会,并进而担任学会理事为荣。学术共同体的荣誉要靠学者的团结和成绩来维护。学者们都把博导、教授的头衔置于学会会员之后,可见学术共同体的精神力量。现在中国李白学会会员已遍及亚、欧、美等几十个国家和地区,影响不断扩大。二是连续召开十多届中国李白研究学术年会,出版十余本《中国李白研究》会刊,应该说这本会刊代表了当今李白研究的高度和水平,同时出版了《20 世纪李白研究论文精选集》,鸟瞰一个世纪的李白研究,成为相关学者的必备研究资料。三是端正李白研究界学风,发现和培养了一大批李白研究人才。20 世纪特别是近三十年李白研究,极大地改变了历史上一千多年来李杜研究成果极不均衡的格局,对认识中国文学、中国文化的意义不可估量。同时由于子龙先生个性鲜明,不畏权威,有效抵制了一般学术界的不良风气,形成了李白学术研究的良好学风和严肃认真的讨论风气,使老中青研究者形成合理的梯次结构,保证了李白研究的可持续发展和旺盛生命力。四是子龙先生个人的李白研究也取得了明显成绩。毋庸讳言,自学成才的子龙先生还称不上开宗立派的学术大家,但他偏重思想研究、辨伪研究、比较研究、结合地域方志的实证研究,是李白学界不可或缺的一支劲旅。如他在2004年第2期《文学遗产》上发表的《李华〈故翰林学士李君墓志并序〉辨伪》一文,澄清千古聚讼,自谓选择材料和逻辑推理似铁板钉钉,文章结论可一锤定音。

  作为马鞍山李白研究所的创始人,子龙先生对马鞍山弘扬李白文化,推进马鞍山文化建设是当仁不让的第一人。第一,中国李白学会秘书处设在马鞍山这样一个地级市,全国独此一例。市政府又特设马鞍山李白研究所作为全额拨款事业单位,与秘书处一个机构两块牌子,以保证秘书处的正常运转,这在全国也应属特例。第二,李白研究资料库建设。从80年代起步经过不懈努力,现已成为国际李白研究资料中心。第二届中国李白学会会长、南京师范大学教授郁贤皓先生说,90%的李白研究资料都能在这里找到。2005年又与北京大学合作开通了"中国李白网"专业网站。2006年子龙先生排除万难,在中华书局原总编辑傅璇琮先生帮助下,购得文津阁本《四库全书》一套,填补了马鞍山巨型古代典籍藏书空白。第三,马鞍山从1989年起每年金秋举办中国国际吟诗节,营造马鞍山诗城氛围,因此2005年马鞍山市承办了第一届中国李白诗歌节,"诗城"雅称不胫而走。子龙先生对于创办吟诗节亦推首功。第四,当涂青山李白墓园申报国家级文物保护单位,子龙先生多年的基础工作业已辛苦在先。第五,主编出版一套四册《李白与马鞍山》等地方文献资料,整理并影印出版当涂版咸淳本《李翰林集》。这个版本也是我国领导人赠送法国前总统希拉克的《李翰林集》版本,在李白诗集版本流传过程中具有重要地位。此书也是我所知道的马鞍山出版的质量最为精良的书籍。第六,由子龙先生长篇小说《残阳——李白生命的最后两年》改编拍摄的七集黄梅戏连续剧《诗仙李白》在央视戏曲频道播出,这在马鞍山也尚属首次。第七,子龙先生也是采石公园李白纪念馆首任馆长,搜集馆藏了大量当代中国书画名家题赞李白的书画精品。现在,马鞍山采石李白纪念馆已成为全国四大李白纪念馆(其他三家分别是四川江油李白纪念馆、湖北安陆李白纪念馆、山东济宁李白纪念馆)中规模最大的纪念馆,也正在申报国保单位。第八,子龙先生对李白在马鞍山的游踪有过系统考证,论证李白生前七次来到马鞍山,生命的最后两年落户马鞍山并最终客死当涂,魂归青山。同时子龙先生还综合考虑过整体开发采石—姑孰—龙山—青山—横山等李白马鞍山游踪资源,积极推动了马鞍山申报国家优秀旅游城市工作。第九,子龙先生生前曾全副精力争取马鞍山"太白书院"建设。在他的规划中,设想把"太白书院"建设成为集李白研究基地、学术会议中心、具有徽风皖韵气派风格精品景点于一体的现代书院,深入发掘马鞍山独有的历史人文资源,充分展示马鞍山的精神风貌。以子龙先生的性格,只要他认准的事,一定要干成。当时市有关部门已组织数次论证,项目已经相当成熟,可惜子龙先生早逝,导致这一项目夭折。

正是子龙先生的努力,加之领导重视,学者支持,才使马鞍山这样一座普通的钢铁城市借诗仙李白的英名而不断扩大知名度,成为世界上中国诗歌爱好者心中的圣地,成为一代代李白研究者精神追寻中的净土。有多位李白研究专家说过,马鞍山如果没有李白,便和淮北、铜陵这样的工业城市没有区别。子龙先生以李白为基点,以马鞍山为核心,以当代学术视野为半径的文化研究,极大拓展了世人对马鞍山的想象空间。这,又岂是市场经济下的浮名虚利所可比拟?又岂是当下诸多城市争夺历史名人资源而酿成新闻事件能够同日而语的呢?多年以前,江油市的一位负责人曾不无感叹地对子龙先生说:因为李白在江油生活了20年,我们江油的李白资源并不比马鞍山少,但唯独缺少李子龙你这样一个人才啊!如今,子龙走了。每当想起这句话,我的心中就充满难以名状的酸楚!

子龙先生只有高中学历,完全是靠自学走上李白研究之路的。在李白学界,他的成绩虽然不是最大,但他在其中享有很高的威望。凡是和子龙先生一同参加过李白学术研讨的马鞍山市领导和同仁对此都有相同的感受。说起来原因复杂。大致原因如下。其一,中国李白学会由子龙先生一手所创,秘书长是学会的法定代表人,这可算是学术界的一种领导地位吧。但在所有原因中,这是十分次要的。其二,子龙先生有一种思考全盘的学科规划建设能力。他对李白研究的现状和未来有十分清晰的把握,知道什么地方是新的学术生长点,能够开辟出新的学术空间。尽管不少学者都相当自负,但对真正有学术能力并规划学术路径的人,还是发自内心的佩服。其三,子龙先生具有多数学者不太具备的驾驭全局能力、行政组织能力和执行能力。他组织一项活动,安排一项工作,不仅效率非常高,而且十分周密妥当,既能见微知著,又能化繁为简,能够弥合学者之间的性格差异和学术分歧,真正做到和而不同。这当然得益于他早年基层工作经验和秘书生涯以及非学院派出身的社会活动经历。从某种意义上讲,子龙先生是值得研究的复合型人才。说起效率,这里再补叙一句,他的 21 万字长篇小说《残阳》是他在 2003 年秋冬之际拖着重病之躯连续熬夜 27 天,一气呵成写出的。他以前没有写过小说,更别说长篇了,这让许多同行和作家吃惊。但从另一方面看,这与他厚积薄发也大有关系。其四,是他生性倨犟,疾恶如仇,既严于律己又严于律人,但无论如何都出自公心。倨犟并不可怕,但既倨犟又深刻,学术见解单刀直入,入木三分,才拥有更强大的"杀伤力"。疾恶如仇是传统知识分子的一种美德。疾恶如仇又加直言快语,无遮无拦,对于学界无异于重磅炸弹。严于律己是好事,但又严于律人,有违圣人君子的宽恕之道,但当今学术风气每况愈下,不严于律人又何以辨是非,证清白?最为难能可贵的是出于公心而不记私仇,这是学界的珍稀品种啊!此举两例。一则规定,参加学术会议,必须提交论文,如时间紧张,起码要有论文提纲,杜绝无文参会。二则规定,只有德高望重、成就卓著者方可携带家属参加学术会议,一般中青年学者,一律只身参加。擅自携带家属者,家属不得参加会议讨论,且一切费用自理。更有甚者,他还亲自监督自助早餐,巡视有无混迹早餐的非正式会议人员。这些都令我想起宋代人称"拗相公"的王安石。

　　以世俗眼光看,子龙先生恃才傲物,常常牢骚满腹,很难让人接近。实际上,这从另外一个角度反映了子龙先生的忧患意识和担当精神。他有强烈的事业感和责任心,一旦受到环境局限和人事阻碍,便要激烈反弹。有的领导同他相处,不知不觉把官场习气带了进来,当然引起子龙先生的反对。但更多领导同他由相抗到相知进而赏识,成为莫逆之交,忘年之交。子龙先生常跟我谈起他与多位市老领导关系的戏剧性变化,从中我深切体会到领导与个性鲜明的知识分子打交道真是一门很深的学问。如果领导没有宽阔的胸怀,进而也没有真才实学和明澈洞见,那的确是很难与子龙先生这样的知识分子相处的。但子龙先生多数时候更是孩子般的天真。你一旦认识了他的性格,理解了他的抱负,并欣赏他的作为,他会与你开怀畅谈,引你为同道好友。作为学术上的后辈,我也同他经常讨论。一般而言,他的见解是独特而深刻的,非常富有启发性,足以令我心悦诚服。当然也有很激烈的争论,谁也说服不了谁,但他从来没有在我面前摆过任何架子,试图强迫我接受他的观点。这种争论对双方都是极有教益的,往往促使自己冷静反思,在学术的某个方面跨越一步。

  子龙先生的日常生活既非常简单又十分讲究。说简单,是他衣着简朴,衣襟、裤子上常有抽烟不慎而被烟灰烙下的小洞,他的一只背包边角都已磨破,坐着谈话时常会捋起裤腿,裤角层层褶皱。因为生病绝对禁酒,每天还要自己打针输送蛋白球。但他似乎从不痛苦。吃饭更简单,求饱而已。李白研究所平均每年公务招待费不到2000元,其中有两次还是我在他的办公室谈话太晚才下的楼下小馆子,三四个人每次一百多元。审计部门审计子龙的离任财务,对每年如此之少的公务招待费不可理解。市领导到研究所调研想给他解决一辆小车,接他上下班,也为全国各地经常到访的专家学者接送方便,但被他谢绝。他嫌麻烦,因此他自始至终都是挤公共汽车上下班。经导师介绍,一位博士生从新疆师范大学到马鞍山查阅李白研究资料,为节省开支,十几天都在子龙先生家里吃住,白天只是多烧一点饭菜而已,晚上打个地铺。我想这在当今学界恐怕也是绝无仅有了吧!但他在办公经费十分紧张的情况下,想方设法购藏了一套《四库全书》,全套500本,定价20万元,可他硬是通过各种关系,以13万元的价格买下,被中华书局认为创下了低价购书的记录。

  他的讲究又在什么地方呢?一是品茶。他专门从南方购置两套茶具,一套放在家里,一套放在办公室。一个宜兴紫砂茶壶,四个精巧的紫砂茶杯,考究的檀木茶壶托盘,样样配套。第一遍茶水必须滤过倒掉,水温当适宜,续水四五遍就要重沏。一个下午就在这茶香氤氲里度过。他曾在《人民日报》专门发过品茗的散文,十分生动有趣,由此可知子龙先生的知行合一。二是四处求购文物古玩。子龙先生在生活上清苦节俭,工资的很大部分用来购书和淘置适意的古玩。他家的客厅并不大,四壁摆放了不少购自各地的古玩。看似随意放置,实则井井有条。其中有一座石雕佛头,安详沉静,庄严肃穆,十分精美,引人注目,我猜大约是六朝遗物,一眼瞥见就令人怦然心动。这种感觉我只在电视上体验过一次。大概是介绍日本奈良招提寺里一尊佛像,据说是以杨贵妃为原型的造像。杨贵妃到底多美已无法考证,但我一见之下便本能认定,杨贵妃就是这个样子。子龙先生的性格大概就是简单和讲究的奇妙结合。他保存了传统文人的风范,但同时又充分发抒一己的真性情。这性情可贵、可爱。

子龙先生多才多艺,雅爱深长。李白研究是当行本色。他对几位李白研究大家在深为敬佩的同时,也清楚他们各自的擅长与局限。对一些名家的观点常直言不讳地提出自己的不同见解。如他对一位大家在《李白评传》中以"剔骨葬友"为论据证明李白具有胡人血统就深不以为然。现在看来子龙先生是正确的。因为这是古代汉地二次葬的普遍风气,这位大家可能先入为主倒果为因了。又如他对一批中青年学者学术功底和创新能力表示怀疑。进入新世纪,随着一批大家的退场,目前的李白研究只是在作若干细节的修修补补,他希望新高潮尽快到来。子龙先生自己从思想形成入手研究李白,本打算用十年时间来系统著述六朝对李白的影响,一些核心观点他也曾向我阐述过,我相信他完全有能力写出这样一部著作。可惜啊!千古英雄未尽才。子龙先生是作格律诗的好手之一。他对当下高校许多文科教授不会编撰对联,不会作平仄合韵的古诗深为不满。他很自负自己的诗词创作,并有意编写一本既有格律分析,又有当代思维眼光的古诗赏析选本。坦率地讲,我至今对传统的四声音韵还未入门,在这方面当然不敢造次。子龙先生对此有充分的自信,但现在已是欲拜无门了。此时回想2006年中秋夜用手机短信形式酬唱互答,也如隔世般缥缈了。最后几年子龙先生忽对红木家具发生兴趣,作了一番深入研究,他想写一本关于红木家具的书,并已答应为一收藏家具的企业作学术顾问,但这同样永远实现不了了。子龙先生与范曾颇有交谊,我想大约80年代他在李白纪念馆时请范曾为李白造像而结下情谊的,现在范曾的太白佩剑行吟大型拼装瓷板画已成为李白纪念馆的重要文物之一了。他摹仿范曾的画作得到范曾首肯。一幅子龙作画、范曾题字的作品如今不知流落何方。子龙先生生前赠我一幅仿范曾的《老子出关图》。他去世后他的弟弟又给我一幅他仿范曾的《蒲松龄》,被我在办公室放了两年,树荫下的蒲松龄头戴斗笠倚石而坐,神情萧然衣袖飘飘,怎么看怎么像子龙先生的自画像。子龙先生的京剧清唱有板有眼,这是他"文革"期间在宣城老家无师自通的。我曾在新疆举行的李白研究年会上听他演绎《沙家浜·智斗》中刁德一的一段唱腔,字正腔圆,赢得满堂喝彩。据说他的笛子吹得不错,但我没有听过。闲时,他也搞点篆刻,算是研究间隙的一种休息吧。子龙先生的上述种种爱好,虽然没有突出成就,但艺术是相通的,它们葆养了子龙先生悠然自得的学术心境,支撑他度过一个又一个与病魔斗争的阴郁日子。正应了一句老话:病蚌成珠。在外人看来,它们都是子龙先生艺术的花朵,但对他自己而言,到底是抉心自食的痛苦,还是游于艺海的自由,已成永恒之谜了。但这诸多爱好,则是子龙先生赤子情怀、天真性格和高雅兴趣的铁证。

　　子龙先生为李白而生,为李白而死。现在李白与子龙已在同一个世界,而且近在咫尺,他们是否正在商量为马鞍山再添几缕诗情?"怅望千秋一洒泪,萧条异代不同时",请问杜甫,诗人的命运千年之后为什么仍然没有改变?

## 拯救遗忘 擦亮珠光
——评沙鸥著《正在舒展的画卷——萧云从评传》

回首360年前明清易代之际的艺术大师,考察石涛、八大山人等特立独行的一代巨匠,也许不算困难,因为有诸多史料和研究成果可资参考。但对于萧云从这个被历史长久尘封的艺术家而言,梳清其生平脉络,品评其艺术价值,进而发掘其精神内涵,确是摆在研究者面前的一项严峻挑战。就沙鸥而言,其身处非专业学术环境更是难乎其难。四五年前,沙鸥偶向我谈起其关注萧云从多时,并有意撰写一部萧云从艺术研究著作,我并不在意,因为那时他正致力于研究甲骨文,且已着手撰写《甲骨文书法创作导论》一书,同时,其书画、篆刻创作也正处于一个新的高峰。因此,关于研究萧云从,我认为他只是说说而已。

2004年底,某些画家提出要振兴"姑孰画派",要打造"新姑孰画派"并溯源至萧云从。这个提法并不奇怪,它是当代画坛浮躁风气在一个地方具体而微的鲜明个案。不少人想利用这个派别名称区别于别的画派画家,通过某种包装,从而在市场上升值画作,最终谋取金钱等物质利益。应当承认,这种想法、做法既不卑鄙,也不高尚,是市场经济条件下的正常现象,也是一种将艺术变作物质的常规途径。但是,当时大家并没有谁能真正了解何谓"姑孰画派",其发端、演变、代表画作、传承画家、代表作品、地域特色、笔墨技巧、艺术风格、艺术主张、艺术影响等,都是一团乱麻,没有谁说得清。因此,所谓画派云云就流于空泛,甚至连浮光掠影都谈不上。大家还是按照各自原来的观念、思维、笔墨、构图套路作画。总之,一切照旧,然后硬性贴上"姑孰画派"的标签相互标榜,招摇过市。没有艺术理论的支撑和指导,也就不能形成核心竞争力。名义上有个旗号,实则散兵游勇,一盘散沙。每每想到这里,我就为许多艺术家感到悲哀。也就是在这时,沙鸥的书稿基本成型,不少同行开始认识到理论研究的意义,不断有人向沙鸥了解萧云从。

2006年10月,《正在舒展的画卷——萧云从评传》(以下简称《评传》)作为"江东名城马鞍山"文化丛书之一,由上海文艺出版社出版发行。它是这套丛书中唯——本个人研究专著,其他几本都是多位作者的文章集合,是编著之类性质的书籍。今年春天,安徽省文艺评论家协会、省文联文艺理论研究室在合肥为此书开了一个研讨会。这说明该书已引起更大范围的关注。关于该书的价值,著名学者卜孝萱教授在序言中已简要述及,概而言之,即"书中既援引前人之论,又有自己之新见,融会贯通,是一部可以帮助读者全面了解萧云从的必备之书"。具体而言,该书的价值表现在:

**一、艺术研究凸现问题意识**

萧云从作为开宗立派的一代大家,流传至今的研究资料可谓绝少,与其应有的历史地位相隔悬远。原因多种多样,在此不拟讨论。所谓知人论世,不知人,何以论世?萧云从的生卒年、籍贯历年来没有定论,如果连这个基础都没有弄清坐实,那么"姑孰画派"就大可猜疑。然而,要澄清其生卒年,除《芜湖县志》、(清)黄钺《画友录》、陈传席《萧云从画谱》及顾平的一篇考评文章外,别无线索。况且上述四种资料又说法不一。沙鸥在此显示了可贵的问题意识。他把向外探索的眼光转向内证,从萧氏画作印章、题款寻找答案。沙鸥首先对陈传席和顾平的说法仔细辨析,指出其中疏误,然后由《芜湖县志》《画友录》及萧氏画迹题款寻找答案。沙鸥首先对陈传席和顾平的说法仔细辨析,指出其中疏误,然后与《芜湖县志》《画友录》及萧氏画迹题款作比堪对照,反复推证,推算出萧云从的生卒年应为1596—1673年。即明神宗万历二十四年(丙申)至清康熙十二年(癸丑),享年七十八岁。

萧云从的里籍比生卒年说法更见含糊。一说当涂,一说芜湖。虽然两地甚近,但何以纷纭扰攘,难以定论呢?沙鸥没有按照惯常的思维引经据典加以申论,而是返回历史现场,让问题在历史境遇中显现,也在历史境遇中解决。他引用刘尚恒《于湖考辩》一文,明确于湖置废及其沿革,梳理了于湖谬传由来及于湖、芜湖混同的种种原因,条分缕析,明白晓畅。更为关键的是,作为萧云从的同乡,研究萧云从的专家黄钺为何也说萧为芜湖人呢?沙鸥认为黄钺写《画友录》时正是清朝文字狱最为酷烈的时期,钦定《四库全书》认为萧为芜湖人,不论黄钺心里多么清楚萧是当涂人,但也必须跟着讲萧是芜湖人了。一切疑云烟消云散,迎刃而解。此后再看《于湖画友录》、"姑孰画派"以至于萧云从《太平山水图》诗画跋等,便是一帆风顺,毫无悬念了。

沙鸥把萧云从生卒年和里籍的辨析作为全书的起点,然后才从容叙述萧氏的生活经历,可谓择其要者,擒其大者,显示了他敢于攻坚克难的勇气和信心,同时也为全书奠定了分析立论的坚实基础。

**二、艺术研究体现会通意识**

萧云从是一位具有多方面艺术成就的卓然大家,在书法、诗歌、绘画、哲学、韵学等方面都创作了大量优秀作品。尤其在山水画领域,独立开创了"姑孰画派",影响了一大批画家,在海内外产生了巨大影响。因此,沙鸥要对这样一位大家进行综合研究,自身必须具备相当广泛的综合艺术素养。可喜的是,沙鸥多方面的艺术积累,正好为其研究萧云从找到了发挥艺术才能的宽广舞台。在许多人,这是一种限制和隔膜,在沙鸥,这是一种左右逢源,秘响旁通,仿佛顺水推舟,水到渠成。研究萧云从,也是沙鸥博观约取、会通意识的可贵体现。

首先,《评传》从六个方面讨论了萧云从的艺术成就。其一,萧云从虽然书名不盛,但他高度重视书法,至老孜孜不倦地学习书法。他的书法注重艺术性,强调整体布局,重视变化之美,突出个性发展,但又避免刻意安排和处理,特别是他的题画诗书法非常注重与整幅画面意境、韵律的协调。其二,萧云从认真研究过杜诗,著有《杜律细》,可惜该书现下落不明。萧云从自己也有很高的诗歌艺术成就。从现存诗歌看,无论是题画诗,唱和诗,抑或即景抒怀,都既有强烈的现实观照,又具有萧疏野逸的山水诗品格。其三,萧云从的山水、人物、花卉无所不精,自成一格。《评传》以《太平山水图》为例,一一分析其师承百家,独出机杼的技法画风,基本结论是置景布局以宗宋为主,尤其直接来自北宋画家的长幅巨制及传统笔法,但在意境营造、笔墨处理上则吸收了元代文人画的诸多营养。但萧云从的绘画又完全走出宋元,戛戛独造,自成大家气象。其四,在此基础上,《评传》分析了萧云从山水画的艺术风格。以笔墨论,用笔严谨,墨法以简胜繁;以章节论,构图设景变化多元;以意境论,超越真实山水,抒发淋漓元气,传达画家精神世界的郁勃苍茫和虚恬高逸。其五,《评传》用了较大篇幅的赏析人物画《离骚图》,从而探析萧云从作为明清易代之际的大家对于新旧两朝隐秘的内心世界和立场选择。其六,从当时及后世诸多壁画歌探讨萧云从《太白楼壁画》原貌。《太白楼壁画》为萧云从赢得生前身后之大名,既是萧的代表作,也是中国壁画的典范之作。《评传》从诸多咏画诗中剥茧抽丝,前后对照,复原了四幅壁画的方位、内容、景观、季节、笔法等,可谓用力至巨。

上述六个方面的艺术成就既相互独立,又相互关联,它们统一在萧云从作为一代大家的艺术创造之中,体现了萧云从丰富的艺术涵养和宽博的艺术领域,让后人读之顿生高山仰止之感。

其次,《评传》从四个方面论述了萧云从绘画的社会影响,如果说前述六个领域是萧云从艺术实力的体现,那么下述四个方面的影响则是他历史地位的表征,也是令人追慕和研究萧云从的动力所在。第一,萧云从对新安画派的影响是深刻和多方面的。在技法画风方面,他影响了新安画派的代表人物渐江、孙逸等,他与渐江、孙逸,亦师亦友;在地域特色方面,都以皖南山水为模本;在政治信仰方面,与渐江同属明代遗民,其爱国思想与反清复明政治态度颇为一致。第二,萧云从对版画的贡献。其《太平山水图》和《离骚图》都有当时优秀的刻工将之刻为版画。从萧云从的画迹和郑振铎《版画史》序说"萧(尺木)纵笔挥写,深浅浓淡,刚欲壁立千寻,柔如新毫触纸之处,胥能达诣传神,大似墨本,不类刻木"中可见,萧氏绘画本身就与版画有内质上的相通之处。他的这两套版画在中国版画史上占据重要地位。第三,萧云从对铁画的诞生更具直接作用。他指导汤天池锻造铁画,看似偶然,实则与芜湖当时工商业的发达、铁艺的发展密不可分。况且许多铁画都是根据萧云从的画稿而锻制。更重要的是,我们从中能窥探出萧云从精力弥满的内心世界。第四,萧云从对日本南宗画派的兴起起到直接的推动作用。《评传》详细叙述了《太平山水图》和《离骚图》的刻本在日本流传、临摹的经过及其对日本画家艺术观念的深刻影响,最终奠定了日本南宗人文画派的基础。

一位画家对中外绘画产生诸多影响,在中国绘画史上也可谓寥寥无几。然而,长期以来,萧云从仅仅被作为美术史上一个可有可无的符号,其内在精义几乎流失殆尽,这在艺术史上也可谓绝无仅有吧。如果没有沙鸥的旁搜远绍,爬罗剔决,真不知道萧云从还要被埋没多久。如今在艺术院校专业愈分愈细的当下,《萧云从评传》的诞生应是一声当头棒喝。艺术,既要强调扎实的功底,敏悟的感兴,又应强调艺术精神的贯注畅通。没有掌握完整的知识结构,没有形成宽博的艺术领域,没有成年累月的含英咀华,没有融会贯通的艺术眼光,要想在某一领域开疆拓土,独辟蹊径,无异于痴人说梦。

再次,《评传》对"姑孰画派"的存在事实予以翔实论证,廓清了层层迷雾,还原了历史真相。在论述萧云从多方面影响之后,再讨论由他开创的"姑孰画派"便是水到渠通,自然而然之事了。

《评传》把"姑孰画派"的发展成因放在时空交错的背景下予以考察,以史带论,从而见出这一画派摒弃现实生活中喧嚣庸俗的习气,极力描绘冷静的超现实世界,以表现其遗民的高洁品格。"他们常隐约透露出一种刚正之气,在绘画作品中,以挺拔、奇峭、坚实的形态,表现某种傲然不屈的精神。他们的山水一般具有设境幽僻、意趣苦寒的特色,笔墨简淡明洁,而有伟峻沉厚之效果,能水乳交融,浑然一体,线条方折挺健。"我认为,这段话极为准确地概括了"姑孰画派"的本质特征,为"姑孰画风"的研究给了强烈的指正作用。难能可贵的是,根据《画友录》记载,沙鸥还整理出"姑孰画派"的七十二位成员名单,并一一介绍其籍贯、字号、擅长领域及代表作品。至此,"姑孰画派"便拂去历史的烟尘,眉目生动地展现在世人眼前。不仅如此,沙鸥还对萧云从绘画中透露的"姑孰情结"予以详尽剖析,从而把地域风格凸现出来,无可辩驳地证实了"姑孰画派"的历史存在和影响。最后,沙鸥以黄钺艺术与画学理论作为"姑孰画派"一章的结穴,既清晰地梳理了"姑孰画派"的源流演变,又对"姑孰画派"作了理论的总结与升华,整章结构紧凑,逻辑严密,脉络清楚,神完气足。

"姑孰画派"一章立论辨证颇具功力。也许作者感到意犹未尽,又在评传最后一章"萧云从诗画古迹集释"补充了许多材料。作者认为,萧云从的文字资料很少,大多数文字资料都在绘画的题跋上,而许多绘画古迹现今都已泯灭。为了后人研究方便,作者对萧云从诗文绘画中涉及的主要古迹进行必要的集释。沙鸥在《评传》之后以全书四分之一的篇幅作为附录,(1)"萧云从诗歌汇编"共辑遗诗一百二十一首。(2)整理并重撰"萧云从年谱"。(3)辑录萧云从无年款作品目录。这一做法显系为他人为后人着想,可谓以仁人之心树立德之言。当然,读者也可从古迹集释和附录中看出作者搜罗工夫用力之勤,同时也弥补了萧云从画作传世甚少难以一见的遗憾。

### 三、艺术研究注重思想性

与魏晋时代文学创作"庄老告退,山水方滋"形成鲜明对照的是,多年以来,我们的艺术研究是"学术方兴,思想隐退"。今天,学术研究讲规范,讲资料,讲门派,讲师承,俨然跃上霸主地位。对于当年学术园地荒芜零落的现状而言,规范学术行为,做做矫枉过正的工作是完全必要,也是十分重要的。但令人始料不及的问题猝然而至。大量原始材料的罗列堆砌,却见不出研究者自己的观点,更见不出研究者的精神意气、血性人格,艺术研究沦落为谋生工具,"著书都为稻粱谋"。这里有学术体制的原因,也有研究者自身价值定位的问题。从某种角度看,沙鸥是一位游走于体制边缘的作者。他供职于文联,有多方面的艺术才华和颇为丰厚的创作实绩,但由于体制的原因,职称与他无缘,也正是这种边缘状态,成就了今日的沙鸥。他没有申报项目、完成选题的压力,有的是自由想象和源自内心的创造冲动;他没有为赋新词强说愁的僵硬生造,有的是创新欲望郁结心田不吐不快的真情实感;他没有学术上的精神恐惧,有的是时不我待、壮志难酬的百年殷忧。如果说沙鸥有什么恐惧的话,那就是对生命和时间的恐惧。这种恐惧根植于人类内心深处,是一切真正的艺术家所共有的恐惧。也正是这种恐惧,催逼艺术家像陀螺一样不停地旋转并迸发出生命的激情、艺术的光彩。

那么,这本《评传》中,沙鸥的思想意识体现在哪些方面呢?这里的思想意识指的是在论著中体现的因独立思考和勇于怀疑而贯注于字里行间的情感态度和价值取向。

第一,沙鸥细致分析了萧云从绘画的美学思想。他将萧云从美学思想概括为隐逸、诗画交融、虚实生美、师法自然与师古而不泥古、以书入画五个方面。乍看起来这五个方面均属老生常谈,卑之无甚高论。但细心阅读又会感到立论妥稳,见解精到。不是拾人牙慧,人云亦云,大而化之,而是渊源有自,基础坚实,擘肌析理,圆融无碍。正是因为萧云从秉持这一美学思想或曰美学理想,才使他的作品既涵摄百家又自成一体,既奇崛荒寒又生气勃勃,既风格统一又面目多样,以至于卒然遭遇而生无可名状之感。对萧云从美学思想的提炼总结,见出沙鸥自己的艺术创作观点。第二,沙鸥详细阐述了萧云从的爱国思想。萧云从的爱国思想体现在明暗两个方面而且都终生不渝。萧云从参加过"复社"从事反清复明活动,同时,还为抗清志士写过传,讴歌殉节之士。明亡后一直隐居避世,对丧失民族气节的投降官吏更是冷眼相待,不但不为他们作画,甚至连他们到访也都不见。他的不少诗文表达了明亡后的痛苦心情以及战争给他心灵和生活带来的创伤。他用力研究杜甫,写过《杜律细》,杜甫的爱国思想和人格不能不对他产生深刻影响。他的许多画及题跋也体现了爱国情绪。沙鸥还细心发现,萧云从不承认清政府的统治,入清后从不在自己的作品中题署清朝的年号。如果说上述种种行迹还只是爱国思想的明显表现,那么,他创作的《离骚图》则是更深沉地寄寓了自己犹同屈子的爱国之心。沙鸥对《离骚图》的创作背景、创作时间、创作心理、画面构成、独创手法都作了颇具神采的分析,引人入胜。然而吊诡之处在于,《离骚图》于1645年(顺治二年,也是明亡后第二年)刻版刊行。到1782年(乾隆四十七年),乾隆命内廷诸臣补绘《离骚图》九十一图,与萧氏原作六十四图,共一百五十五图,名《钦定补绘萧云从离骚全图》。至此《楚辞》始有全部的插图本了。政治与艺术在此产生奇怪的交融。《离骚图》本为反清而作,但又为乾隆极度称赏。是政治假艺术之手以怀柔,还是艺术震撼人心之力量而征服了政治?是一代帝王出自对艺术精神的真正理解,还是好大喜功、附庸风雅的庸俗心理作祟?

  我想在此说明的是,沙鸥对《离骚图》的分析,既强调了它的独创性以及在版画史上的地位,又没有陷入技术主义策略,而是体味出萧云从作为一代宗师的内心衷曲。这种将心比心的研究,这种投入火热情感的研究,强烈地宣示了研究者自己的价值立场和情感态度。这种研究,是清醒的理智、热烈的情感、坚韧的态度以及沉静的心理交融一体的研究,昭示了研究者的艺术灵魂和学术追求。

(原载于2007年第1期《文艺百家》)

## 铜陵马鞍山小说散文大赛获奖作品读后

马鞍山、铜陵素有"铜墙铁壁"的合称,是共和国的一双孪生子。1956年10月12日,国务院一纸文件,同意设立马鞍山市和铜陵市(时称铜官山市)。作为国家的重工业基地,60年来,两市为安徽乃至全国的经济发展作出了重要贡献,两市自身的城乡面貌也发生了翻天覆地的惊人变化。由于两市地缘相近,人缘相亲,同气相求,共饮一江水,文化上的交往互动越发密切频繁。花谢花飞,春秋代序,60年弹指而过。为庆祝共同的生日,两市作协在各自宣传部门和文联的支持下,以文会友,成功举办了铜陵马鞍山小说散文大赛,一批佳作脱颖而出。今天,大赛获奖作品结集出版,可喜可贺,广大读者也可借此一览两市文学创作的最新成果,了解地方文学的生存状态。

著名作家许春樵、潘小平分别对大赛获奖小说、散文作过精彩的点评和总结。在此,我想再从整体上简单谈谈自己的几点感受。

一是呈现鲜明的时代感。这在小说中特别明显。小说《遇见》《女人与猫》《倾听者》《体温》《偏头疼》《周围都是影子》《风和日丽》《冬天过后花会开》《枯笔》等,莫不如此。从繁华都市到偏僻乡村,五光十色的当代生活,北漂的艰难,基层的无奈,人心的温暖,人性的幽暗,沉沦与坚守,纵情与尴尬,……借助故事的外壳一一展现。尤其是《遇见》,表现了作者追踪新人群"新人类"日常生活的惊人能力。不少作品熟练地揭开生活的表层,探测凝重的河床,渐渐凸现被时代浪潮裹挟的不由自主的踉跄人生。这样的人生遭遇必然是这个时代的产物。

二是对写作技法的讲究。小说、散文在这一点上表现均衡,触目皆是。

现实主义是小说永恒的流派或手法,以此为基础,魔幻现实主义、存在主义、象征主义、先锋实验、意识流似的独白等,都被有意借鉴糅合,大大增强了作品的可读性,只是偶尔有些技法的运用还不够熟练自如。文学发展到当下,在与电影电视网络争夺读者观众的竞争中,故事性当然必不可少,但更应突出其形式与技法。这是作家独有的优长,也是文学不死的理由。可喜的是作家们已经开始牢牢地把握住这一点。散文《未被点赞过的博客》《生活贴》等,算是同其他散文稍稍拉开距离的实验品种,以智性或禅意融化寻常物事,打破传统与当下思想的藩篱,与磅礴而细腻的《拜谒帕米尔》等散文形成风格上的奇妙对峙。更多散文符合通常的阅读习惯和审美眼光,记人叙事,山川屐痕,熨帖人心,情韵悠悠。

三是注重对语言的锤炼。文学说到底是语言的艺术。文学技艺和语言密不可分,但技艺最终依托于语言。许多获奖作品开始形成自己的语言特点。试举几例,《遇见》的语言似乎搭起了某种现代性的框架,能够产生异形叙事的能力,声东击西,一语破的,使霓虹灯下庸俗的生活焕发出诗意的光泽。《瞬间》叙事沉着绵密,惜字如金。《我的父亲和我父亲的作品》很好地控制了理性和情感,语言如刀,几刀下去,就把复杂的情感整理得服帖顺畅。《未被点赞过的博客》《生活贴》语言跳脱,但又引而不发保持张力。《过程的白月光》以散文语言解读诗歌语言,从头至尾氤氲着不解之解的迷离气息,此文与原诗怕能同样传之久远了。读这样的文字,应该一气呵成,是不能被随意打断的。其他很多作品都有自觉的语言意识,保证了作品整体的较高水平。

当然,即使是获奖作品,也有不足之处,水平也互有高下。无论是小说还是散文,都应有可读性,有的作品却因情节简单或老套缺乏新意,有的家长里短,过于平淡的叙述也略显乏味,有的内容晦涩,人物形象比较模糊平庸。但瑕不掩瑜,这批作品整体上不失为近阶段马鞍山、铜陵有分量的文学呈现。

马鞍山和铜陵都是诗仙李白钟情的地方。"炉火照天地,红星乱紫烟。赧郎明月夜,歌曲动寒川",这是诗仙对冶铜工人的深情赞美。"天门中断楚江开,碧水东流至此回。两岸青山相对出,孤帆一片日边来",这是诗仙对壮丽山河的放怀咏唱。我相信,马鞍山、铜陵是散发着诗性光芒的土地,随着文化自信的生根发芽,两地的文学之花将会绽放得更加鲜艳,更加夺目!

# 美术与影视评论

# 话宋荦《谪仙楼观萧尺木画壁》

## 谪仙楼观萧尺木画壁[1]

### 宋 荦

谪仙楼外长江流,谪仙楼内烟云浮。
悬崖峭壁欲崩落,虬松怪树风飕飕。
泉声山色宛然在,渔翁樵子纷遨游。
细观始知是图画,扪壁惝恍凌沧州[2]。
古来画手倾王侯,笔墨直令鬼神愁。
每逢胜地亦挥洒,元气直向空墙留。
呜呼!维摩真迹不可得[3],通泉群鹤无颜色[4]。
当今画壁数何人?鸠兹萧叟称奇特[5]。
前年挂帆牛渚来,登楼一望胸怀开。
解衣磐礴使其气,倏忽四壁腾风雷。
画出青莲游赏处,千年魂魄应来去。
匡庐云海泰山松,华岳三峰压秦树。
朦胧细景不知数,一一生成出毫素[6]。
杂花窈窕溪涧深,野水逶迤洲渚露。
危桥坏磴荒村暮,多少林峦莽回互。
横涂乱抹总精神,河伯山灵不敢怒。
我闻荆关与董巨[7],画苑声名重伊吕[8]。
大痴黄鹤吴仲圭[9],鼎足争雄迈凡侣[10]。

叟也此画非徒然，摹仿前贤妙如此。
世人作画昧源流，敢到斯楼笔一举。
我家赐画旧盈箱，年来卷轴半沦亡。
每与名流谭绘事，辄思鸿宝起彷徨[11]。
今也见此心飞扬，众山皆响殊寻常。
不用并州快刀剪秋水[12]，但愿十日寝食坐卧留其傍。

**【注释】**

〔1〕萧尺木：即萧云从(1596—1673)，当涂人，清代著名画家。"姑孰画派"创始人。

〔2〕扪：抚摸。惝怳：迷迷糊糊的神态。沧州：滨水的地方，古时用来称隐士的居处。

〔3〕维摩：唐代诗人兼画家王维，维字摩诘，太原人，苏轼称其"诗中有画，画中有诗"。

〔4〕通泉：县名，位置在今四川射洪县洋溪镇（现易名沱牌镇）。南朝梁时所置，属西宕渠郡。西魏恭帝时改西宕渠郡为涌泉郡，通泉县改名涌泉县，为郡治。隋开皇三年(583)复名通泉县。元至元二十年(1283)通泉县应"兵后地荒"而并入射洪县，隶属潼川府。唐初著名书画家薛稷，尤擅画鹤，曾在通泉县衙署绘群鹤壁画，轰动一时。

〔5〕鸠兹：春秋时期吴国地名，在今芜湖东四十里，即鸠兹港，这里系指芜湖。萧叟：指萧尺木。其绘太白楼壁画时已经晚年，故称叟。

〔6〕毫素：毫指笔，素指绢，均为绘画材料。

〔7〕荆关：指画家荆浩与关仝。后梁时，河南荆浩善画山水，长安关仝从浩学画，有"青出于蓝而胜于蓝"之誉，因此后世论画，多以"荆关"并称。董巨：指五代时南唐画家董源和巨然。董源，字叔达，钟陵（今属江西）人，善画秋山远景，多以奇峭之笔写江南山水。巨然，江宁（今南京）人，画僧。他学习董源的水墨山水，并加以发展，遂臻其妙，时人并称"董巨"。

〔8〕伊吕：指伊尹和吕尚。伊尹佐商汤，吕尚佐周武王，皆为开国元勋。

〔9〕大痴：即大痴道人，是元画家黄公望(1269—1354)的号，常熟（今属江苏）人。黄鹤：即黄鹤山樵，是元画家王蒙(？—1385)的自号，蒙字叔明，为画家赵孟頫的外孙，湖州（今属浙江）人。吴仲圭(1280—1354)，元画家吴镇字仲圭，号梅花道人，嘉兴（今属浙江）人，三人和倪瓒均善画山水，合称"元四家"。

〔10〕迈：超过。

〔11〕鸿宝：原是一种谈神道仙术的书，后人多引申其义，借指稀世之秘籍。

〔12〕并州快刀：古时并州出产的剪刀以锋利著称。杜甫《戏题王宰画山水图歌》："焉得并州快剪刀，剪取吴松半江水"。

康熙元年(1662)，太平知府胡季瀛重建太白楼（即谪仙楼），翌年竣工落成。胡季瀛邀请萧云从为太白楼创作壁画。萧云从一向崇仰太白，为使太白的古风高韵不没人间，让游人一到太白楼就觉得谪仙犹在，于是他顾瞻四壁,飞白泼墨,历时七天,一气呵成画出峨眉烟云、华岳苍松、匡庐瀑布、泰山旭日四幅壁画。画成后,萧云从自作《太白楼画壁记》,论述其画壁的原因及经过,并历数历代名家画技,以表明自己对书画技艺的看法。太白楼壁画一经问世,便引起巨大反响。名公巨子纷纷题咏,抒发自己观看壁画时心灵所受到的巨大震撼,王士祯、宋荦、杨汝锡、方观承、韦谦恒、黄少民、李庆观、吴家驷、唐莹、谢元缜、石沈犇、管干珍等众多诗人,从多个角度赞美这幅壁画的艺术成就。其中,清代著名画家、诗人,被康熙誉为"清廉为天下巡抚第一"的宋荦曾两次登上太白楼,第二次登楼时所写《谪仙楼观萧尺木画壁》,极富情韵,从众作中脱颖而出,成为题咏太白楼壁画的经典名篇。

康熙八年(1669)正月,时任黄州通判的宋荦督漕船沿江而下,三月,至牛渚,泊舟三日,时雪花纷飞,作《牛渚风雪歌》。同时,登谪仙楼,观萧云从壁画,作此诗。全诗融抒情、描写、叙述、议论为一体,腾挪闪跃,变化开阖,元气淋漓,情感充沛。按层次脉络,全诗可分为三段。第一段从开头"谪仙楼外长江流"到"鸠兹萧叟称奇特",第二段从"前年挂帆牛渚来"到"河伯山灵不敢怒",余为第三段。

第一段劈空就写仰瞻太白楼壁画时真幻一体,亦惊亦喜,获得高度审美满足的感受。谪仙楼外长江奔流,谪仙楼内烟云浮动,谪仙楼内外,浑成一体。悬崖峭壁,势欲崩落,虬松怪树,寒风飕飗。泉声呜咽,山色满眼,渔翁樵夫,尽在水畔山崖。如果没有接下来的"细观始知是图画""扪壁惝恍凌沧州"的说明,读者真要把这几句当作是眼前牛渚山水的自然景象了。诗歌用"细观始知""扪壁惝恍"这样的词句,极其真实地刻画了诗人观看壁画时微妙的心理状态。特别是"扪壁惝恍",诗人明知是图画,但还是要轻轻地叩响太白楼墙壁来进一步证实刚才所见是壁画而不是江山自然的实景,这比以往所有的题画诗都要更深一层地描摹了诗人的精神活动。萧云从壁画艺术感召力之大亦可从中想见。有了这么一大段令人猝不及防、亦真亦幻的艺术感受之后,诗人观画心情才慢慢平静下来,于是感叹道,自古以来,伟大的画家都会让王侯倾服,他们的笔墨如鬼使神差,亦令鬼神愁惧。他们在山水名胜之地往往兴从中来,自由挥洒,真宰元气便扑面而来,留在空墙白壁之上。然而时间流逝会抹平一切,唐朝大画家王维的真迹已经杳不可得,薛稷于通泉县署墙壁上所作群鹤之画也早已画迹斑驳,朱颜凋落。当今画壁最为出色的画家,应当是萧云从了(注:萧云从为当涂人,清时太平府辖当涂、芜湖、繁昌三县。萧云从又长期住在芜湖。鸠兹为芜湖古称。所以说萧云从为"鸠兹萧叟"。另,胡季瀛也是三次"折简相召",从芜湖请萧云从来太白楼作画的)。分析至此,读者可以看到,仅这第一段,就又可分为三个层次。审美感受在先,审美认知在后,最后点出太白楼壁画乃萧云从所作。诗人巨笔如椽,层层推进,情感充沛,理路清晰,衔接自然。

诗歌第二段主要写四幅壁画所画具体景象,然层次更为细密。诗人简要回顾了"前年挂帆牛渚来,登楼一望胸怀开"时初登太白楼的情景。只用"胸怀开",就把所见所闻的感受一笔带过。如果对第一次登览再详叙,则与本次登览感受相重复,为避重复故不再具体描写。此其一。其二,当时之"胸怀开",也必定包括观太白楼壁画。而两年之后再来观壁画,可见此画对诗人吸引力之强大,也就是说诗人两年来对太白楼壁画一直念念不忘。"解衣磐礴使其气,倏忽四壁腾风雷"两句,是诗人悬想萧云从作画时的构思状态和创作情形,据记载,萧云从自作《太白楼画壁记》以汉隶书成,也同时镶嵌在太白楼墙壁之上。壁画与壁记相互映发,可谓双璧,对前来观瞻之人来说,壁记是理解壁画最好的文字说明。萧云从在壁记中说:"愧余衰且病,秃草不润,断松无烟,解衣坐于先生书碣之末,偶罄遐思,急弘其气,以摅丹青,推拖越拽,疑有神助。竭道子一日之功,生少文众山之响,小豁胸中,狂焉叫绝。"这几句是萧云从夫子自道,也最能代表萧云从的创作观念,是研究萧云从绘画艺术不可多得的第一手资料。宋荦的两句诗就是对萧云从这一艺术观点的概括。况宋荦本人既是著名诗人与画家,也是大鉴赏家。对于宋荦而言,这两句自然也为有感而发,是对萧云从绘画观点的高度赞同。

经过层层铺垫,诗人这才具体描绘四幅壁画之烟云山水,与王士禛、方观承等诗人不同,宋荦没有就四幅壁画内容一一列举,而是以"匡庐云海泰山松,华岳三峰压秦树"概括之,然后以"朦胧细景不知数,一一生成出毫素"之笔,对四幅壁画的若干细节作了精细描绘:"杂花窈窕溪涧深,野水逶迤洲渚露。危桥坏磴荒村暮,多少林峦莽回互。"最后以"横涂乱抹总精神,河伯山灵不敢怒"来总结本段。诗人如此剪裁的高明之处在于,一方面避免了以传统赋法铺陈而带来的呆板和平铺直叙的弊端,另一方面以细节描摹来补足四幅壁画的大景构图和淋漓气势,让读者能够充分想象出壁画"融烟云变幻之大处落墨,与花草精神之小处落笔"的完美与统一。透过诗句,我们也可以想见诗人在四幅壁画面前仔细观察、反复品味的欣赏情态。宋荦此次来观壁画与壁画完成之间才隔五六年,一切细节都丝毫毕现,所以诗人才说"一一生成出毫素"。分析到此,关于四幅壁画的几个问题必须稍加辨明。其一,壁画所画四座名山分别是峨眉、华山、庐山、泰山。这在萧云从《太白楼画壁记》中有明确记述,多位诗人也有具体描绘,而王士祯《采石太白楼观萧尺木画壁歌》中说:"祝融诸峰配朱鸟,潇湘洞庭放远游"的描述是不正确的。由于王士祯是清代大诗人,与宋荦齐名,世称"王宋",所以他的壁画诗影响很大,因此有辨明的必要。其二,四幅壁画分别画于东西两壁而不是东西南北四壁。虽然萧云从自己也在《太白楼画壁记》中说:"乃顾瞻四壁,粉若空天,欲秃笔貌之,以为迎神之曲,招魂之辞,巍然俎豆,知有谪仙人在焉!"从王士祯"回看四壁风飕飗",宋荦"倏忽四壁腾风雷",杨汝锡"四壁插毫图四岳",黄少民"山云变灭天阴晴,四壁驱声走江海",方观承"谁探万古鸿濛去,扫开四壁丹青色"等诗句来看,众口一词,四壁多绘李白所到名山巨岳。其实说"四壁"乃为行文方便。方观承在其《太白楼观萧尺木画壁歌同吴世勋》诗之小序中曾明确写道:"壁西峨眉、华岳,壁东匡庐、泰岱。峨为太白故乡,晚卧庐山,有读书堂,泰、华则太白尝游之地。"这个小序太重要了,也说得十分清楚明白。太白楼南北两壁是没有画的。从今天太白楼规制看,南北两壁实为过门通道,想来当年也大致不差。言"四壁",乃是习惯使然,我们总不能在诗文中说"二壁"吧?由方观承诗序还能考出四幅壁画的相对位置。太白楼西壁,南为峨眉,北为华岳(山),东壁南为匡庐,北为泰岱。这四幅壁画的方位和它们在现实中的地理方位是完全一致的。其三,四幅壁画所绘季节风光各不相同。综合各家现存诗歌推求可知,泰山为春景,海风松涛,日观峰顶,旭日东升;庐山为夏景,瀑布飞悬,直下澎蠡,凉意顿生;华山为秋景,山峰林立,峭壁悬崖,云海苍茫;峨眉为冬景,积雪千崖,荒村危桥,舟卧瞿塘。笔者认为,这一辩说是非常有意义的,它不仅让我们具体了解了太白楼壁画的方方面面,更重要的是,让后代读者能真切感受到萧云从作为一代大师在创作构思上的宏伟严整,一丝不苟。如此看来,太白楼壁画确为一代杰作,进而在中国壁画史上占有重要地位。

第三段是画家兼诗人的作者站在绘画发展史的高度来观照萧云从太白

楼壁画,从而断言:"此画此楼并不朽。"本段前八句异文非常严重,但所要表达的艺术观点还是大致相同的。诗中"我闻荆关与董巨……敢到斯楼笔一举"八句,在宋荦所著《西陂类稿》中为:"我闻画苑有本源,北宋董巨品格尊。后来大痴与黄鹤,气韵超脱同法门。叟也涉笔非徒尔,黄王如在称弟昆。此画此楼并不朽,残山剩水奚足言。"五代时的荆浩、关仝,北宋的董源、巨然,都是当时画坛一言九鼎、开宗立派的大家,元代的黄公望、王蒙、吴镇,亦气韵超脱、鼎足争胜,萧云从的绘画既吸收了各家之长,又自成一派,甚至超迈前贤。《清画家诗史》评价萧云从"不宋不元,自成其格"。在宋荦看来,即使是黄公望、王蒙,在萧云从面前怕也只能以兄弟相称,甚至还略逊一筹,这是极高的评价。正因为萧云从博采众长而风格突出,绝不像一般画家那样"昧源流",所以同为画家且精于鉴赏的宋荦,才敢在诗中断言太白楼壁画必将称盛画坛,千秋不朽。

一般是人题写画作歌咏至此,已经可以圆满结尾了。但宋荦诗作又平地起波澜,翻出新境界,诗人忽然联想自己几十年来收藏的大量画作,近年多有沦丧,每与名流谈及此事,都会黯然神伤,总希望能搜求到更加宝贵的稀世珍品。今天,忽然见到太白楼壁画如此高妙,禁不住心襟摇荡,神思飞扬,好像自己以往丢失的那些画作也都没有太大可惜的了。诗人在此化用了南朝画家宗炳的一个著名典故。宗炳在居室四壁图写四方名山,说自己可以"卧以游之",并"抚琴动操,欲令众山皆响"。这本是画坛的千古美谈,但在宋荦眼里,与太白楼壁画比起来,宗炳图绘四壁"众山皆响",就显得十分平常了。最后,诗人又反用杜甫《戏题王宰画山水图歌》:"焉得并州快剪刀,剪取吴松半江水"之典,说自己也不用并州快刀剪取江水,只愿连读十日寝食坐卧在太白楼画壁之下。这两个层次的翻进,可以说诗人对萧云从高超的画技画艺已经佩服得五体投地、无以复加了。用现在的时髦话来讲,宋荦简直成了萧云从的"超级粉丝"。但与我们今天一般"粉丝"不同的是,这是一位学养深厚的画家对同时代另一位学养深厚画家的崇拜,其崇拜背后蕴含着对艺术的无比虔诚和强大的理性力量,或许,这才是本诗在当今时代氛围里应运而生的新的意义。经典,总会与时俱进,具有无限广阔的阐释空间。

# 他用水墨表达哲学思想

对于许多马鞍山市民来说,画家杭法基是一个既熟悉又陌生的名字。说熟悉,是因为杭法基先生曾长期在马鞍山工作和生活,他在常人眼中种种略显异样的言行举止是马鞍山艺术界经久不衰的话题。甚至他清瘦的相貌、逼似毕加索的眼神、日常生活清水般的透明简单,都是大家茶余饭后津津乐道的谈资。说陌生,是因为杭法基先生的画作极少作为商品出售,抽象作品更是极少赠送他人,社会公众很少看过他的原作真迹,就是各家装裱店和画廊也很少接触过他的作品。更重要的原因,是市民公众包括相当一批书画人看不懂他的作品。

对于百姓而言,杭法基的绝大多数作品只是墨块线条或方圆形状的几何构成,远不像传统的山水花鸟人物那样令人亲近,那样富有美化生活的情调。就是对于一般艺术家而言,杭法基的作品也绝不是可以轻易解读和理解的。一位看过杭法基画展的画家就曾对杭法基说过:"老杭,看过你的画,我知道自己该怎么画了。就是要胆子大,就是要敢瞎画了!"对此,杭法基微微一笑,无言以对。于是,杭法基便成了公众心目中曲高和寡的阳春白雪。虽然他的作品是那样的切近现实、切入生活,但大家都宁愿把他和他的作品统统当作一种传说,而忽视他真实的存在。

一

我一向吝啬于无原则地夸赞别人,但对于杭法基先生及其作品,我是极其钦佩的。在马鞍山,我是和杭法基先生交往较深的少数几个人之一。在过去的15年里,每年我总有几次与杭法基先生的深夜长谈。每次从他简陋的居所走出来,夜深人静,马路上空空荡荡,或满天星斗,或明月高悬,或阴寒凝重,或夜雾迷茫,但无论是在什么样的环境下,我都感到如释重负,心中充满对生活的渴望、对艺术炽烈的爱和对未来无限的向往。这,就是杭法基先生给我的感染。但这样的愉悦在今后恐怕再也难现了。2012年秋,杭法基先生在长久的思考后终于决定走出马鞍山,入驻北京宋庄画家村。这次杭法基先生回故乡举办画展,在我看来,极具象征意味,既是对故乡的一次真挚回馈,也是对故乡的一次深情回望。

　　杭法基先生这次回马鞍山举办的小型作品展,虽然规模不大,但前来助阵的嘉宾堪称阵容豪华。北京、南京、广东等地近二十位活跃于中国当代艺术界的顶尖评论家、策展人纷至沓来,并将在展览期间开展一次高规格的杭法基作品学术研讨活动。那么,杭法基作品的艺术魅力到底源自何处呢?是什么样的艺术精神让如此众多的国内一流高手如此青睐有加呢?杭法基这个在当地一直游离于主流视野之外的画家为何又被当代评论家们一致推崇呢?在我看来,杭法基先生是一位极富传统功力、又极具现代视野、充满艺术情怀、甘为艺术殉道的当代艺术家,是当代中国探索抽象水墨的先驱之一。杭法基在抽象水墨领域的探索成就是当代中国抽象艺术无法忽略、无法回避的巨大存在。他试图以持之以恒的努力打通中西艺术的壁垒,并以崭新的水墨语言表达中国人对时代和艺术的哲学思考,为中国传统水墨文人画开辟出一条通向未来的道路。最后,他还是中国当代艺术商业化潮流中一块岿然不动的黑色礁石,坚定地捍卫艺术的底线与良知,为当代艺术赢得了应有的尊严,让众多迷失在世俗名利中的同行反躬自省。

## 二

　　与许多面目模糊、创作风格一成不变的画家迥然不同,杭法基先生似乎充满永不枯竭的探索精神和创新意识,他的作品风格和面貌一直处于自觉的、具有使命般的剧烈变动之中。他最早主攻人物画。早在20世纪五六十年代,就以"最大功力打进去,最大勇气打出来"的坚定信念,排除干扰,在人物画写生、创作上下过真功夫、硬功夫。在70年代末粉碎"四人帮"后全国首届美展——建军50周年全国美展上,杭法基就以一幅《悲歌震人寰》入展并引起国内同行关注,受到当时周思聪等著名画家的高度赞许。与此同时,杭法基不满人物画领域徐(悲鸿)蒋(兆和)体系的"水墨加素描",就人物画的现代转型进行思考实践,创作出一批具有强烈现代意味的人物作品。

在80年代中期国内美术新思潮中,杭法基发表了《直面当代,中国画不可回避的选择》等文章,呼吁中国画应当进入当代语境。这期间,出于对中国画前途的思考,对艺术玄道境界的向往,杭法基艺术创作中的抽象意识愈渐强化。从事拼贴艺术就是一次积极的探索,取得了不俗的成就,为后来的抽象水墨实验作了很好的铺垫。此后,抽象水墨实验成为杭法基艺术的主攻方向。总的看来,实验是以中国画水墨这一主体语言为媒介,以现代抽象理念为形质,表达作者对宇宙社会人生的感知、感受。早期偏重于抽象写意式的墨彩,特别是其彩墨头像常显焦灼孤独和沉郁苍凉。90年代中后期作品更多地呈现出对黑白世界纯粹性的探求,"魔方"系列是这一时期的代表。冷峻而理性的块面结构、方圆形式的空间切割、强烈的黑白对比、巨大的画面体量,厚重、压抑,同时让人产生不屈的挑战力量,激发生命的潜能。进入新世纪,杭法基先生的心境仿佛又有较大变化,两种抽象水墨风格在"墨魂"系列中交替出现。一种是以高纯度的线条为主,提取并变化传统书画中锋运笔的线条特点,以线条的柔韧、纯净、简洁、洗练、苍涩、老辣和力度表情达意,辅之以墨色的烘托晕染。画面空灵、疏朗、明净。另一种虽然也以线条为主,但线条的构成意味更浓,笔墨线条上泼、淌、拓、印的墨痕,传统与非传统手法并用,形成综合多样而又丰富细腻的自然肌理,表达画家深刻的心理感受,于雄强朴茂的风格中常常流露出淡淡的孤寂和苦涩,画面饱满、浓情墨韵,境界浑厚苍茫,从而形成了巨大的张力效应和无限的阐释空间。但无论哪种风格,都是对传统"写意""意象"的提纯和"抽象",是东方语境和时代精神感召下的"心象",具有强烈的抒情意味,走向了更加深邃的艺术境界。

三

杭法基先生在孜孜不倦地探索抽象水墨的同时,也没有忽视传统水墨人物的创作,而是常常以此调剂精神,娱兴遣怀。杭法基先生具有扎实的素描功力,线条凝练,造型准确,表情生动,虽逸笔草草,却精光四射,令人爱不释手,再三赞叹。近期在北京的创作,他心态更加放松自由,其《灵山法会》,虽勾勒百十个人物,却满幅轻灵飘逸,观之有出神入化之感。

杭法基先生的不懈探索是以其深厚扎实的理论功底为基础的。他对中国传统书画理论、西方绘画源流及现代艺术有深刻的理解和感悟，他的油画创作、"书象"创作以及现代摄影也都成就不凡。杭法基先生富有清晰而深刻的哲学思辨能力。他也偶尔提笔撰写艺术评论或回顾自己的艺术经历，他的语言风格也像他的绘画风格一样，独立卓异，自成体系，既有鲜明的立场、尖锐的批判，也有宽容的理解和智慧的幽默。他的艺术观点和艺术评论新颖、深刻、自然、率真，站在时代和哲学的高度，切中时弊，入木三分，既有丰富的理论支撑，又有鲜明的自我风格，可以说达到了理性和感性的和谐统一。他的文字逻辑严谨、概念清晰而又持论通达、饱含情感，给人以美妙而深刻的艺术享受。他又多年素食，对佛教禅宗、基督教教义有深切的体认。他善于从最寻常的事物中发现令人心悸神驰的美，他有强烈的使命感但又一任自然，他过着苦行僧般的生活却又把目光时时投向艰辛的广大底层人民，他的早期墨笔人物以及近期的底层人物画是那样直接而深刻地切入当代中国的现实，在脉脉的温情中展示底层大众生活的艰难与精神的美好，显示了画家深厚的人道精神和悲天悯人的情怀，虽多小品却震撼人心。

  杭法基先生1945年出生于当涂，今年已经67岁了，但对于艺术家而言，这才是艺术探索创造的鼎盛之年。若平常你与他在大街或公园相遇，他只是一个干瘦的小老头，一旦你走进他的精神世界和艺术天地，你便会发现一片令人惊异的海洋。他那纯粹艺术家的强大气场很快就把你的整个身心裹挟进去，让你不由自主地去体验在庸常生活中已渐淡忘的种种高贵品质和情感。以我对当代抽象艺术的肤浅了解是无法完全解读杭法基先生的。但这些文字或许能够帮助大家走近杭法基先生一步，对其艺术成就有个起码的认知，而不再仅仅把杭法基先生当作今天公众生活的一种消遣了。随着改革开放的深入推进，中国人的艺术观念会发生潜移默化的进步。从未来反观现实，我完全相信，杭法基先生对中国当代水墨的批判眼光、超越意识、创造精神和建设行动，将越来越被世人认可，从而成为中国抽象水墨探索的标志人物之一而载入中国艺术史册。

（原载于2013年1月18日《马鞍山日报》）

# 朴素的感情　动人的艺术
## ——小记崔建锁剪纸艺术

今年是抗日战争胜利70周年,许多艺术家都用自己特有的艺术形式创作作品纪念这一伟大的胜利。前不久,一个偶然的机会,我从朋友处看到两幅有关这一题材的剪纸作品,平静的心海顿生几丝涟漪,几经打听,终于找到了作者崔建锁。

崔建锁,今年40出头,是马钢姑山矿的一名普通职工。他在河北长大,从小跟着外婆,外婆喜爱剪纸,耳濡目染,他也慢慢爱上了剪纸。到江南工作以后,枯燥而单调的工作与生活似乎渐渐磨平了他的艺术感觉,剪纸被他长久地遗忘于记忆的角落。重拾剪纸,还要归功于现代信息交流的便捷发达。大约5年前,有人建立了一个剪纸爱好者QQ群,他便加入了这个群,从此,他也好像找回了久违的艺术感觉,一头扎进民间剪纸的汪洋大海,载沉载浮,乐此不疲。有童年剪纸的底子,有同行间无障碍的切磋交流,加之喜欢阅读,肯动脑筋,比较善于钻研,今天,崔建锁的剪纸已小有名气。

崔建锁的剪纸大致分为三个系列。一是生肖与花草系列。这个系列基本上都是传统题材,可以细分为很多具体类型,但动物像鸳鸯、鲤鱼、白鳍豚、凤凰等,植物像白菜、松竹梅、花瓶折枝、案头清供等,题材上有所突破,不过创作方法多是继承,主要追求形象生动,或憨态可掬,或惟妙惟肖,总之是大众喜闻乐见、寓意明显的作品。二是青花系列。作者以元青花瓷为样本,融入自己的思考,在线条和造型上略作变通,有的增加了背景衬托,结构稍稍趋向复杂,但格调清新淡雅而又不失旷达明快,令人赏心悦目。这个系列我所看到的作品不多,但显示了作者创新求变的苗头。三是人物肖像系列。这个系列又可大体归为两类。一类是传统的二十四孝、钟馗、寿星之类。其中,二十四孝借鉴了传统的白描手法,把人物放在庭院、野外甚至山水空间,场景的转换和扩大,赋予了传统图式以新的意义,它们强化了观者与图本的距离感,让观者以超然和悠游的心态去面对图本,传统的说教意味被淡化,但适应时代需要的传统价值观却更容易被观者接受。另一类是表现当代思想和生活的作品,我最看重的也是这类作品,包括上面提到的两幅抗战题材的剪纸《英雄魂》《关爱抗战老兵》。《英雄魂》具有雕塑般的凝重庄严,剪纸以极似挺立疾风中的黄山松形象为背景,三位抗日战士组成山岳般的剪影,画面底部的战士双手紧握长枪,中间的战士举起手榴弹,上面的战士挥起雪亮的钢刀,以泰山压顶的气势,逆风向画面之外的鬼子们冲杀过去,右下方以阴文印章形式重重地戳盖"大刀向鬼子们头上砍去",行中带草,笔力粗犷遒劲,很好地诠释了画面精神。《关爱抗战老兵》极像一幅版画,饱经沧桑的老兵,满脸皱纹恰似沟壑纵横,岁月风尘遮不住老人忧患深重的双眼,胸前的军功章还像当年那样闪闪发亮。黑色的背景中间凸现毛体"关爱抗战老兵"六个红色大字,下方更是一段紧凑潇洒的毛体铭文,铭记老兵们的历史功勋。整幅剪纸黑白红三色,简洁、凝重、醒目,特别是老人穿越历史的深邃忧愁的目光,直击人心,令人久久难以忘怀。

崔建锁的剪纸手法其实早已不局限于单一的剪。在剪的基础上,他大胆运用刻纸、挖纸、拼贴等手段,在电脑技术的支持和各地同行的启发下,他还尝试剪纸软件的使用。这些新手法,可以帮助他更好地剪裁线条,塑造形象,实现心中的目标。

崔建锁的剪纸艺术还处在探索之中,未来如何发展取决于他的悟性、定力和毅力。作为他的一个读者,我有三条建议。一是加强理论素养。剪纸是民间艺术,虽然历史悠久,但多是以师带徒的形式口授心传,代代沿袭,缺少总结,缺少高度,缺少理论,但当下这种情况正在改变。剪纸作为非物质文化遗产,已上升到国家层面,理论研究快速推进,互联网技术又打破原来的师徒相授局面,门户之见一扫而光,这些都为新一代剪纸人提供了前所未有的大好机遇。所以,提高理论素养迫在眉睫。二是剪纸综合技术的尝试应用。崔建锁在这一方面有试验但远远不够。传统的剪纸技术很难表现当前的现实生活,传统的味道不能丢,但没有必要对传统顶礼膜拜,不敢越雷池一步。技术的创新是贯穿于剪纸创作始终的,创新一刻也不应该停步。

特别是其中的构图模式、线条力度和面部的表情力量是创新的重中之重。三是着重对当下生活素材的关注挖掘。传统剪纸已经形成了一套固化的程式和题材，其生命力正在衰减，特别是其题材，离当代思想、当代生活很远，很难唤起城市青年一代的兴趣。当代生活那样丰富多彩，比如时装、街景、酒吧、广场空间、现代建筑轮廓等，都是剪纸作者应该擅长的领域，它们很容易体现出城市化的现代风格、现代节奏。题材的变化实际上是作者思想活跃和创新意识的外化。因此，剪纸作者应该始终保持一颗关注现实的心灵，用敏锐的眼睛去观察，用娴熟的技巧去创造。

崔建锁还很年轻，他未来的剪纸艺术值得期待！

（原载于 2015 年 8 月 2 日《马鞍山日报》）

## 来自大家 回归大众

中国传统书画艺术扎根于古老的中华大地,历经数千年的发展演变,蔚为大观,深受广大人民群众的喜爱。传统书画艺术凝结着中华民族独特的思维方式和审美意识,是民族文化的瑰宝,也是推动社会主义精神文明建设和文化建设取之不尽、用之不竭的力量源泉之一。20世纪的中国发生了天翻地覆的巨大变化,书画艺术也随之几度兴衰沉浮,改革开放以后,书画艺术大放异彩,日趋繁荣。国内一大批著名老书画家重新焕发了艺术青春,手持彩笔,饱蘸情感,泼墨挥毫,创作了大量既富有浓郁时代气息,又闪烁个性光芒的精品力作,极大地满足了人民群众的精神需求,丰富了人民群众的文化生活。由此可见,经济发展、社会和谐往往是文化繁荣的前提。

盛世多收藏。书画收藏又是历来文人雅士的爱好之一,历代都有一些书画收藏的趣闻逸事流布人口,让人津津乐道。历史上许多珍贵的书画作品正是经由一代代收藏才传承至今,其中一部分成为国宝级艺术品,见证着中华文化的灿烂悠久,赓续着中国艺术的绵绵血脉。当代书画收藏更为兴盛,但书画收藏、投资和拍卖也日益市场化、功利化,充斥着喧嚣与浮躁。书画收藏陶冶性情、涵养品格的功能日渐弱化。在这一背景下,我们才能更清楚地认识到吕系学先生无偿捐赠现当代书画名家作品的价值和意义。

吕系学先生捐赠的这批书画藏品的本身价值有四:

首先,这批藏品荟萃了一大批现当代国内一流书画名家的作品。这些书画名家绝大多数都是在中国书画界有着重大影响的大家。其中,许多藏品都是大家们晚年的作品,尺幅千里,绚烂之极归于平淡,饱含着大家一生的学养和感悟。有的甚至是大家绝笔之作,尤为珍贵。时至今日,其中的绝大多数书画名家已经作古。

其次,吕系学先生的收藏系统性强,构思独特。他的收藏分若干专题,集中紧凑,特色鲜明。特别是其中的《书画藏卷》《签名藏卷》等藏品可谓空前绝后,具有唯一性,确系难得的文化遗产。用历史眼光看,这些藏品具有丰富的史料价值和学术研究价值。

再次,书画名家对专题集藏普遍给予高度评价。如启功先生为吕系学先生的收藏题词是"无价应超九府值"。著名美学家、《中国美术大辞典》总主编邵洛羊先生认为"象吕系学先生如此专题而又独特的集藏方式及其成果,我未曾见过,也未曾听说过,实可谓中华收藏独树一帜"。"岭南画派"代表画家之一黎雄才为吕系学先生题词:"白云深处从无例"。上海文史研究馆员吴寿谷为吕系学书画藏品展题词:"耄龄三卷绝无仅有"。书画名家们是在相互尊重、相互感动、相互激励中陆续完成一些专题作品的,既体现了中国传统中"文人相亲"的优秀品质,又体现了相互一较高下的争胜心理。因此,这批藏品还具有重要的艺术心理学的潜在研究价值。

最后,这些书画藏品收集于20世纪80年代中后期至21世纪初的近二十年中。这一时期是中国社会主义市场经济由提出到确立到逐步完善时期,也是书画家、书画作品剧烈分化,艺术思想、艺术观念多元并立,书画作品逐步市场化的时期。这一时期也可以说是几千年来中国书画转型最激烈的阶段。当今再也没有当时收集书画大家作品的氛围和条件了。因此,这批书画藏品还有研究社会学、风俗史、经济史的意义。这种意义随着时代的推移将越来越显示其重要性。

只体验收藏过程而不占有收藏物品展示的是一种人性的高尚与美好。吕系学先生是马鞍山当涂江心洲人,出身农家,童年放过牛,自号"江洲牧子"。他虽大半生从事财政金融工作,却从小痴迷于书画,80年代中期以后更是钟情于现当代名家的书画收藏。他崇敬艺术家的诚心,酷爱书画的痴心,不懈追求坚忍不拔的决心,自费进行艰苦求索的恒心,感动了大批书画名家,赢得了他们的尊重、信任和支持。吕系学先生也在求珍过程中切身感受到大家风范,从而获得了对艺术、自由、生命、境界等方面独会于心、难于言表的精神体验。与大多数收藏家将藏品视为私有财产不同的是,吕系学先生很早就有"名人书画,公器也。归根结蒂回归人民大众"的理念。他在马鞍山生活工作数十年,对这片养育他的热土怀有无比深厚的感情。早在本世纪之初,他就发下心愿,要将其收藏的书画在系统整理后无偿捐献给市人民政府。并表示如果政府按规定给予自己奖励,他也要将此奖励资金全额用于助学活动,激励青年学子勤奋学习,建设家乡,报效祖国。

马鞍山市人民政府历来高度重视文化建设,对吕系学先生爱国爱市、无偿捐赠书画藏品的高雅义举深表赞美和敬仰。经慎重研究决定,在采石风景区"延园"建立永久性的"牧子藏馆",妥善保管和轮流展示吕系学先生捐赠的书画藏品。在"延园"展存藏品,其意深焉。其一,"延园"具有良好的管理手段和现代化安保系统。其二,可与"延园"现有的"季汉章藏砚馆"和"林散之弟子书画馆"形成三足鼎立之势,进一步丰富和提高了"延园"的文化内涵和品位。其三,"延园"是中外游客游览采石风景区的必到之处,人流量大,可让游客充分领略我国现当代书画大家的艺术作品,感受大家恒久的艺术魅力。其四,"延园"本身即包含延续李白文化和林散之书画艺术之寓意,古今相续,星月辉映,共同展示中华文化源远流长、生生不息、繁荣昌盛的壮丽景观。

牧子藏珍,将成为马鞍山市宝贵的精神财富!

(原载于 2011 年 10 月 9 日《马鞍山日报》)

# 张扬个性 继往开来
## ——记 98 马鞍山市二十五位青年书画展

5月1日,98马鞍山市二十五位青年书画展在市书画展馆悄悄开展。与人流如潮、繁华兴旺的解放路商业一条街相比,展览悄无声息。据售票小姐介绍,截至5月5日,共有200余人购票参观。绝大多数人徜徉于红尘街市至多对展览报以匆匆一瞥,而后又融入物质之海追寻自己的生活去了。但我以为,这次展览在马鞍山市书法史上具有不容忽视的意义。它是钢城青年一代书法俊杰第一次集体登台接受艺术检阅,第一次显示马鞍山跨世纪书坛的整体实力和艺术旨趣。同时,它也是对新生代书坛成绩的阶段性总结与回顾,大家期望通过这么一种形式,交流探讨,切磋技艺,取长补短,共同进步。

客观冷静地评价这次展览,审视它的意义,必须将之置于广阔的时空背景下。从时间上说,马鞍山建市40余年。书法也像其他艺术门类一样取得长足发展。以李六珍、刘墨村为代表的钢城第一代书法家,筚路蓝缕,以启山林,功不可没。以刑齐山、钱兆华、林生若、陈艾中、王斌等为代表的第二代书法家,承先启后,拓展新域,共同推进新兴城市的书画不断走向成熟。第三代书法家80年代开始崭露头角。这次二十五位青年书画展实际上是1986年的九位青年书画展、1992年的八位青年书画展的延续与扩展,队伍更加整齐,基础更显扎实,观念更趋创新,个性更为张扬,表露自我的整体风貌日益清晰。

再从空间上看,马鞍山尴尬地夹在南京与芜湖两座古城之间,虽然历史上有青山碧水引诗人揽舟,白云明月吊骚人遣踪,虽然当地政府努力开掘历史文化资源大办旅游,但实际上,它的历史文化资源、学术氛围、思想变革进程远没有芜湖的厚重、丰富、驳杂、激烈,更不用说作为六朝古都的南京了。在安徽的文化视野里,马鞍山不得不常常处于被人们遗忘的角落。但历史是一条长河,变动不居,近年在一些全国性的书法镌刻大赛上,钢城开始频频获奖,后发优势正在显露。就全国同等地市而言,钢城书法整体实力居中上游水平。与宁、芜相比,可能仍然存在若干不足,但起码可以与之较为平等的坐而论道,不必过于仰视,心理上的健康和平等常常会促成实践上的进步与飞跃,有道理预期在不远的将来钢城书坛更加繁荣。

对这次展览的特点,比较一致的观点是:第一,注重传统功力,基本功较扎实。多数作者既能选准立足点,又能统揽全局。学帖者不忘汲取碑帖古辣生涩、雄健朴茂之气,以矫流滑之弊;崇碑者有意借鉴帖字风流倜傥、婉转自由之韵,以呈宽博气象。少数专攻也能以放松自然的心态融入自我,呈现自家风采。第二,悟性普遍较好。悟性是从事艺术的前提。虽不能把悟性凌驾于功力之上,但悟性往往在关键时刻灵光一闪,点石成金。在我看来,他们的悟性主要来自于对书法艺术的执着追求和对书法真谛的深刻把握。第三,取向不一,路径各殊,风格差异较大,沾染流行书风之病不多,总体来看,绝大多数作者都对自我个性、旨趣、格调有准确的定位和把握,简言之,能够清醒地认知自我。正因为相互之间存在明显的才艺区别,才形成了整体书风的强劲张力,在碰撞、抵触、交流化合氤氲,突现自我,张扬个性,生机勃勃,显现出格格有别的艺术生命力。

以上特点的成立,和这座城市的快速生长发育密不可分。作为新中国成立以来以重工业为基础的钢铁工业城市,它的经济发展受计划经济影响深远,但不能以为它的艺术思想也受计划经济影响而保守落后。相反,作为新兴城市,它没有艺术传统的沿袭也意味着没有历史的负担和阻力。它以广阔的胸怀招揽全国各地的人才,因之,它也就减弱了地域流派的重负。与之相应,它的艺术观是开放、平和、吸收、壮大的。具体到书法艺术的近期发展,还有一些原因,其中一个突出原因是林散之艺术馆落户马鞍山,它体现了马鞍山对文化艺术的重视和发展文艺事业的长远眼光。它吸引中外书法家经常来此流连凭吊,讲学探讨,传道授艺,因此最直接受益的是马鞍山的书坛,林艺馆让青年可以便捷、反复地接触,体味艺术大师的心路历程、曲折坎坷、巍巍成就。耳濡目染,积健成雄,从而登上开创新风的道路。就青年自身而言,一类是像汪钧、王涛等正规艺术学院毕业的科班青年,他们在融入钢城书坛的同时也带来了学院派的清雅书风、理念气息、探索精神。一类是像魏丰年、张悠炳、汪敏文等又将军旅书风带进马鞍山,雄强彪悍又流溢出丝丝柔情。另一类是更为年轻的如卢刚、王鸿、夏天、夏绍斌、刘青松、戴德成等,把敏锐的艺术触觉伸向四面八方,捕捉、消化各种新潮观念而充实营养自己的艺术母体。至于袁成、许难易、蔡修权、吴前琪等,均在书法道路上孜孜追求数十载,家家抱荆山之玉,人人握灵蛇之珠,风貌初显,格调将成,期以年月,有为在望。综上简述,可以看出这是一个流动活泼、看似松散、实则具有凝聚力的艺术整体。

　　有必要提及这次展览有两位青年画家应邀客串。他们是王欢和陶李明。蜀人王欢,乘巴蜀之灵,得山川之助,其山水作品清疏朗润,既有名士气又含文人味。陶李明的画作线条斩截,涂色着彩笔触轻快大胆,以传统功力写现代生活,融装饰、探索于一体,显示出作者敏捷的悟性和锐意创新的精神。此外,王涛、庄舒羽、汪敏文、赵志虎、徐明发均集书、印于一身,而更以印见长。方寸之间驰骋才情奇志,俯仰之际体悟黑白之妙,悠然心会,也都个个可圈可点。

　　依照惯例,也应说说展览的不足。我是外行,且置身圈外,信口开河,当可见谅。一是作品质量尚有明显参差不齐感。精心之作,得意之作不多。二是流行书风得浸染,已使少数作者迷失自我。三是隐隐流露一些心浮气躁的创作心态。四是遗漏若干青年作者,如集诗书画印于一身的沙鸥、篆刻颇见功力的诸圣宝未参加此次展览。多少使展览失去了一些全面性。

　　诚如马鞍山市书协主席陈艾中在本次展览的前言中所说:"江东弟子多才俊。新的时代,更是人才辈出。"我们相信,这次展览将会更好地推动江东书坛的健康发展。

(原载于1998年5月9日《皖江晚报》)

# 简评纪录片《后工业来临之前》

马鞍山作为一座三四线的传统工业城市,拥有这么一批具有现代艺术观念且创作成果颇丰的艺术家,这种现象在国内可能较为罕见。更让人意外的是,他们又用纪录片的方式把这一现象记录下来,力图进一步传扬开去。当前,诸多传统艺术陷入尴尬。国家从政治层面考量,大力推行社会主义核心价值观,并以项目、资助、获奖、考评等方式扶植传统艺术,适应和引领社会大众的欣赏趣味和审美水平,这是正确的,也是必要的。但在社会形态急剧转型的今天,其实际效果值得疑问。以往,许多人误认为艺术是生活的奢侈品,当代艺术更是与大众日常生活相距遥远。实际上,艺术植根于人的本能需求,当代艺术更是直观反映了当下人们精神生活的追求与困境。马克思的共产主义理想实际上就是一切自由人的联合体,是人在物质和精神上的彻底解放。美,是自由的象征,解放,是自由的前提。正像一切历史都是当代史一样,一切艺术也都是当代艺术。失去了当代人的感性生活和感性精神,艺术也就流失了它的当代性,那么,名义上的无论是传统艺术还是当代艺术,都会枯萎干瘪,变成外在于人的、不及物的装饰品。现在的问题是,这一常识未被社会公众大面积理解,也未被多数艺术官员、艺术管理者理解。因此,当代艺术是一种新启蒙,《后工业来临之前》就是这样一种启蒙。它以传统的讲述方式,又以新型的纪录片形式,向公众传递对当代艺术的切实理解。就这部纪录片本身而言,它真实记录了草根艺术家平凡的工作生活和他们抱团出海的信念,勾连起艺术家与一座城市的复杂关系,影片中一幅幅闪回的作品也颇能打动观者内心,因为这些作品袒露了久被遮蔽的生活现场和心灵渴望。由于是对集体活动的叙述,受视角限制,本片对艺术家内心活动的挖掘尚未做到淋漓尽致。我期望主创者们能够再接再厉，从更内在的角度展现当代艺术家的心灵世界，这样，内外结合，上下合璧，当能产生更为持久的反响！

## 关注王欢、陶李明

马鞍山书画界的朋友们相聚,常会半真半假地开玩笑说,王欢、陶李明是这座城市隐藏最深的两位青年画家,早在1998年5月钢城举办"二十五位青年书画展"上,陶李明的一幅水彩人物速写引起了大家的注意。明丽单纯的色块运用,简洁果敢的线条造型,孕育着走向成熟的美感和年轻人特有的纯粹而浪漫的气质。这以后他的艺术轨迹渐渐清晰起来。陶李明的作品不算多,但几乎每一件都是精心雕琢出来的。他对充满传奇色彩的《八十七神仙卷》的描摹花了整整三个月,而对张择端《清明上河图》的研究纂写把灵敏的艺术触觉伸向四面八方,是为了在提高综合技能素质的基础上寻找突破,从而形成特色和风格。他既没有追风逐浪,也没有泥古不化,陶李明没有为自己对传统临摹的精确与耗时而沾沾自喜,相反他对自己已有的技法时刻戒备,总是努力把传统与西方融于现代,融于自我,融于生活,融于创造的激情。只要看看他个性鲜明的自画像、夫人的油画像和对现实生活进行艺术提炼的一批作品,就能体会到陶李明那烂漫天真的内心世界和源源不断的创造精神。

王欢的艺术经历,有些曲折。美丽的巴山蜀水给他幼小的心田埋下了艺术的种子。少年王欢就拿起画笔,描摹家乡的名山秀水。以工作性质之便,他遍游各地风物名胜,胸中丘壑,渐次明白清晰。他的作品明显融合了佛家道家的精神品质,具有山林气、隐士气、名士气、才子气,追求纯粹,远离尘嚣。王欢的探索,表现为他躬身实践"搜尽奇峰打草稿"的画理真言。每到一地,必遨游山川,息影林景,仰观俯察,静思默想,凝结于心,然后畅写于笔端。大江南北,黄河上下,滨海风光,一一纳于笔底。三十多米长的《长江万里图卷》便是他外师造化的标志性作品,是对作者功力积淀和创造能力的整体考验。

王欢的探索,同时表现在他对宋元以来文人画笔墨意蕴的批判性继承。对于许多文人画家,他在深入研察体悟的基础上,往往汲取其最精华的一点,糅合进自己的创作之中。用王欢自己的话说,就是全力打进,全力打出。

支撑王欢独具个性作品背后的,是他所拥有的健全的理性品格。王欢比较善于总结。他把自己对文人画精神本质的认识、对传统技法的领悟、对继承与创新的思辨、个人创作的甘苦得失、朋友师长的点滴启悟,全都浓缩在自己的《筠庐随笔》之中。读这本随笔与读他的山水画,能得到同样的精神享受。

当然,王欢的山水画还有不足,清润雅洁有余,雄浑朴茂不足。他自己对此也有警觉。前年中国美院章祖安教授来马鞍山讲学,一边称赏王欢作品的清凉之气,一边也指出必须有雄浑之迹。并说,雄浑中含清凉,方为真清凉。王欢颔首称是。先生对王欢寄有厚望,王欢当不负此厚望,在新世纪必将勇精进,更树高标。

(原载于 2000 年 7 月 14 日《皖江晚报》)

# 乱头粗服的秩序

乱头粗服,不掩国色。

大约三年前,第一眼看到艺术家叶植盛的书画作品时,我就直觉联想到这不就是所谓的"乱头粗服,不掩国色"吗?几年来,他游走各地,在饱览山川胜迹的同时,遇到三五同道好友,酒酣耳热之际,兴之所至,挥笔涂抹,颠倒欹侧,纵横淋漓,就这样,一幅幅墨迹未干的新作便通过微信传向四面八方。随着随后几次晤对交流和过眼作品的不断增多,我也越来越强化自己当初的直觉。当有人质疑他的书画是否流于草率时,他便一反大刀阔斧的常态,以颇具质感的游丝细笔勾勒出"吴带当风"的缥缈意境,以细心精致的点染皴擦表现出明眸顾盼秋波含情的深浓意态,以此证明自己"非不能也,实不为也"的创作取向。"性格决定风格,才情决定品格",我的一时感想之语被他引为知言,我想,这句话大概说出了他想说而没有说出的心理。1930年代,黄宾虹近乎一团漆黑的绘画风格也曾饱受质疑,是傅雷的几篇答客问才使观众心中的疑团涣然冰释。历史情境总是相似的,当然,这并不是说叶植盛已经达到了黄宾虹的高度,更不是作者不知天高地厚无聊到要攀比傅雷,但道理是一样的。

叶植盛的"乱头粗服"自有其深厚的积淀作为根柢。一般说来,艺术家创作时的心态应该是平静的,但前提是他必须有充足的底气。来自南国的叶植盛,充溢心中的正是孟子所说的浩然之气。熟悉他的人都知道他浸润传统的功夫。早有友人追踪过叶植盛的创作轨迹,他毕业于广州美术学院,最初以花鸟画为主,醉心于徐渭、八大山人、吴昌硕、齐白石等多位大家,集各家之长融会贯通;后来又致力于山水画的探索,取法宋元、明清,从古代的范宽、马远、倪瓒、沈周、石涛、石谿、梅清到现代的黄宾虹、刘海粟、张大千、李可染等人,均作过深入的研习,尤其对黄宾虹用力最勤。同时,他又工于书法和篆刻,书法早年以篆籀为主,猎及甲骨、钟鼎、猎碣,探本求源,笔力苍劲高古;行书取颜真卿之韧厚雄浑,兼得米元章之沉着痛快,草书则宗法张旭、怀素,上溯羲献父子,下及宋明诸家,博采众长而撮其精要。书画一体,互参互化,互融互通,不断迈向"正、大、真、朴"的大美境界。赵朴初、赖少其、王肇民、黎雄才、关山月、启功诸家都对他不吝赞赏并惠垂教诲,当代不少书画名家对他的作品也由衷推许。当代艺术观念复杂多元,加之市场炒作推波助澜,行画流行滥作遍地,社会审美趣味和审美水平需要纠正和提高,在此大背景下,叶植盛元气淋漓生辣粗犷的作品一时不被有些人认可是完全可以理解的,但这也正说明叶植盛迥异流俗坚守艺术大道精神的可贵。

叶植盛说:"余为人尚朴,为技亦尚朴。"他把自己的书房命名为朴庐,进京后又把自己的画室命名为大美堂,在他的意识中,朴即大美,大美即朴。"见素抱朴""天地有大美而不言",朴与大美是老庄道家哲学的重要范畴,是中华美学精神的根性观念,同时也是儒释道三家共同追求的人生和艺术的崇高境界。叶植盛对传统笔墨理解和驾驭能力的敏锐与超常,似乎表明他对艺术本质的领悟、把握是与生俱来的,这一点拉开了他与许多画家的距离,同时也体现了他追求"大美即朴"艺术境界的彻底性。朴与大美两面一体,互为表里,朴是作品的外在风貌,大美是其内在的精神气象。他的书画作品一如其人,敦厚蕴藉,风华内敛,中藏异境,读者须细加咀嚼才能得其三昧。因此,欣赏叶植盛的书画需要有一定的艺术修养,可以说,越对中国美学精神理解深入的人越由衷喜欢叶植盛的艺术。我虽然没有现场见过叶植盛挥毫作画,但能推想出他作画时既全神贯注又洒脱不羁的情景。他的多数画作都是一气呵成的,仿佛心底的元气沛沛然喷射而出,在很短的时间里化为纸上云烟,凸现出万千物象。正因为饱含元气,所以叶植盛的画作很少刻意经营位置,也很少把每一个细节都收拾得那样光鲜停当,有的作品似乎处于感觉中的未完成状态,其间大化流行,奔腾澎湃,召唤高明的读者运用自己的想象建构能力,去填充画面中那些巨大的空白,在一片浑茫中渐渐浮现出艺术世界的脉络,这就是我认为的乱头粗服的秩序。这种秩序,就像俗语所说的"近看鬼打架,远看才是画",它不离形迹又脱略形迹,不计工拙而又拙中自工,非有成竹在胸的自信不成,非有大气魄驾驭不可。这种秩序,应合于传统的计白当黑,笔断意连,但根源于画家整顿乾坤、安排自然的心理力量,又在更深层次上体现了画家"游于艺"的雍容心态、自由心灵。叶植盛的画作取材广泛,山水、花鸟、草虫、果蔬、田园小景、四时物候等,烂漫纷陈,或气势磅礴,或生机盎然,或清新可喜,或静谧幽旷。特别是一些传统中很少入画的农作物如秧苗、甘蔗,从他的笔下成片成片地生长出来,摇曳成我们心底的风景,不由得唤起读者久远的记忆、浓浓的乡情。

  作为书画家的叶植盛,同时也是诗人。当年读完他的由中华诗词出版社出版的《朴庐诗稿》,我就喟叹不已。以传统诗词写出当代精神本就很有难度,况且,在平仄、意象、韵味、境界方面又是那样当行本色,一扫当代多数格律诗言不及义、沉闷酸腐的气息,不得不令人刮目相看。用两天时间就把许多人视为畏途的诗词平仄基本弄通,固然与他的广东话里保存部分入声字有关,但也不能不佩服他超强的领悟能力。与几乎无物不可入画一样,对于叶植盛来说,也几乎无事不可入诗。看他平时记游咏物、记事感怀、论艺题画、酬赠唱和,思欺七步,情溢八荒,语新意工,情理交融,真可笑携唐宋诸君而遨游今日之世界!也无怪乎《诗词创作》主编、《中华诗词》副主编欧阳鹤先生认为叶植盛的一些诗作写景状物已达到出神入化的境地。像《田间》,就是其诗稿中十分普通的一首小诗:"日吐村前岭,人耕水底天。嫂姑插秧罢,洗足柳溪边。"落墨自然,毫不费力,但景语情语交融一片,且以画法入诗,山岭之高水田之低,远景近景层次分明错落有致,初日之红水田之白柳溪之绿,色彩明丽饱满,姑嫂插秧的辛苦、劳作后的轻松以及姑嫂感情的融洽溢于言表,全诗格调清新,意境和谐,富有浓郁的田园风味和生活气息。至于其《感时》中一联"世事多如塞翁马,人情半是叶公龙",从成语中翻出新意,前后相续,既如弹丸流珠且又对仗工稳,感慨深沉,见出世事人情千古不变的真理。粗略看去,叶植盛的诗风与其书风画风似乎不太一致,其诗词清新、明净,意象昭晰,其书画篆刻泼辣、朴拙、境界浑成,但从美学精神上讲,它们血脉相通,意境空灵,共同体现了对象外之象,味外之旨的追求。叶植盛学养深厚修养全面,诗书画印有机融合,延续传统脉络分明,立足当代艺坛,卓然自成一家。更为难能可贵的是叶植盛还是一位风格独具的评论家。他的评论既融入了自己多方面的艺术实践,又有广博深厚的理论基础,眼光独到,语言高古,笔力老辣,风格沉稳,比一般批评家的评论更接地气。

叶植盛正值盛年,按照当前的路子走下去,期以年月,必将步步逼近峥嵘气象,若有意参化当代西方哲学美学,则有可能凿破鸿蒙,开辟出另一番艺术天地!

## 简评摄影集《美丽诗城》

60年，一个甲子轮回。60岁的人生可谓饱经沧桑，但对城市而言，60岁就像春风中含苞待放的花蕾，青春、未来、诗和远方，一切美好的希望、奇迹和可能都在向她招手。诗城马鞍山，正踏着青春的节奏迎来自己60岁的生日。

为了庆祝这个生日，《美丽诗城》——"镜头中的马鞍山"摄影大赛如期展开。大赛由市委宣传部、市文联、花山区政府联合主办，华数中广马鞍山分公司及小马网协办，市摄影家协会承办。活动从2015年8月启动，于2016年9月初截稿，共征集近两千幅（组）参展作品。征集过程中，市摄影家协会就专门组织了部分会员深入基层创作采风，并定期评审会员作品。初评之后，又特邀中国艺术摄影学会执行主席朱宪民先生，《中国摄影》杂志主编陈仲元先生，中国摄影家协会理事、安徽省摄影家协会副主席兼秘书长乐卫星先生对200幅入围作品进行终评，最终评选出一等奖2名，二等奖6名，三等奖12名，优秀奖40名。

透过这些摄影作品，我们看到了一个既熟悉又陌生的诗城马鞍山。说熟悉，是因为这些镜头里的场景就是马鞍山人日常工作和生活的场景，寻常的山水街巷，闭上眼睛都能想象它们的模样，它们的肌理、褶皱。说陌生，是因为镜头里的场景在特定的角度、光影、色彩之中，无不散发出动人的艺术光芒。

马鞍山是中部地区第一个"全国文明城市"，至今已蝉联三届。这个"文明"是综合的文明，它涵盖了经济发展、城乡建设、生态保护、文化生活、精神面貌等各方面。此次大赛以"生态宜居城市""身边的感动""城市的发展变化""人民美好生活""美好乡村"等为主题,直观生动而又比较全面地反映了马鞍山这种综合的文明以及近年来最新的变化。仅举一例,以窥全豹。全景航拍《建设中的奥体中心》,朝阳喷薄而出,照耀着蒸蒸日上的东部新城,淡淡的晨雾中,楼群林立,山水隐现,近景中的流线型奥体建筑群身披银光,如飞碟降落人间,整幅作品就是一首气势磅礴、壮丽恢宏的史诗,辉煌而又细腻。一幅幅作品浏览下来,这座城市的山光水色、人情物态、精神气质无不纤毫毕现,眼睛享受着饕餮大餐,心胸回荡着挚爱与憧憬的交响。

摄影是一门技术,更是一门艺术;摄影需要眼睛,更需要心灵和情感,因此,摄影既是直观形象的,好的作品更是博大浩瀚、意味隽永的。马鞍山有一支技艺精湛的摄影家队伍,加上他们对这片土地深沉的爱与理解,使他们饱含情感的镜头语言更加容易打动人心。所以,在我看来,他们的作品既是对这座城市60华诞的庆贺,更能表明他们与这座城市剪不断、理还乱的血肉联系。

每个人眼中都有自己的城市形象。我们希望借助摄影家们的镜头,再一次看到自己的城市,看到自己在这座城市中的身影!

## 文化旅游片《沿着诗仙游历的足迹》解说词

1200多年前,年轻的浪漫主义诗人李白,立志"寰区大定,海县清一",出三峡,浮江汉,当他刚刚踏上马鞍山这片奇丽的山水之境,只轻轻一首《望天门山》,便登上了盛唐诗国的时代舞台。从此,诗仙便与马鞍山结下不解之缘,生前七次来到这里遨游盘桓,为马鞍山写下60余首动人的诗篇,成为马鞍山巨大的文化财富。李白雄奇奔放、创新求变的文化基因因此便深深埋进这片散发出诗性光芒的沃土。此后,无数骚人墨客、志士仁人来此凭吊李白,拜谒诗仙。诗酒风流,千年不歇!如今的马鞍山,年年重阳,岁岁吟诗,中国诗城实至名归。

万里长江,从雪域高原奔腾而下,一路向东。唯有当它来到马鞍山时却突然横折,穿城而过,浩荡北上。于是,马鞍山境内的长江便留下一个独有的称谓"横江"。传统的马鞍山因地处长江之东,便有了一个开阔大气、富有深厚历史意味的名称——"江东"。

这片土地历来属于"吴头楚尾",既是历代重要津渡,又是长期征伐要塞。泰伯奔吴由此渡江,东南文明因此星火燎原;秦始皇由此东渡南巡,展示君临天下江山一统的旷世豪情。六朝兴亡、隋代灭陈、大宋平定江南、明朝立业奠基,大浪淘沙,扭转乾坤,无不与"历阳之南有牛渚,一风微吹万舟阻"的横江天险息息相关,是横江,屡屡见证改朝换代的沧桑巨变,成为横亘二十四史的夺目地标。所以,李白忧心国运的《横江词六首》才显得那样意蕴深广,震撼人心!

30万年前,和县猿人就生活在这片古老的土地上。5300—5800年前,凌家滩文化横空出世,吐露出长江流域乃至南中国古代文明最初的曙光。

惊世绝伦的玉龙、玉鹰、玉人、玉璜、玉猪、石钻、玉龟和原始八卦玉版,无不饱含丰富的秘境信息,具有不可估量的价值和意义。祭坛、水井、环濠、巨石阵、玉石作坊、制陶作坊、红烧土广场、中心聚落区,把中国城市的历史向前推进了1000多年。《凌家滩共识》确认"凌家滩文化的出现开启了一个崭新的时代,在中华文明起源和形成过程中具有标志性地位"。

　　这里曾是楚汉相争最后的战场。公元前202年,乌江岸边,刀光剑影,杀声震天,霸王项羽仰天长啸,拔剑自刎,留下千古悲歌。传说项王乌骓马的马鞍腾空而去,落地生根,在长江南岸化为一座山峰——马鞍山,日日面对浩浩江流,这,就是马鞍山市名的由来。今天的马鞍山,市区、当涂县坐落江东,和县、含山依偎江北,一江两岸,功能互补,拥江发展,比翼齐飞。

　　马鞍山市区"九山环一湖,翠螺出大江",江南山水园林城市,风姿尽显。城市中央,雨山湖明眸善睐,碧波荡漾,春天长柳覆岸,秋来桂花飘香。佳山、雨山,万木参天,四季葱茏,绿道游廊,曲径通幽。波平如镜的采石河边,节庆广场,流光溢彩,劳动了一天的人们在此尽情放松。巍峨庄重的古床馆内,名榻云集,雕龙画凤,向游客无声地诉说着先人的日常生活。雨山脚下的朱然墓园,汉风余韵,雄浑古朴,出土文物,既富且精,堪称国宝,位列20世纪80年代中国十大考古发现之一。

　　采石矶,千古一秀,突兀江流,自古为兵家必争之地。1161年,一介书生虞允文毅然聚集1.8万散弱之兵抗击40万南下金兵,采石大捷一举扭转宋金局势,成为中国历史上以弱胜强、以文胜武的著名战例,挽救了南宋的半壁江山。以致毛泽东挥笔慨叹"伟哉虞公,千古一人!"今天,沿江绝壁之上,栈道如游龙逶迤,脚下江涛滚滚,头顶松风阵阵,仿佛为游人送来那早已远去的金戈铁马之声。然犀亭烛照水怪,千年传说神奇莫辨,常遇春大脚印,至今仍深嵌巨岩。太白楼灵动庄严,三台阁玉树临风。"当代草圣"林散之艺术馆,恬静安详,隐藏于万竹坞的浓翠之间。诗仙草圣,异代芳邻。

　　金乔觉住锡开山,小九华梦里禅语,紫烟袅袅,佛光普照。山顶耸立望夫石,千载凝望,情郎未归。太白岛飘落江心,恰如一块温润的碧玉,浸润江潮,又如一片绿肺,濯洗市井红尘。宝积山下,周兴嗣一夜编就《千字文》,童音悦耳,万古常新;姑溪河畔,李之仪黄昏恋曲《卜算子》,动人心弦,千载情深。

濮塘林海天然氧吧,幽谷山庄世外秘境。怪坡探奇,水流沿坡缓缓而上,百母园里,千年银杏勃勃生机。青山桃花人间仙境,谢公古宅泉石松风。万佳山上,一派徽风皖韵,掩映在层层油菜花海之间;太白墓前,仰瞻诗仙圣境,追想飘然不群独步千载的盛唐高风。苍翠连绵的横山,摩崖石刻遍布山岩,石门流水,晋唐古道。登顶眺望,吴山越水,尽收眼底,披草寻幽,枕流漱石,疗养身心。岭头白云缭绕,"山中宰相"陶弘景仿佛依然须发飘飘,山脚澄心古寺,寂寞宋碑,历历记载前尘旧影。

森林公园鸡笼山,一峰独秀,"中华道教四十二福地"由来已久,凤林禅寺依山而建,奇绝幽险,暮鼓晨钟,云间松涛,令人神清意远!耸立苍茫的昭关,夕阳残照,无声地述说着伍子胥一夜白头的故事,由此吴越齐楚,格局大变。太湖山鹿苑,华东称首。几千头梅花鹿在山水间觅食、嬉戏、奔跑,会给现代都市人带来绝对震惊的感受。褒禅山,是青春励志的首选之地。王安石感悟"奇伟瑰怪非常之观,常在于险远"的人生哲理,终成一代改革名相。《陋室铭》,是清风雅韵的不朽篇章。"山不在高,有仙则名。水不在深,有龙则灵。斯是陋室,惟吾德馨",刘禹锡被贬二十三年,不改初衷,遂有大唐"诗豪"美誉。源远流长的传统经典,在新的时代焕发出愈加迷人的光彩,《课本上的马鞍山》,正向一代代少年学子款款走来。

马鞍山作为传统的风情水乡,大江纵贯南北,两岸水网纵横,湖泊星罗棋布。运漕古镇,紧紧依偎在裕溪河畔,桨声欸乃,波影荡漾,为安徽古代江北八镇之首,沿河码头,商船绵延数里,临街商铺,鳞次栉比,青石路车辙深深,古祠堂烟火缭绕。香泉镇自古泉水清冽,爽滑温醇,昭明太子在此涤除烦恼,畅神怡情,编著皇皇《文选》,嘉惠百代学林。大鱼滩湿地,数千亩野生荷花在初夏绽放,十里飘香。水涯山畔,会时时飘过东路庐剧的婉转小调,雨后新晴,不经意间微风送来渔歌唱晚。

石臼湖烟波百里鱼肥虾美,芦苇荡轻舟荡桨情意悠长。乌溪水质优良,中华大闸蟹名扬四方。大公圩水旱从人,自古就是江南粮仓。青山河像一条玉带从天飘落,滋润着江东大地,护城河重新疏浚,当涂风貌又现新妆。采石河更像慈祥的母亲一样,把诗城轻轻搂在怀间,夜晚的柔波,让整座城市放心安眠。锁溪河边时有龙舟竞渡,令年轻人热血沸腾,姑溪河畔常听民歌阵阵,让事业有成者恍惚回到从前。无怪乎南宋大诗人杨万里,深情咏叹

"夹路垂杨一千里,风流国是太平州!"

马鞍山物产丰饶,鱼米之乡久负盛名,美食小吃风味独特。和县蔬菜驰名全国,含山鹅汤美味难忘。采石茶干国际金奖,黄池食品飞上蓝天。美食街上,白天人头攒动,熙熙攘攘,入夜灯火通明,满街流香。时蔬佳肴,山珍野味,煎炒烹炸各尽其妙,煨炖熬煮入喉润肠。春盛渔府,高朋满座,明月酒店,众宾喧哗。采石第一楼,四时江鲜不断,古色清泓堂,尽尝徽菜名品。天时地利,物阜人和,催生马鞍山乡村旅游如雨后春笋,方兴未艾。林海生态,甑山休闲。绿道逶迤,飞扬青春倩影,户外运动,身心融入自然。诗城人家后来居上,江上渔馆老店新开。近郊农家乐,或掩映竹海,或栖身湖畔。寻常有垂钓之乐,周末则呼朋结伴。

长江的涛声在马鞍山人胸中激荡,长江,融进了马鞍山奔腾不息的血脉,马鞍山因此形成了长江一般开放的性格和宽广的胸怀。347年,书圣王羲之畅游天门山,留下"振衣濯足"绝壁石刻,文采风流,至今依稀可辨,魏晋风度,同构山水清音。300多年后,诗仙李白再次光临,绣口一开,便是半个盛唐:"天门中断楚江开,碧水东流至此回。两岸青山相对出,孤帆一片日边来。"书圣、诗仙虽已远去,但他们所钟情的"山水诗都",正在这片平畴沃野之上徐徐展开崭新的绮丽画卷!

马鞍山自古就是交通要冲,今天交通更加四通八达。黄金水道通江达海,长江大桥横跨东西,高速公路纵横交错,禄口机场近在咫尺,宁安高铁风驰电掣。作为中部地区第一座全国文明城市和皖南国际旅游示范区的重要组成部分,马鞍山,正张开热情的双臂,欢迎您的到来!

(2016年9月27日,此片获第九届《中国旅游电视周优秀电视节目》好作品奖)

## 《四时白纻歌》旁白

（纯字幕）白纻舞形成于汉朝，三国东吴时期广泛流行于江南民间。舞者手执白纻（一种用苎麻或丝织成的巾），故而得名。晋以来，为封建上层所喜爱，成为宫廷贵族常备乐舞。姑熟（今马鞍山当涂）境内古有楚山，因东晋大司马桓温驻镇姑熟期间常在楚山举行大型白纻歌舞演出，楚山遂改名白纻山。白纻舞齐梁间最盛，隋唐仍不衰。及至今日，白纻舞在民间仍有流传；它的主要特点被吸收到昆曲、京剧、黄梅戏的表演手法中。目前经常出现在舞台上的绸舞、巾舞等，也是由白纻舞发展、演变而来的。白纻舞的主要风格轻柔欢快，舞者多为年轻女子。演出时，长袖轻扬飘逸，腰身婀娜多姿，眼波顾盼流转，佳人的白纻衣衫在云烟缥缈的舞台上时隐时现，令人顿生飘飘欲仙之感。伴奏乐器以丝弦为主，以渲染、烘托悠扬、婉转的意境。新中国成立后，艺术家们从白纻舞中吸取营养，创作出一大批舞蹈节目，受到群众喜爱。

本舞根据南朝梁代著名文人沈约《四时白纻歌》意境，并参照六朝其他白纻辞意象创作改编而成，分为春、夏、秋、冬、夜五个部分，分别以绿、红、黄、蓝、白主色调对应，暗示季节流转和人物的心理变化。每首诗最后四句相同，为梁武帝萧衍续作。全舞在宫廷气息浓郁的同时，也不乏清新自然的品格。

（字幕 旁白）冰雪消融，小草萌发，春回大地，原野一片新绿。缓缓挥动的长袖，象征着春日的白昼渐渐变长，天地万物慢慢苏醒。春风吹来，桃花盛开，少女沐浴春风，春心像种子一样在心底萌动。双袖半掩桃腮，眼波含羞似嗔，遮不住她对心上人的思念之情。少女的腰肢柔若无骨，少女的心思如花蕾般含苞待放。舞姿翩翩，如推若引，似留且行，形象地刻画了少女对爱情欲迎还拒，欲拒又迎的娇羞复杂的心态。萋萋春草，不就是她不可遏止的幽幽春情吗？依依杨柳，不就是她缠缠绵绵的一腔心绪吗？洁白的长袖悠悠挥动，少女的思念绵绵无期。

盛夏来临，朝霞映红了天空，万物疯长，少女的恋情也像火辣辣的太阳那般火热滚烫。满场的长袖飘曳生姿，既像淙淙的流泉汇成白浪滔滔的江河，也像一场浓情蜜意的热恋轰轰烈烈。忽然，洁白的长袖迅疾抖动，仿佛雷鸣电闪，夏日里的一场急风暴雨令人猝不及防，少女的恋情出现波折。长袖被雨水打湿，少女的心啊也像被大雨淋湿一样。但这一切都是暂时的。很快，云散天晴，阳光朗照，双袖高高扬起，舒展，开阔，波折后的爱情更加美好，它牢牢扎根在少女的心底，并且像迅速抽茎的藤蔓一样，迎风摇曳，伸向远方。片片彩云飘浮在空中，长长的水袖也在空中飘荡，寄托了少女对未来的无限希望。

金色的秋天如期而至。芦花飘飞，白露为霜。落叶似金，飒飒清响。少女的爱情成熟了，与心上人款款走进心仪已久的洞房。迅速移动的圆场和流动的抖袖，既像盈盈秋水在汩汩流动，又像时间也放慢了脚步，轻轻流逝，生怕惊扰了一对新人的迷离鸳梦。新婚之后，双双牵手清秋踏郊，形影不离，如鸾凤回翔。原野上，天高日晶，秋草金黄，秋风拂面，郎情妾意，沉静安详。随着一声鹤唳晴空，长袖甩向四方，快速挥动，情郎远行，短暂的别离，少妇和情郎深情遥望。长袖轻举，宛如鸟儿扇动翅膀，紧随心上人流浪远方。

冬日，大地银装素裹，寒梅绽放，红果在雪野中更加耀眼夺目；琼楼玉宇，粉妆玉砌，宛如仙境。此时，双双长袖争相挥舞，仿佛北风卷起漫天白雪，扬起一道道白色的弧线，如同雪花上下翻飞。少妇的爱情，冰清玉洁。寒凝大地，少妇娇红的面庞更加俏丽动人。她坚守自己的爱，相许一生。纷纷扬扬的长袖起起落落，就像少妇热烈的爱绽放在冰天雪地之间。舞台中央，所有舞者一次次向圆心聚拢，又随之散开，仿佛诉说着四季的流转，生命的轮回。她们在袅袅烟雾中轻歌曼舞，体验的是爱情的美好，人生的快乐，以及对生命的深沉喟叹。

夜色笼罩山河大地，人间城郭。皎洁的月光洒满波光粼粼的河面。夜风微微吹拂，万物静静酣睡，天地间宁静祥和。洁白的长袖在月光下轻轻举起，微微拂动，少妇的爱就像月光里的白荷花无声地开放。舒缓的音乐也像静静的河水缓缓流淌。曼妙的歌声从远处传来，若有若无，抚慰着每个人的心灵。夜半更深，月色西沉，星光满天，歌声渐悄，无边的静谧孕育着新的生机……

（原载于2016年12月27日《马鞍山日报》）

## 都市间的灵境山水
### ——褒禅山香泉旅游度假区

这是马鞍山市江北一片灵境般的山水。千百年来,她宛若处子,枕江风入眠,静卧于南京、合肥两座省会城市的襟袖之间。轻雾散去,她从沉睡中醒来,像晨光里的一枝新荷,迎风挺立,含苞待放!

30万年前,和县猿人从这里轻轻走过,留下粗陋骨器、火烧骨片和灰烬等猿人活动最初的遗迹。由此人猿揖别,吐露出长江文明最原始的曙光。

昭关,春秋时吴、楚边境的咽喉要塞,一夫当关万夫莫开。伍子胥在此一夜白头蒙混过关,从此上演了东征西伐的历史大剧,也留下了渔翁相救、村姑舍命的动人传说。落日熔金,千年昭关耸立苍茫,秋风古道衰草连天,千年古村大庙仍在默默陪伴昭关,仿佛还沉浸在历史的遐思之中!与之相映成趣的是,昭关温泉爽滑透明水汽氤氲,一箭之遥的昭关湖上,碧波盈盈,轻舟逐浪。舍舟登岸,沿子胥古道新辟的旅游步道,更是随处可见青春的身影,不时闪现铿锵的步伐,林间,常常回荡起欢乐的笑声!

古道尽头,褒禅寺紫烟袅袅,暮鼓晨钟,唤醒多少迷途游子?褒禅山华阳洞,洞天石扉,暗河潺湲,幽深奇幻,吸引远方来客猎奇探险。它们还像当年迎接王安石一样,欢迎从四面八方慕名而来的游客。一篇《游褒禅山记》成为王安石变法的宣言书,"世之奇伟、瑰怪、非常之观,常在于险远"的励志名言,激励了一代代改革创新者勇往直前。褒禅山,已在滔滔的时间长河中凝聚成中国革新文化的厚重地标!

"江北第一山"、国家一级森林公园鸡笼山,一柱擎天,突兀群峰之上。古称亭山、历山、凤台山,夏桀放逐之地,道教"四十二福地"由来已久。诗仙李白在此盘桓遨游,歌颂历阳壮士勤思齐。朱元璋登山赋诗,(字幕:"罢猎西山坐拥旗,一山出地万山卑。崔巍巨石如天柱,撑着老天天自知"——朱元璋《登鸡笼山》)帝王豪情一览无余,遂开大明基业。登顶眺望,碧空如洗,白云飞驰,山脚,半月湖如妆如沐,王店村涅槃重生,天边,长江似白练飘飞,江南青山隐隐。耳畔松涛阵阵,不时幽鸟相鸣,山风拂面,山花吐香。游人到此,心旷神怡,飘飘欲仙之感油然而生!

覆釜山下,汩汩香泉,流灌古今,昭明太子萧统在此沐浴读书,涤除烦嚣,编著皇皇《文选》,梁武帝欣然命名"天下第一汤"。香泉美誉,不胫而走,从此名闻遐迩。历代仕宦在此修建泉池,疗养身心,文人墨客逐泉而来,题咏刻碑,积淀成独特的香泉文化。(字幕:"晓色连古观,春香太子泉"——明代戏曲家汤显祖)今天,香泉已经建成历史文化池区、地域文化池区、六福汤区(保健药疗区)、娱乐池区和至尊泉区五大特色温泉池区。一脉香泉,万年不竭,流淌成今天的香泉湖。安徽省户外水上运动基地落户香泉,健儿劈波斩浪,彩舟轻帆竞逐。湖心观音山,山顶观音寺,寺外观音像,金身观音,似端坐云端,俯瞰众生,慈航普度。极目天涯,如山湖,山色空蒙,水光接天。湖畔小镇,恬静安详,恍如世外桃源。哪怕一阵微风,一声鸟鸣,都会惊醒她的一帘幽梦!

山不在高,有仙则名。水不在深,有龙则灵。这是一片灵境般的山水。子胥古道、丰乐古道、昭明古道共同构成最美的风景廊道,在这片山水间自由蜿蜒,神奇的北纬 31°线从她身旁轻轻横穿而过。她的秘密在风里,她的故事在路上!

## 紧贴地面的飞翔
——评严歌平电影新作《萨摩耶和狮子座的故事》

绝大多数当代中国的院线电影已经远离普通人的现实生活,它们以奇幻、惊悚、高端、华美的视听享受吸引观众。由于日积月累的狂轰滥炸,年青一代的电影观众可能已经形成某种群体性或代际的电影口味或电影观。于是,在看似电影繁荣的背后,隐藏着电影题材的单调偏枯和电影思想性艺术性流失的深层忧患。也许,有责任的电影人分散在这个国度许多城市不为人知的各个角落,他们各自独立地探索并还原自己心目中的电影真相。只是由于信息的不畅或过滥,这些电影被滚滚红尘所湮没。也只是由于近在身边,我们有幸看到严歌平的电影新作《萨摩耶和狮子座的故事》。

影片以一个江南小城普通女孩于洁和她所养的七只萨摩耶小狗为线索,讲述了于洁和小她7岁的昆明男友苏章平凡而又略带传奇、曲折而又温暖真诚的爱情故事,由此展开了当下城市普通青年日常工作、生活的场景以及他们的心路历程。影片以平视的镜头记录下这一切,除了必要的剪裁和镜头切换,影片一如波澜不惊的日常生活。但这日常生活就像一条缓缓流淌的大河,裹挟了那么多不可名状的思绪和物质,它的每一层水流无时无刻不在涌动变化。这些每天都在发生的生活应该是我们最熟悉的,但它们往往被那些虚幻的影像所屏蔽,就像现在的年轻人很少记得父母的生日一样,就像我们时时眺望天边变幻的白云而很少留意脚下的闲花野草。是歌平,用他这样一部绵密而扎实的纪录片,拉回我们习惯于投向远处而又多少有些游移不定的目光,重新打量身边的琐屑和杂务。当然,影片并没有陷于琐屑和杂务而不能自拔,相反,影片在不动声色的叙述中包含感同身受的同情和理解。更重要的是影片在平静的背后存在一种穿透力,它像清晨的阳光透过刚刚开启的门窗照亮小屋,甚至让我们看见微尘在阳光中舞蹈。因为有了这种穿透力,这些寻常的日子和生活便显现出细腻动人的质感。所谓艺术性,我认为就是这种质感被有意味的呈现。

现在再回到影片所展现的生活本身。相比于传统社会,今天的城市生活异质纷呈,虽然在空间上比邻而居,但在心理或精神上往往远隔千山万水。当下,大量城市普通青年追求有车有房、有稳定工作和相对优厚收入的生活目标基本相同,但他们所追求的生活方式和情感满足方式可能存在天壤之别。于洁、苏章和他们的朋友对小狗们的精心照料及如同对待儿女般的宠爱之情,为了结束异地相思之苦不顾父母反对而千里迢迢来到女友身边,在矛盾中辞去报酬微薄的工作自开网购小店,发自良心救人反被诬陷而不后悔,家庭生活中柴米油盐的琐碎及由此发生的龃龉,为降低成本与快递小哥之间的讨价还价,刚发一笔小财就相约朋友打一场快意恩仇的网络游戏,明知女孩抽烟会被贴上不三不四的标签仍然在苦闷时吞云吐雾,等等,普普通通的生活,原汁原味地呈现。他们没有什么远大的理想,有的是对未来生活的憧憬,烦恼和忧愁环绕着他们,但他们从未丧失对未来的信心,他们的欢乐和痛苦每天被成千上万次的重复着,但他们不想重复自己的生活,他们有大把的时间用来挥霍,但又对时间的流逝深感恐惧,他们快速接受花样繁多的新鲜事物,但又肩扛责任恪守传统信义,他们是复杂的矛盾体,整体上构成了一代城市普通青年的群像。对生活的渴望,对生命的热爱,激发了他们源源不断的创造动力。他们是一群蓬勃的草根青年,走近他们,理解他们,欣赏他们,你会明白"大众创业,万众创新"不是一句空洞的口号,而是植根于青年人内心的实现自我的渴望。从这个意义上讲,这部普通的纪录片已经跨越对事实的展现而较好地把握事实背后的时代真相。由事实向真实的迁跃,拉开了它与许多同类纪录片的距离。

早在 20 世纪八九十年代,歌平就是一位实力强劲、成果骄人的青年作家。他的小说创作有一个从发现讴歌平凡人生人性的美好到批判市场大潮下精神失守底线沦丧的发展过程,我在《想象的彼岸:从平民意识到精英情结》一文中对此有过阐述。90 年代中期,歌平突然终止了小说创作。究其原因,恐怕是他的小说创作遇到了瓶颈。他的逻辑思维压过了形象思维,语言的明晰性盖过了语言的弹跃性,而他又有那么多新的思想观念需要借助小说中的人物形象表达出来,但他的语言偏向无法充分满足这一需求,我想这就是他放弃小说写作的原因。20年来,他也在不断寻求新的艺术突破口,艺术评论、当代艺术、新视觉,风尘仆仆一路走来,拜科技发展和时尚风潮所赐,歌平终于抓住电影纪录片这一崭新的艺术形式,迎风而上,陆续推出《卖烤红薯的老人》《萨摩耶和狮子座的故事》等纪录片,目前还有《血统工人》等待杀青。镜头语言正好代替了他的文学语言,借助故事的外壳,歌平生动演绎了他心目中的时代图景和生活在这个时代里芸芸众生的鲜活形象。生活带走光阴的流水,歌平带着他的审视目光重又回到平民草根的日常生活,但他放下了批判的武器,重新"看山是山,看水是水",开始新一轮的思想循环。这次回归,像一种贴近地面的飞翔,理解、宽容、投入,既坚守对日常生活的信念,又得到理性光芒的温暖照耀!从这个意义上讲,这是一部电影化的叙事小说。

  不过,从技术上看,这部纪录片还有一些不足。一是进入主题的节奏稍显缓慢。影片前20分钟的叙述会让观众误以为这是一部讲述当下城市人与狗的感情故事。尽管歌平有自己的考虑,但电影是一闪而过的直观的视觉艺术,与读小说可以掩卷沉思不同,观看电影时容不得思考和咀嚼,恐怕观众难以理解作者的良苦用心。二是镜头运用相对固定,电影擅长的抒情氛围没能得到很好的发挥。如果适当运用空镜头和长镜头,不仅可以增强抒情性,更好地刻画人物心理,也能更自然地交代城市环境,典型环境里的典型人物形象会更加生动丰满。

(2016年12月20日中国文艺评论网原创首发)

# 书法评论

# 技道一体 优游卒岁
## ——蔡修权书法小记

一头浓密而略略卷曲的黑发,一张国字型而稍显黧黑的脸庞,一双古井般黑中透亮的眸子,两撇短硬如刷的髭须,两只圆小而线条分明的酒窝,这便是已过天命之年的书法家蔡修权给人的第一印象。蔡修权的书法风格和他的个人形象相当一致,"书如其人"用在蔡修权身上是十分贴切的。

书分碑、帖。蔡修权的书法从学帖入手,遍临六朝、唐、宋、元人名帖,四十多年从未中辍。80年代,他的书法已相当引人入胜,结体开张,纵横自如,给人以坦直而自信的感觉,但我个人稍觉其内敛不足,内敛与开张之间的辩证关系尚待更加自觉地加以处理。成为章祖安先生入室弟子之后,蔡修权对书法的理解渐渐与往日不同,关于书法的功底与技能、顿悟与渐悟、精微与气象、技法与大道、传统与时代、临帖与创新、个性与风气,等等,都逐步形成自己较为圆熟而通达的看法。书法层次和境界的高低,其实就是上述种种矛盾的制造与解决的水平问题。在我熟悉的书法家当中,蔡修权大概是最为扎实用功的一位。可以毫不夸张地说,他把几乎所有的时间都用在书法临习上了。除了朋友间的谈书论艺,他几乎没有社会上的俗务应酬。上级数次想提拔他担任在一般人看来令人眼馋的行政管理职务,都被他婉拒了。他所供职的大学对他也网开一面,让他能够最大限度地支配自己的时间,这在当今越来越僵化的大学管理制度背景下,该是多么难得!因此,在如此喧嚣的社会环境下,蔡修权得以长期保持高度平静的心灵状态,所以,他宁静的精神湖面才能映现出书法世界的天光云影,鸢飞鱼跃。

蔡修权对书法传统一贯抱有敬畏之心。他用实践证明自己以最大的力气打进传统,可他又没有宣称自己要以最大的力气打出来,因此他不免被人误认为沉溺于传统而不能自拔。他大量以蝇头小楷抄录古代典籍,一方面让人叹为观止,感叹他古潭深清,功力深厚,另一方面又似乎进一步坐实别人的误解。其实,蔡修权有自己的创新意识,而且这种创新意识深深植根于心底,只是没有像其他书家那样宣誓或标榜。但是蔡修权的确很少轻言创新。他认为,真正的创新必然来自对传统的深刻理解和准确把握,创新既是一种目标,又是一种水到渠成和自然天成。况且日复一日晤对传统,每天面对法帖而滋生的极易流失的新鲜感受,每天线条流于腕底的微妙不同,实际上就是活跃着的创新因子。离开日复一日的训练,没有腕底的灵动与欣悦,没有得心应手、心手双畅的切己体会,任何高蹈的书法创新理论都不免流于空疏。

蔡修权对临帖还有另外一番见解。一位书法家意临、背临某一法帖无论相似度多高,哪怕像复制一样,结构、神采、意趣完全趋同,也不能以此为由不再临帖。他认为这是书法之为书法的本质要求。"法"即法则、规则,"法"即方向、导向,"法"即书法河流的堤岸和航道。书法,就是不断地从经典出发,法则、方向、堤岸是永远的约束。无论多么成熟的书家,不断地临帖,温故而知新,实际上就是不断地校正自己的书法航向。当然,书法家面对经典并非一律地被动接受,书法家的主观能动性在临帖过程中也会时时体现。书法家在透彻把握经典法帖的基础上,必然不会满足于"书奴"地位,他会自然而然地产生强烈的形成自我风貌的创作冲动,在融化诸家血肉之际,也就是确立自我风格之时。

蔡修权对书法技巧与书法大道关系的理解正是建立在对传统与临帖的认识之上的。他认为书法的技巧与大道是混而不分、融为一体的。他把传统的"技进乎道"改为自己理解的"技近乎道"。"进"是二分的,是层次和递进的关系,"近"是一体的,是交融、融汇、相互包容的关系。这么看来,他对书法本质的理解实际上已经从书法美学风格层面跨越进入到哲学层面。书法,看似以线条为主的造型艺术,实际上是借用线条形质而表达中国人哲学理想的纯粹的抽象艺术。蔡修权对书法的理解得益于章祖安对《易经》等中国原点哲学理论阐发的沾溉,同时也是他长期浸淫书法传统而得到的切身体认。中国一代代传统学人以"我注六经"的方式实现"六经注我"的人生价值,今天,蔡修权又在书法领域自觉不自觉地接续这一传统,可算是对当前遍地"创新"的一种反拨!

  近年,蔡修权已经把甲金、石鼓、碑版全部纳入自己的临习视野,这是一种自觉丰富的过程,是多数书法家对书法本质有了深刻体悟之后自然生发的沿波探源。融碑入帖也是以帖为主的书家迈向峥嵘境界和浑茫气象的必由之路。上海书店等出版社多次约请蔡修权出版他的书法作品集和面向公众的临帖示范教程,看中的主要应该是他的书法底子厚,来路正,技法熟,内蕴深,审美性强,且越来越凸现的个性风骨。每隔两三年,他就要举办一次小型展览,他倒没有什么功利目的,只是想请大家对自己的书法作品给予品评,以便再一次踏上寂寞而漫长的书法征程。书法是蔡修权的生活方式,他享受书法带给他的欢喜与快乐,他的生命早已与书法融为一体了。我对蔡修权书法的唯一建议就是可以考虑墨法、墨色的运用与探索问题。

(原载于 2015 年 11 月 28 日《南京晨报》)

## 诗书表里 山水文心
——写在汪荣政《千字文 江东山韵书法作品展》开展之际

当涂是人杰地灵的好地方。隋唐立县,宋元之后代为州府所在地。这里自古就是吴头楚尾,六朝时又为京畿之地,战略位置十分重要。同时,这里山水纵横,物产丰饶,历来交通便捷,达官贵人、文人雅士多会于此。更因诗仙李白生前七游当涂,留下50余首名篇佳作并最终仙眠大青山麓,千余年来,引得骚人墨客无不来此凭吊拜谒,赋诗抒怀。因此,采石云水、青山烟雨,无不笼罩上一层浓得化不开的历史沧桑和诗情画意。

诗书一家,书为心画。南梁散骑员外郎周兴嗣,宝积山下一夜编就《千字文》,须发尽白,遂成蒙学始祖。1500年来,上至帝王将相,下到士林学子,无数书法家竞相书写《千字文》,真草隶篆,或庄重典雅,或笔走龙蛇,灿若星河,蔚为大观,形成中国书法史上独具特色的《千字文》书法系列。南宋太平州官刻《姑孰帖》更是名重一时。有清一代,萧云从、黄钺,诗文书画,兼修并擅,名动四方。

在这种浓郁的文化氛围里,当涂诗书,代有人才。荣政先生,来自当涂黄池,黄池、乌溪,既是土肥水美的鱼米之乡,又是民间习书繁荣兴盛的书法之乡。荣政先生从小耳濡目染,临池挥毫,打下比较扎实的童子功。稍长,得观县域内外名胜,格外留意书法。及揽采石风物,对其碑刻、楹联书法若有所悟,常盘桓良久,心追手摹。限于条件,尽管当时没有名家高手给予指点,不乏误打误撞,但少年天性不可泯灭,加之勤奋刻苦,书法之路渐渐清晰,所以读大学期间就曾荣获书法二等奖,这给年轻的荣政带来不小的鼓舞,更加坚定了他学习书法的信心。大学毕业,他的第一份工作是数学教师。我想,数学教师优美的板书应该会引来学生赞叹和敬佩的目光,那该是一份独会于心的自信和欣慰吧!80年代是书法艺术强劲复兴的时代,江苏无锡书法艺专劫后重生,荣政先生在艺专得到言恭达等一批书法名家的悉心指导,书法眼界得以开阔,书法功底得到加强,书法理论得到充实。三年的正规训练,使青年荣政的书法融入了更多的理性因素,感性理性交织融汇,不急不厉、稳健畅达的自家面貌渐渐浮现。此后,无论工作岗位怎样变化,荣政先生对书法总是一往情深,痴情不改。

在机关工作,荣政先生中规中矩,丝毫看不出有些书法家的洒脱或散漫、业余,他抓紧点滴时间临帖、研习、创作书法,在自己的精神天地间尽情驰骋翱翔。荣政先生对书法的热爱,让我想起石板下的野草。为了生长的信念,石板下的小草在重重重压之下,顽强地寻找雨露阳光,最后,在石缝边缘,探出嫩黄的叶尖,迎风而立,不断蔓延,为春天的大地奉献出一片油油绿意。于是,《书法》《中国书法》,中、日、韩书法邀请展,《中国书法电视大奖赛精品集》等,都有了他的作品。已过知命之年的荣政先生,仍然心仪二王,钟情王铎,见贤思齐,取法高,来路正,兼之各体,尤爱草书。其书法自定审美准则:求高古,脱俚俗,得遒劲,重圆实,节奏明快,挺拔酣畅,风规自远。其理想中的书法境界是:奇险而稳健,峻拔而凝重,纵横舒展,韵律悠扬,浑然天成。他常常以"高山仰止,景行行止,虽不能至,然心向往之"来勉励自己。为了这种书法境界,今天的荣政先生,仍然坚持立足经典渊薮,探求传统精华,融入一己之思,参以时代气息,不断向前迈进,向上登攀!

荣政先生不是书斋里的书法家。长期的政务工作,养成了他关注现实,热爱家乡的情怀。如果说书法是"弄墨",那么他时常撰写调研文章或以诗抒怀,便可称为"舞文"。舞文弄墨,相互促进,相得益彰,所以,他的许多书法作品都是自作诗。《千字文 江东山韵书法作品展》既是对家乡先贤周兴嗣经典《千字文》的模拟传承,又参以地方历史传说,变四言为五言,人文历史,如数家珍,山形岭色,竞奔笔底。这种心手相应,大量自写自书,融诗书于一体的书法展眼下并不多见,可谓"风景这边独好"。

书法,虽有线条形质,实为最高的抽象艺术,得之目而寓之心,言人人殊,个个有别。既然荣政先生辛辛苦苦端出这盘文化大餐,各位不妨尽情品尝,放情指点!

有感于斯,略述以上数言,也算是对荣政先生此次书法展的一己解读。

最后,祝展览圆满成功!

(原载于 2015 年 8 月 16 日《马鞍山日报》)

## 狮子搏象 全力以赴
——小记蔡修权和他的书法

五一期间,蔡修权书法展在市展览馆与广大观众见面,这是蔡修权先生奉献给诗城人民的一道精美的文化大餐。看过展览,忍不住想为作为朋友的老蔡说几句话,并想透过这个规模不大的展览,简单谈谈老蔡给我们的启示。

这次大约展出百十来幅书法作品。大到高一米、长五六米的鸿篇巨制,小到一尺见方的扇面、手札,既有斗方大字,更多蝇头小楷,兼备多种书体,比较全面地反映了老蔡长期以来探索积累的书法创作成果。与通常只展览创作作品不同,这次展览还陈设了老蔡的书法日课以及手抄装订成册的多种古代典籍。如若出版印刷,当是极其精美的收藏佳品。当然,所有这些,都是寻常事。与许多农家弟子一样,老蔡由一个山野少年成长为大学专业书法教师,他的学书之路并非一条坦途。二十年前,我们相识时,老蔡的书法就已颇具功力。70年代末他受教于本市书坛前辈李六珍先生。依愚之见,老蔡进入书道,可谓起步顺、取法正、自律严。湘人六珍先生应属书法大才,可惜天不假年,英年早逝。此后是老蔡学书的一段迷茫期。从他那时的墨迹应能推测一二,不温不火,难以让人激动。加之彼时由于人事牵连,心绪不宁,常规尺幅作品居多,线条质量尚待锤炼。大约80年代中期,老蔡在广泛的拜师寻友过程中有幸拜识章祖安先生。章先生学养深厚,识见超妙,豁达自信,书法道健,笔力厚韧,在当代书坛风标独举,卓然大家,气象峥嵘,这一切都像磁石一样强烈吸引着老蔡。数度往还,老蔡执古礼正式拜章先生为师。此后多年间老蔡几乎遁世。2004年夏某一天,忽然看到老蔡新作尤其是中楷,线条柔韧而挺拔,点画精工,神完气足,墨光四射,大骇,与往昔不可同日而语,私下以为可与褚遂良相仿佛。再看他堆积如山的小楷手抄典籍,便知道老蔡用功之深了。数十年寒来暑往,老蔡每日坚持五六个小时,从未中断。有时甚至多达十余小时,犹如达摩面壁。任他室外花开花落,白云苍狗,红尘万丈,我自心如古潭,澄怀秋水,气定神闲。

老蔡黑发浓髭,双眸清澈,已过天命之年,遁世而不弃世。常着一身土布裤褂,小口布鞋,身轻体便,疾步如飞,篮球场上身手敏捷,动若脱兔,二八少年难挡。常邀三五同道小聚,于众声喧哗间悠悠然吐出一二妙语,风趣而幽默。又时常铺纸挥毫,落笔云烟,大家平心而论,见仁见智,清茶两杯,瑞香一炷,不知不觉间山光西落,池月东上。古人说知人论世,品老蔡的书法不能不对他的生活状态和精神趣向略作交代。说到底,老蔡以书法为核心,以最大气力和最多时间沉浸于书法天地,以日渐丰富的见识学养为基础,以恬淡自然的心境面对人生,以真诚朴实略存古风的感情对待朋友,他的生活已经艺术化。对于作为生活方式的书法,我的看法是,老蔡既目标坚定,如狮子搏象全力以赴,力臻最高境界,又任运随缘,自然而然,水到渠成,瓜熟蒂落,不作任何无妄之想。

老蔡今天的书法,让所有观众为之惊讶。就其技术而言,是一丝不苟,笔笔精工,通篇裹锋前行,气聚神凝。尤其是一些上万字的巨幅小楷,创作时需涤净杂念,虚室生白,屏声静气,一气呵成,不容心绪有丝毫波动,也不容心情有丝毫倦怠。这是养生,也是挑战,是功力,也是创作。就其意蕴而言,得意处神采飞扬,如将军纵猎,"回看射雕处,千里暮云平",吃紧处一发千钧,如三峡荡桨,不容丝毫闪失,才能闯出鬼门关。就其精神而言,则来源于他对书法的狠心、恒心、静心、诚心。狠心就是发下大愿,一辈子一件事,做到极致。恒心就是持之以恒,百折不挠,愈挫愈勇。静心就是气血平静,守神如一,尤其在漫长而枯寂的学书生涯中必须心无旁骛,淡定平和。诚心既是一种虔诚恭敬的学书态度,也是一种涤除妄念,真诚无欺的学书心得。而且我认为,这四心是四位一体的,是相互支撑又相互制约的。

在当代,"泛艺术化"现象愈演愈烈。书法因其与写字有天然的联系,且入门容易,因此大量书法爱好者加入了书法队伍。如何在庞大的泥沙俱下、良莠不分的书法队伍中,立稳脚跟,自成面目,是每一个书法爱好者应该深思的。老蔡出现在今天的书坛,仿佛是一个不受时代潮流影响的异数。我想,老蔡给我们的启示是多方面的,择其要者。

第一,书法不是扬名立万的敲门砖,也不是换取黄金屋的"老人头"。老蔡没有用书法阿谀逢迎上司领导,也没有斤斤计较书法价格,没有什么商品意识,至今朋友们要索取老蔡的作品是非常容易的。书法承载中华文化的精义,它看似形象实则抽象的独特品格,决定了它"相识遍天下,知心有几人"的纯艺术地位,所以对于缺乏艺术感悟力的人而言,书法可以作为一己爱好,修身养性,但尽量避免强不知以为知,不要用实用和好看等生活美学概念来混淆气韵生动的艺术美学概念。但是什么都有例外。一个目不识丁的老农也可能对一幅书法作品发表自己的看法,其中也许蕴含意想不到的精辟。但这是来自人间烟火的生活味,不能与不懂装懂、心存机心的所谓见解相提并论。

第二,书法是理论和实践的统一,有出息的书法家不应偏废任何一方。书画之道在古代被认为是雕虫小技,以余力为之,是人生余事,因此几千年来尽管一部书法史上大家林立,流派纷呈,但很少是专业书法家,这和今天大不相同。笔墨当随时代,但学书应心存古风。没有日积月累的真功夫苦功夫,仅凭一点聪明或技巧,虽也能赢得几声喝彩但必然行之不远,仅仅埋头苦学也不值得提倡,必须丰富学养,热爱人生,特别是以哲学和理论的眼光透视书法的形象,融激情于理性,使书法作品臻于妙境。但是这里也并不强调书法家必须是理论家,只是说应重视理论的作用。老蔡在拜识章祖安先生之后的又一次开悟,就是认识了《易经》等所阐释的天地大道对书法形象的根本支配作用。

第三,学习书法和学习一切其他艺术一样,既要自信,又要自醒。自信,是对自我才华和能力的认知与肯定。缺少自信,必然心生胆怯,难以在艺术的道路上孜孜不倦地探索前进。缺少自信,就不敢坦诚面对大家权威,内在的动力不够强大,遇到困难往往会打退堂鼓,经常导致半途而废。自醒,就是清醒地面对自己的水平和不足,不断地分析判断,自警自励,自我加压,自我超越。自醒包含了自省,但比自省要意义丰盈。自醒和自信是辩证统一的一体两面,不可分割。缺少自醒的自信,是盲目的自信、自高自大,容易自我膨胀,导致裹足不前;缺少自信的自醒,不是真正的清醒,而是遁逃的托词,是软弱的表现。自信面对的是艺术的自由和终极目标,自醒是观照自我当下的处境和需要突破的瓶颈。两者融合,乃学书正道。老蔡长期的书法实践较好地平衡了自信与自醒的关系,因此他的心态才这样平和。

　　老蔡正值盛年,精力健旺,如日中天,未来的艺术道路依然漫长。祝愿老蔡在罕见功力的基础上,更多地投入创作,用鲜明独特的书法风格赢得大家长久的记忆和钦佩!

(原载于2011年5月13日《马鞍山日报》)

# 书法圈中明白人
## ——略记袁诚书法观及其书法

"问君何能尔？心远地自偏。"初夜，一间咖啡馆，老友袁诚和我对面坐在灯光朦胧的卡座下，他悠悠地向我叙说着他对书法的认识和理解。四周略显纷杂的声音渐渐退去，对话者的思维之翼在辽阔的艺术空间翩然飞翔。

一

书，抒也，散也，抒写怀抱，散发性情。一个有出息、有作为的书家，应该学会放弃、学会舍得。人生追求各不相同，认定走书法这条道，就这么一直坚定地走下去，不要对其他的事业功名左顾右盼。尽管历史和现实中不乏在书法和其他多方面取得成就之人，但客观地认识自己，分析自己的才华和天性，对书法心无旁骛从一而终仍旧是十分重要的。选择就意味着放弃、放下，就意味着舍得，有舍才有得。放下和舍弃，才能心地坦然精神轻松，才能勇猛精进百折不回。对于书法世界之外的种种放下和舍弃应该如此，就是对于书法本身也应有所放下和舍弃。对于许多书法圈内人而言，做到后一点更加勉为其难。纵观几千年书法长河，真的又有哪位书家兼宗诸体融汇百家了呢？袁诚此说不过点破一个基本事实，一点也不玄妙。但面对当下社会的喧嚣与人心的浮躁，袁诚以退为进，大面积删繁就简，而又出自平常心，因而十分难得。袁诚，书如其人，人如其名，他的为人之可爱，作品之可钦，端赖一个"诚"字。然而，袁诚又是十足的性情中人。他的真诚并不妨碍他的性情的自然流露。相反，他的性情甚至他的一些缺点的自然流露，更加让人感到他的真诚与可爱可钦。

"人生飘忽百年内，且须酣畅万古情。"袁诚放下的是包袱，也是心态，舍弃的是俗物,也是虚名。他真实面对自己,真诚面对他人和社会。他享受的是真情的回报和真实的艺术果实。

## 二

几千年书法史的发展演变向世人展示了书法强大的生命力。对于书法的认识和对于人生的认识一样,应该弄清楚它的过去、现在和未来。宏观把握书法史,清楚书法的来龙去脉,有助于高屋建瓴地分析当前纷繁复杂的书法世相。一直是贬义的成语"眼高手低"在袁诚这里转化成褒义,书法家必须眼高手低。首先,眼低手高可能是世人的误判。书法眼界低的人,他的手很难高到哪里去。其次,即便手高,手性好,由于眼界低,其书法仍然处于哲学上所说的"必然阶段",而无法进入到把握规律的"自由阶段",因此其书法盲目性大,久而久之,笔性退化,作品流于平庸。即使从正面看,书者不断进步,由于眼界低,也容易出现"天花板"效应,阻碍书艺质的飞跃。极端一点说,眼低手高是不可救药的。相反,眼高手低是一个书法家应必备的基本素质。眼高,既是书法理论修养深厚的表现,又是书法悟性的表现。悟性是天生的,但书法理论修养可以不断提升悟性的层次,因此悟性和修养是相伴相生、相辅相成的。手低,只是说明用功不够,技能训练不足,通过刻苦锻炼是可以弥补的。眼界高,既为书法技能训练指明了正确的方向,又为书法境界提升提供了无限的空间。由此可以看出,眼高手低是一个人研习书法、踏上书法成功之途的必由之路。多年来,袁诚本人也正是沿着眼高手低这一路径走过来的,他对书法史的掌握和理解也是建立在他的眼高手低基础之上的。他品评书法的眼光犀利精准,对自己书法的得失也判断准确,了然于心。因此,几十年来,他的书法之路虽也坎坎坷坷,时有弯路,但始终没有出现方向性错误。

当前,许多书家基本功相当扎实,但有意无意地忽视书法眼光的训练。有人总以为功到自然成,但忘记了"这句话是有正确方向作为保障的"这个前提的。作为一名地方书协主席,同道在欣赏他书法作品的同时,更加佩服他的书法眼光。正是这种眼光,让大家在交流中受益匪浅,正是这种眼光,慢慢凝聚成了令人信服的价值判断。

## 三

今天,书法艺术开枝散叶,书法观念五花八门,使人眼花缭乱。传统书法和当代书法的关系、书法的继承与创新、书法的共性与个性、书法的有无当代性等问题,深深困扰着人们。对所有这些问题,袁诚都有自己的思考。

当代书法无疑是传统书法的延续与发展,剔除大量喧嚣和浮华的泡沫,当代书法的展览性、形式感、抒情性、精微度、独立性、专业化和创作意识得到了前所未有的突出和强调,传统书法的人文意韵、娱情养性和日常生活化方式却渐渐流失。但当代书法本身又充满了矛盾和悖谬。适应展览和形式感的需要,必定要牺牲掉一部分抒情性;而在强调独立性和专业化的同时,当代书法又明显呈现全民性、普泛化特点;创作意识增强,导致部分创作表演化,创作的自由随性又随之弱化。只有超越这些纷乱的表象,才能慢慢体会当代书法的本质。

书法在演变,而书法的继承和创新是永远不变的话题。袁诚认为,继承是为了创新。为继承而继承没有意义,为创新而创新失去根本。在继承和创新的精力摆布上,应把绝大部分精力放在继承上,没有对传统的深刻理解和数十年的苦功硬功,不要轻言创新。创新,要让人看得清来路和内涵,并表现出水到渠成的变化。同样,对于书法的共性和个性,应该更多地强调共性,在共性中突显个性。因为共性是基础,是传统,是功力,甚至就是本质。缺少共性的个性是虚幻的,也是虚伪的,在哲学上是根本不能成立的。动不动就张扬个性,给自己的作品贴标签,不是糊涂就是骗子。但书法的最终目标又在于形成自家面目,以鲜明的艺术个性撞击观众的灵魂,给人以新鲜生动的艺术享受。共性和个性之间的辩证关系,是每一个书法家都无法回避的问题。

能否认识书法的当代性关系到能否立足当代书坛,但书法的当代性又没有人能够给出一个完整清晰的概念。言说当代性,还得回到历史和传统,在对比中发现什么是书法的当代性。大略言之,传统书法从根本上追求柔美、均衡与和谐,这与中国人中庸的儒家观念密不可分。几千年的书法历史中,尽管不时有锐意创新的书家企图打破中庸和谐追求险绝险怪,但和谐书法的观念一直是传统书法的主流形态。创新者追求形式上的险怪,但他们本身也认同和谐中庸是书法的最高准则。改革开放的当代中国,虽然一部分传统价值观仍然根深蒂固,但人们的行为方式、价值取向、艺术观念、欣赏口味都与此前发生了很大变化。在这剧烈变革的时代,书法观念当然也会随之变革。当代书法观念的最大变革就是极大地打破了传统的均衡和谐观,而以强烈的冲突矛盾撞击书法观众的视觉,使观众在惊愕中体会到书法的力与美,然后再回归到更高层次的心理和谐。一幅当代书法作品的成功创作,是理智与激情的完美交融,是设计与笔性的高度统一,是功力与灵感的刹那升腾。用美学术语说,就是由"优美"进入到"壮美"。在这个根本性变革过程中,浊流滚滚,泥沙俱下,出现了极度混乱的现象。又由于这个变革过程至今尚在进行当中,新的美学规范、评价标准并未完全建立,书坛上的尖锐对立和自说自话现象相当普遍。如果用诗歌作比较,当代书坛和宋代诗坛的情形相似。唐诗兴象玲珑,体气高妙,如"羚羊挂角,无迹可求",作为宋诗正宗的江西诗派强调"点铁成金",强调"虽由人作,宛自天工"。由此看来,当代书法的变革将是长期、复杂、充满质疑、争论和反复的漫长过程,书法的当代性也将是在变动中不断形塑的漫长过程。这时,一个书法家的眼光、智慧和定力就显得格外重要。应该说,袁诚比较准确地把握住这场书法大变革的脉搏。

## 四

理论是灰色的,而艺术之树常青。袁诚对书法及书法变革的领悟,像指南针一样引领他的书法创作实践。理论自觉并不能保证书法创作的成功,老老实实地临帖,扎扎实实的苦功,对他毫无例外,或者说他更明白这番苦功的意义。袁诚书法从隶书入手,且几十年来从未间断。即使现在,他仍保持每天4～5个小时的临帖时间。现在的临帖实际上是对帖的格局、气息和精微性的把握。他的书法创作,大约是三方面的组合。一方面强调正大气象。这种气象既有哲学观念、书法理论的支撑,又有人格精神的灌注,还有心气体力的投入,三者缺一即气象凋残,可见气象对于书法的意义。一方面又强调作品整体布局的矛盾统一。作者有意制造矛盾,并使矛盾白热化,布局、结体、线条、点画充满紧张、挪移、变异和陌生化,他希望整幅作品显现强烈的矛盾、碰撞、对立,在看似不可调和中调和、化解矛盾,并在此基础上达到更高层次的圆融和统一,从而带给审美者精神上的大欢悦。另一方面袁诚又极讲究笔性的精微到位、坚定准确。20年前,他就坚持宁拙勿巧宁丑勿媚,气局开张,气息生动,大开大阖,一往无前,霸气淋漓,但偶尔含蓄稍显不足。现在,他的许多作品可谓精光墨妙,已无纤毫之憾。读之,如并州剪刀,快剪吴江之水,又爽若哀梨,令人神清气逸。最近看他的几幅作品,于夸张中见严谨,于沉着中见轻盈,寓婀娜于磅礴,发惊雷于无声,确与当年不可同日而语了。

如今,书法的普及程度前所未有,比袁诚声名响亮的书法家大有人在,但我以为袁诚是当今书法界为数不多的"明白人"之一。他自信而又清醒,真诚而又爽直,守正开新而又变当所变。他的眼光在高处,他的书法在路上!

(原载于2015年《横江》创刊号)

# 王月明书法集《诗仙高咏马鞍山》序

唐代大诗人李白一生七次游历当涂(今属马鞍山市),留下了包括《望天门山》《夜泊牛渚怀古》等千古名篇在内的近六十篇诗文。这在李白现存千余篇作品中占有令人艳羡的比例。761年,已经61岁高龄的李白仍然请缨投军,希望为祖国效力,无奈中途生病,不得不折还当涂,往依从叔当涂县令李阳冰。第二年秋冬李白病逝于当涂,初葬龙山,后改葬青山。当涂遂成为诗仙终老之乡。青山有幸,江东情深。李白逝世后的1200多年间,历代文人墨客常来此凭吊诗仙胜迹,留下大量脍炙人口的名篇佳作,与李白诗文相互辉映,积淀为江东大地深厚绵远的历史文化遗产。

马鞍山人民一直对伟大诗仙怀有深厚的感情。位于采石的太白楼屡毁屡建,如今已成为闻名遐迩的江南胜地,青山脚下的太白墓园不断增其旧制,早已成功申报为国家级文物保护单位。全国性社团李白研究会的秘书处设在地级城市马鞍山,全国仅此一例,马鞍山也被学术界公认为李白研究资料中心。从20世纪80年代末开始,马鞍山每年举办一次国际吟诗节(后改为李白诗歌节),2005年成功举办首届中国国际诗歌节。马鞍山"诗城"美誉不胫而走,山水诗城形象日益凸现。

改革开放以来,马鞍山以李白文化为中心的地域文化研究不断取得新进展。先后出版《李白与当涂》《中日李白研究论文集》《李白安徽诗文校笺》《李白学刊》《李白马鞍山诗文赏析》《李白与马鞍山》(四册)、《中国李白研究》(李白研究会刊)、《20世纪李白研究论文精选集》,并影印出版了当涂本《李翰林集》,为李白文化的传承与弘扬作出了扎实的努力和贡献。长期的经验告诉我们,马鞍山李白文化的传承、弘扬和全市经济社会文化发展密不可分,尤其和马鞍山的城市文明建设相互促进,相得益彰。如果没有对李白文化的深入开掘,马鞍山和众多工业城市的距离就不能更大地拉开,马鞍山城市特质就不会像现在这样得以彰显。我们真切感到,文化的力量深深熔铸在历史当中,文化资源的发掘有助于推动城市的进步、转型和发展。

  当前,马鞍山又面临着开发开放的新一轮发展机遇。作为中部地区唯一的全国文明城市和皖江城市带承接产业转移示范区的轴头城市,如何抢抓机遇加快转型发展,成为马鞍山未来一个时期的中心任务。塑造马鞍山良好的城市形象、营造马鞍山浓郁的发展氛围是其中的应有之意。前不久,马鞍山被列为全国第一批公共文化服务体系示范区,马鞍山文化建设将掀起新的高潮。研究李白文化,擦亮"诗城"品牌也应当随之赋予时代新意。在此背景下,王月明同志书法集《诗仙高咏马鞍山》出版发行,可谓适逢其时。

  月明同志是土生土长的马鞍山人,家乡的历史文化和山水灵气滋养了他,他对马鞍山始终抱有浓厚的乡土情结。他曾担任当涂县长,现为市人大常委会副主任。在繁忙的公务之余,几十年勤学不辍苦练书法,是知名书法家。《诗仙高咏马鞍山》书法作品结集出版,是一件可喜可贺的事情。对于月明同志个人而言,了却了他的一桩夙愿,书法集可以集中展示他的书法研究和创作成果。用历史的眼光看,马鞍山市的书法文化完全可以媲美李白文化。南朝梁周兴嗣就是在采石矶旁的宝积山下一夜撰成蒙学经典《千字文》的。1000多年来,历代许多著名书法家曾书写过各体《千字文》,《千字文》专题书法整理研究还是一个尚待深入开掘的课题。当代草圣林散之先生遗愿身后长伴诗仙。如今采石公园建起了江上草堂,专题展出林先生的作品,林散之先生之墓也迁葬于此,"草圣伴诗仙"的愿望得以实现。月明同志创作李白歌咏马鞍山诗文书法作品,实际上是接续了马鞍山的书法传统。对于李白文化而言,书法集以"诗书合璧"的形式弘扬李白诗歌精粹,易于当代读者欣赏接受。对于马鞍山而言,是文明建设中城市品格的艺术代言和地域文化的形象表达。月明同志请我作序,我也乐意助成此事,因而写下上面这些话,是为序。

# 李白研究

# 李白的明月世界

能否纯熟运用某一种(组)诗歌意象并使之具有鲜明的个性色彩,往往是衡量一个诗人是否形成自我风格的重要标志。香草美人之于屈原,菊花和归鸟之于陶渊明,焚香和荆扉之于王维,都是这一判断的有力例证。说起李白,则不能不首先联想起月光与酒。

本文单就李白的明月意象进行分析,试图发掘李白与月亮之间的某种对应关系。

从《诗经》开始,中国古典诗歌就出现了月亮的形象,此后一直绵延不断。咏月诗在唐代达到了高峰,月亮的审美意蕴至此得到全面阐发。在唐代众多的咏月诗中,张若虚的《春江花月夜》最为杰出,张若虚也因为这一长诗而"孤篇横绝,竟为大家",闻一多先生称誉此诗有"囊绝的宇宙意识",是"诗中之诗,顶峰上的顶峰"。但张若虚毕竟只有这一首咏月诗。在唐人中咏月诗写得既多又好的诗人首推李白。据有关统计,在李白现存的千首诗中,涉及咏月的诗共382首,占总数的38%。月及其同义词如金魄、圆光、圆影、白兔、大明、阴精、金波、飞镜、明镜、破镜、玉钩、白玉盘等,共499个,平均每两首一个。李白诗中的明月意象有三个显著特点。一是明月非孤立性。月相变化多端,如初月、新月、半月、弯月、琼钩,月色多姿多彩,如朗月、皎月、素月、皓月、清月、艳月。对历史追忆,则有古时月、秦月、汉月、今月,在大多数情况下,明月与自然景物结合起来写,如星月、云月、风月、霞月、冰月、花月、松月、霜月、山月、水月、江月、湖月、海月、溪月、桃李月、绿萝月、青山月、石上月、池上月、水中月、碧溪月、万里月、关山月、沧岛月、沧江月等。李白一生好入名山游,明月与游踪结下了不解之缘,如巴月、峨眉月、西江月、金陵月、天门月、宛溪月、句溪月、秋浦月、楚关月、五溪月、芦洲月、汝梅月、潇湘月、镜湖月、罗浮月、秦楼月、黄鹤西楼月、白鹭洲前月、梁王池上月等。此外,还有与时令、天气结合的月,如春月、冬月、秋月、寒月、晓月、夕月、晴月、凉月等。

二是在同一首诗中反复咏月,如《月下独酌四首》(其一):

花间一壶酒,独酌无相亲。举杯邀明月,对影成三人。
月既不解饮,影徒随我身。暂伴月将影,行乐须及春。
我歌月徘徊,我舞影零乱。醒时同交欢,醉后各分散。
永结无情游,相期邈云汉。

一首诗中4次出现明月意象,而《把酒问月》中则7次出现明月,如果加上白兔、嫦娥、飞镜,则出现10次,像庄周梦蝶一样,李白与明月几乎融为一体。《峨眉山月歌送蜀僧晏入中京》中6次写到月亮,峨眉山月成为李白永恒记忆和无尽乡愁的象征。三是李白极爱用"动+宾"形式组成明月意象。这在古往今来所有诗人中是最为罕见的,如问月、邀月、揽月、攀月、望月、乘月、呼月、借月、赊月、买月、舞月、腾月、弄月、待月、泛月、宿沙月、照海月、啼夜络月、步月、辞汉月、捧月、梦月、醉月、索明月、卧月、引山月、扫秋月、坐月、挂月、玩月、采月、窥月、留月、衔月等。这一显著特点既说明李白月下活动的多样性,又说明是月亮的清耀酿造了李白的诗情,是李白的天才创造能力的最好体现。然而,明月对李白到底意味着什么呢?笔者试从理想、情感、哲思三个方面初步探讨。

李白一生以大鹏自负,这从他青年时代的《大鹏赋》,中年之作《上李邕》,绝笔《临终歌》中得到反复证明,盛唐的时代精神孕育了李白蓬勃的诗情,也催生了李白无边的自信。如果说大鹏是李白自我精神、自我形象的写照,那么,明月就是李白对所有他引以为同调的人物的褒扬。李白在《登梅岗望金陵赠族侄高座寺僧中孚》诗中说:"众星罗青天,明者独有月。"明月高悬,超尘拔俗,然不群,正像具有英风豪气、建功立业的历代英雄人物一样。令李白敬仰的历史人物很多,但鲁仲连、谢安在诗人心中占有相当特殊的地位,因为他们的历史功业与李白的功成身退的政治理想不谋而合。

齐有倜傥生,鲁连特高妙。明月出海底,一朝开光曜。

却秦振英声,后世仰末照。意轻千金赠,顾向平原笑。
吾亦澹荡人,拂衣可同调。

(《古风·十》)

诗人把鲁仲连比作是从海底一冲而出的明月,照耀四方,万世景仰。鲁仲连却强秦建奇功而又功成不受赏,成为李白终身追求的政治目标。但历史没给李白这样的机会,他只有在诗中一遍遍地咏唱。谢安是东晋的中流砥柱,他的东山之隐和不世功业更让李白倾倒,所以李白"屡称东山";"不向东山久,蔷薇几度花,白云还自散,明月落谁家?"(《忆东山》)这里的明月既称谢安,又兼自况,一派向往之情流露无遗。李白曾自述其政治理想:"奋其智能,愿为辅弼,使寰区大定,海县清一。事君之道成,荣亲之义毕,然后与陶朱、留侯,浮五湖,戏沧洲,不足为难矣。"(《代寿山答孟少府移文书》)合观李白自述与诗作,明月作为李白理想的象征更为明显。

在《答王十二寒夜独酌有怀》中,李白也径直把自己写成明月:"鱼目亦笑我,请与明月同。"但更多的时候,李白把明月意象赠与同时代的风调相同人物,如:

贤甥即明月,声价动天门。

(《赠别从甥高五》)

倒海索明月,凌山采芳荪。

(《书情赠蔡舍人雄》)

若无云间月,谁可比光辉?

(《赠裴司马》)

朗然清秋月,独出映吴台。

(《赠从孙义兴宰铭》)

白璧双明月,方知一玉真。

(《系寻阳上崔相涣三首·其二》)

海若不隐珠,骊龙吐明月。

(《赠僧行融》)

见君万里心,海水照秋月。

(《登巴陵开元寺西阁赠衡岳僧方外》)

185

含光混世贵无名,何用孤高比云月。

(《行路难三首·其三》)

大量诗例表明,李白一生爱月,明月代表光明美好的事物,寄寓着他深沉的社会理想。从上列诗例中还可以看出,这些诗中的明月意象较少变化,也完全不是自然界的明月,而是诗人心象中的明月,是纯粹的喻体,是诗人对历史人物和志同道合的朋友的直接评价。有时,自然界真实的明月也可以成为李白怀才不遇、理想难求的触媒,这些诗更具有摇曳心魄的动人魅力。如《金陵城西楼月下吟》:

金陵夜寂凉风发,独上高楼望吴越。
白云映水摇空城,白露垂珠滴秋月。
月下沉吟久不归,古来相接眼中稀。
解道澄江净如练,令人长忆谢玄晖。

又如《夜泊牛渚怀古》:

牛渚西江夜,青天无片云。登舟望秋月,空忆谢将军。
余亦能高咏,斯人不可闻。明朝挂帆席,枫叶落纷纷。

古今长存的明月,成为李白由今溯古的桥梁,这就决定了两诗的思维结构基本相同,都是由望而忆,名为追怀古人,实则慨叹人世混浊、知音难遇、功业难成。在李白所有的以明月寓理想的诗篇中,"俱怀逸兴壮思飞,欲上青天览明月"(《宣州谢朓楼饯别校书叔云》)是最有概括力的,正像刘学锴教授分析的那样:"上天揽月,固是一时兴到之语,未必有所寓托,但这飞动健举的形象却让我们分明感觉到了诗人对高洁理想境界的向往追求。"如果说明月寄遇理想还或多或少存有理性色彩的话,那么,以明月抒发淋漓兴会的情感则是李白诗性光辉的完满表现。思乡是人类的普遍情感。《静夜思》中的明月就是故乡的象征:

床前明月光,疑是地上霜。
举头望明月,低头思故乡。

李白从小生长在蜀中,峨眉山的月亮常照李白这个浪迹天涯的游子,令他梦绕魂牵:

峨眉山月半轮秋,影入平羌江水流。
　　夜发清溪向三峡,思君不见下渝州。

(《峨眉山月歌》)

　　我在巴东三峡时,西看明月忆峨眉。
　　月出峨眉照沧海,与人万里长相随。
　　黄鹤楼前月华白,此中忽见峨眉客。
　　峨眉山月还送君,风吹西到长安陌。
　　长安大道横九天,峨眉山月照秦川。
……
　　一振高名满帝都,归来还弄峨眉月。

(《峨眉山月歌送蜀僧晏入中京》)

　　李白一生无论漂泊到何处,都无法走出峨眉山月那温情脉脉的光辉,峨眉山月寄寓着他对故乡刻骨的思念。说到故乡,就不能不提及儿时,儿时的明月引起了少年李白多少美妙的幻想:

　　小时不识月,呼作白玉盘。又疑瑶台镜,飞在青云端。
　　仙人垂两足,桂树何团团?白兔捣药成,问言与谁餐?
　　蟾蜍蚀圆影,大明夜已残。羿昔落九乌,天人清且安。
　　阴精此沦惑,去去不足观。忧来其如何?悽怆摧心肝。

(《古朗月行》)

　　历来都认为李白此诗是针对当时朝政昏暗而发的,但我们也可以从李白童年的经历和对明月的感受来解读此诗。此诗有7个关于明月的意象:(1)白玉盘;(2)瑶台镜;(3)仙人;(4)桂树;(5)白兔;(6)蟾蜍;(7)后羿;(8)如果再从仙人和桂树联想到伐桂的吴刚;(9)从白兔和后羿联想到嫦娥;(10)从瑶台镜联想到王母,那么也可以说,这一首诗实际上已经涵盖了月亮神话的所有方面。然而,更为奇怪的是,少年李白对明月有如此完整而系统的了解,但成年的李白仍然认为"小时不识月",这背后又有着多么难解而奇妙动人的故事呢?我们也完全有理由说,李白是在月光下成长起来的,他的心灵由月光浸润,他的心智是由月光开发并飞扬八方的,明月成为李白的化身。

　　爱情是人生的另一主题,明月的温情最宜酝酿人间的至情至爱。对月光极为敏感的李白创作了大量月下爱情诗歌,李白在这一题材上更多的是继承传统而又超越前人,给人以无限美好的精神享受。

别后罗带长,愁宽去时衣。乘月托宵梦,因之寄金徽。

(《拟古十二首·其一》)

玉阶生白露,夜久侵罗袜。却下水精帘,玲珑望秋月。

(《玉阶怨》)

卷帷望月空长叹,美人如花隔云端。

(《长相思》)

天回北斗挂西楼,金屋无人萤火流。
月光欲到长门殿,别作深宫一段愁。
桂殿长愁不记春,黄金四屋起秋尘。
夜悬明镜青天上,独照长门宫里人。

(《长门怨二首》)

明明金鹊镜,了了玉台前。拂试皎冰月,光辉何清圆!
……
时将红袖拂明月,为惜普照之余辉。

(《代美人愁镜二首》)

翡翠为楼金作梯,谁人独宿倚门啼?
夜坐寒灯连晓月,行行泪尽楚关西。

(《别内赴征三首·其三》)

长安一片月,万户捣衣声。
秋风吹不尽,总是玉关情。

(《子夜吴歌四首·秋歌》)

在这些闺情、怨情、寄远之诗中,明月有时是传递爱情的信使,有时是可望而不可即的美人,有时是深闺思妇刻骨相思的见证,有时像明镜一样照见少女的愁容,有时是万里征途上良人的伴侣,有时又给予捣衣思妇以心灵的慰藉,总之,明月在爱情诗篇中发挥和承担着诸多不同的功能。明月在李白的心中一步步走向情绪化、精神化、心灵化,它们有力地证明李白是把明月写进爱情诗歌的集大成者。

友谊之于爱情,宛如人生情感旅途的鸟之双翼,缺一不可。李白交友遍天下,上及王公大臣,下及贫寒百姓,旁及三教九流。李白以明月为题材,歌咏友谊,也有诸多传之后世的名篇佳作。

　　杨花落尽子规啼,闻道龙标过五溪。
　　我寄愁心与明月,随风直到夜郎西。

(《闻王昌龄左迁龙标遥有此寄》)

李白托明月给远谪的朋友捎去一片深情厚谊。月光普照万里河山,诗人与朋友虽然相隔千里,但同望一轮明月。这境界直接开启了苏轼的思维。"但愿人长久,千里共婵娟"不是与之有着异曲同工之妙吗?

　　日本晁卿辞帝都,征帆一片绕蓬壶。
　　明月不归沉碧海,白云愁色满苍梧。

(《哭晁卿衡》)

诗人将日本友人晁衡比作明月一样的高洁,以表他对误传晁衡之死的惋惜,表达他们之间的纯洁友谊,同时,寄遇了深深的怀念。

　　我宿五松下,寂寥无所欢。田家秋作苦,邻女夜舂寒。
　　跪进雕胡饭,月光明素盘。令人惭漂母,三谢不能餐。

(《宿五松山下荀媪家》)

李白性格本是非常高傲的。他不能"摧眉折腰事权贵",常常一醉累月轻王侯,但在这个普普通通的山村老妈妈面前却是如此谦恭诚挚,"月光明素盘",语言平淡,不事雕琢,多么简单、纯朴,然而又蕴含着多么深厚的情谊!

李白的咏月诗中,还有一部分寄寓着深沉的历史感触,表达对人生和社会的思索,从而上升到哲学的高度,具有久远的文化价值,因而大都成为千古名篇。如《乌栖曲》:

　　姑苏台上乌栖时,吴王宫里醉西施。吴歌楚舞欢未毕,
　　青山欲衔半边日。银箭金壶漏水多,起看秋月坠江波。
　　东方渐高奈乐何!

不管李白此诗的本意是什么,任何一个聪明的人都可以从"起看秋月坠江波"中读出国势衰落、命运颓败的某种不安的心里感觉。类似的还有《苏

台览古》：

> 旧苑荒台杨柳新,菱歌清唱不胜春。
> 只今唯有西江月,曾照吴王宫里人。

此诗与上诗可以合读。它们之间存在着历史沧桑的变迁与承续。明月长存而人生多变,诗中回荡着一种象征永恒的宇宙意识,玩之不尽,味之无极。"荒城虚照碧山月,古木尽入苍梧云"(《梁园吟》),同样也是诗人冷眼观照江山代谢,人间兴废的即兴咏诵,具有震撼人心的强烈艺术效果。《把酒问月》一诗是这类主题的代表之作：

> 青天有月来几时！我今停杯一问之。
> 人攀明月不可得,月行却与人相随。
> 皎如飞镜临丹阙,绿烟灭尽清辉发。
> 但见宵从海上来,宁知晓向云间没？
> 白兔捣药秋复春,嫦娥孤栖与谁邻？
> 今人不见古时月,今月曾经照古人。
> 古人今人若流水,共看明月皆如此。
> 唯愿当歌对酒时,月光长照金樽里。

屈原问天,李白问月,然而李白风流自赏、悠然自得之情犹胜屈原。"青天有月来几时"破空而来。这个问题不仅古时无人能够回答,即令科学如此昌盛发达的今天也未必能够准确解释。但诗妙在问而不答。"今人不见古时月,今月曾经照古人。古人今人若流水,共看明月皆如此",与张若虚"江畔何人初见月,江月何年初照人？人生代代无穷已,江月年年只相似。不知江月待何人,但见长江送流水"前后辉映,异曲同工,共同把唐代咏月诗推向高峰。两诗均备极重复错综回环之美,且有互文之妙,诗中感叹宇宙之无穷,人生之有限,探索人生的意义和宇宙的奥秘,在热爱人生的强烈情感中流露出一层淡淡的哀愁,诗情哲理并茂,读来意味深长,回肠荡气。

在李白的诗中还有他用生花妙笔所谱写的令人心醉神迷的月光曲,那是一个充满憧憬和向往的美好世界,正是这些明月之诗,从各个方面展示出李白与明月之间亲密无间的天然情感。

> 暮从碧山下,山月随人归。却顾所来径,苍苍横翠微。

(《下终南山过斛斯山人宿置酒》)

万里浮云卷碧山,青天中道流孤月。
孤月沧浪河汉清,北斗错落长庚明。

(《答王十二寒夜独酌有怀》)

南湖秋水夜无烟,耐可乘流直上天。
且就洞庭赊月色,将船买酒白云边。

(《陪族叔刑部侍郎晔及中书贾舍人至游洞庭五首·其二》)

我欲因之梦吴越,一夜飞度镜湖月。
湖月照我影,送我至剡溪。
谢公宿处今尚在,渌水荡漾清猿啼。

(《梦游天姥吟留别》)

明月出天山,苍茫云海间。长风几万里,吹度玉门关。

(《关山月》)

雁引愁心去,山衔好月来。

(《与夏十二登岳阳楼》)

月下飞天镜,云生结海楼。(《渡荆门送别》)

这些明月之诗不好硬性归入某一类主题中,无论是山月、湖月、江月,还是在河汉中流动的孤月,都与诗人相倚相随;无论是实景还是梦境,都是一个纯洁无瑕、安详静谧的世界,这超然尘世的永恒月光,仿佛是李白心灵的最后皈依,也是李白诗的无尽源泉。

## 四

以上从理想、情感和哲思三个方面较为具体地分析了明月对于李白的意义,最后想探讨一下明月为何对李白产生种种意义。

首先还是看看李白的诗句:

罗帷舒卷,似有人开。明月直入,无心可猜。

(《独漉篇》)

乘兴踏月,西入酒家,不觉人物两忘,身在世外。
夜来月下卧醒,花影零乱,满人衿袖,疑如濯魄于冰壶也。
楼虚月白,秋宇物化,于斯凭阑,身势飞动,非把酒自忘,此兴何极?

(《杂题四则》)

这些句子介于诗与散文之间,它们不同于纯粹的诗篇,应该认为这是李白日常生活的实录和对明月的真实感受。然而,我们又很难分清李白生活和艺术之间的区别,但我们能够通过这些句子进一步深入到李白的心灵,探寻李白的明月世界。崛起于20世纪30年代的原型批评理论有一句名言:不是歌德创作了浮士德,而是浮士德创造了歌德。我们也可以套用一句:不是李白创造了明月之诗,而是明月成就了李白的天才。这句话的意义在于,李白受中国传统的月亮文化的熏陶、浸润,他最直观、最感性也最深刻地认识到明月对中国人的意义,同时,他又能借助自己的凌云健笔把这种意义全面地阐发出来,从而唤醒了中华民族对明月的"集体潜意识",这样李白就成了民族记忆的代言人,明月之诗一旦被李白创造出来之后,又转而积淀成新的民族经验,不断强化中国人对明月的认识和感受,成为中国人开创新的明月文化的源泉。起码有三条理由支撑这一观点。

第一,唐代丰富的明月文化给李白以滋养。在中国传统文化中,月亮和太阳可以说平分秋色,"三光,日、月、星""旧月丽乎天""江河行地,日月经天"等莫不把日月并举。而《易经》中的"易"字,一般认为就是由日月二字组成,并分别成为阴阳的代表,长久左右着中国人的思维方式。而在古典诗文中,月亮的地位要远远高于太阳,咏月诗文汗牛充栋,专门咏日的作品屈指可数,由于科学知识匮乏,神话和传说便填充人们的心灵,月的盈虚圆缺被认为是蟾蜍吞吐月亮的缘故,月中的阴影被传说成不死的桂树,玉兔捣药、仙人伐桂、广寒宫等,充分发挥了中国人美好的想象力,嫦娥奔月的故事更是家喻户晓。至唐代,千里姻缘一线牵的月下老人的传说也已出现,新妇拜月、元宵观月、七夕望月、中秋赏月已经蔚然成风,此外还有唐明皇游月宫的传说,林林总总,不一而足。而唐代的咏月诗歌与前代相比也发生了质的变化,唐以前的咏月诗主要把月亮作为审美客体加以刻画和描绘,至唐,描写的重点逐渐由审美客体向审美主体转移,月的审美意境逐渐被开掘出来(参见葛景春《李白与唐代文化》一书)。所有这些,都不能不对李白产生深刻的影响,从其《古朗月行》中可以得到证实。正是绚烂绮丽的明月文化滋养了李白,明月成为李白生命中血肉相连的组成部分。

第二,从李白的身世及亲人命名透视李白与月亮的关系。李白的一生具有浓厚的传奇色彩,他生命的起点和终点都与月亮有关。李阳冰《草堂集序》说他是因母亲梦长庚人怀所生,故名白,字太白。星月相依,谅他儿时就建立了爱月的特殊情感。他的死众说纷纭,但"跳江捉月",或"骑鲸捉月"历来为人津津乐道。李白有妹名月圆,《唐诗纪事》引杨天惠《彰明逸事》:"有妹月圆,首嫁邑子,留不去,以故葬邑下,墓今在陇西院旁百步外,或传院乃其舍云。"现在四川江油有月圆墓,并传有月圆居住的楼。李白的朋友魏颢在《李翰林集序》中说,李白有一子曰明月奴,又有一子曰颇黎。有关史实尚待考证。有人认为颇黎即明月奴,也即伯禽。而颇黎也有专家考证为"玻璃",当时应为西域的贵重产品。玻璃与明月,同样具有清亮而透明的性质。关于月圆、伯禽的命名,扑朔迷离,但是,这命名的背后一定与李白身世、与李白对明月的偏爱存在潜在的对应关系,这种隐而未彰的关系构成李白创造明月之诗的深层动机。因而,月的阴晴圆缺,与他的悲欢离合相似;月的明暗显隐,与他感情的亲疏浓淡有关;月的昏晓出没,又与他离散的远近久暂相通。明月,也许寄寓着李白所有隐秘的身世之感。

第三,李白的性格特征契合于明月的性质。首次申述这一观点的是日本人松浦友久。他通过深入研究,认为李白诗中特有的绚丽而又带某种张力的感触,其最基本的因素是"对透明的具有光辉的事物的憧憬"。他用大量无可辩驳的材料说明,李白诗中的清、明、光、辉、白、碧、绿、玉等属于透明度极高的词汇层出不穷,松浦认为水中捉月的传说是后人鉴定力极为精确的一种表现,因为它敏感地觉察到李白的嗜好,李白对月亮的存在无条件地加以肯定,并极力地追求能与明月融为一体。松浦最后的结论是,李白的资质或生理本身就存在对透明的具有光辉的事物的憧憬,而月亮是最明显地具备这要素的事物,也就自然成为诗人无条件加以赞美的对象(详见郁贤皓《松浦友久李白研究述评》,《中日李白研究论文集》)。

限于篇幅,本文不想对这些观点作深入的阐发,但引述的大量材料也足以证明,明月对李白具有独特的意义。李白是中国历代诗人中最熟练地运用明月意象表达观念、情感和理想的诗人,明月的文化含义经由李白点化而更显其经典地位,李白的明月之诗是中华文化的瑰宝,是探寻中国人心灵,打开中国人智慧大门的一把永恒的钥匙。

(原载于2002年版《中国李白研究》)

# 李白命名地名及其相关问题探析

李白"一生好入名山游",足迹所至,诗文随之,为后世留下大量地名、遗迹、遗址,同时,附会于李白的太白酒楼、栖隐地、读书堂、读书台、各类轶事传说等,已共同构成一道独特的历史文化景观。今天,对李白诗文所涉地名研究已成果颇丰。但是,从古至今对李白命名地名问题却几乎无人关注,笔者在"中国知网"上没有搜到一篇探讨关于李白命名地名的论文,只是2014年《中国李白研究》上有一篇查屏球先生的《李白与五松山关系三考》涉及对李白命名五松山背景、用意的论述。这种现象固然与这一论题原始资料极其匮乏有关,但也不能不说是李白研究一个小小的空白。笔者不揣谫陋,试对之作一初步探讨,以求教方家。

一

李白现存的千余篇诗文中,李白明确自述由自己命名的地名有四处,分别是九华山、五松山、玉镜潭、郎官湖。为下文论述方便,现将四首诗全文移录于下:

### 改九子山为九华山联句

青阳县南有九子山,山高数千丈,上有九峰如莲华。按图征名,无所依据。太史公南游,略而不书。事绝古老之口,复阙名贤之纪,虽灵仙往复,而赋咏罕闻。予乃削其旧号,加以九华之目。时访道江汉,憩于夏侯回之堂,开襟岸帻,坐眺松雪,因与二三子联句,传之将来。

妙有分二气,灵山开九华。——李白
层标遏迟日,半壁明朝霞。——高霁
积雪曜阴壑,飞流喷阳崖。——韦权舆
青荧玉树色,缥缈羽人家。——李白

### 与南陵常赞府游五松山

安石泛溟渤,独啸长风还。逸韵动海上,高情出人间。灵异可并迹,澹然与世闲。我来五松下,置酒穷跻攀。征古绝遗老,因名五松山。五松何清幽,胜境美沃洲。萧飒鸣洞壑,终年风雨秋。响入百泉去,听如三峡流。剪竹扫天花,且从傲吏游。龙堂若可憩,吾欲归精修。

### 与周刚清溪玉镜潭宴别

(潭在秋浦桃树陂下,余新名此潭)

康乐上官去,永嘉游石门。江亭有孤屿,千载迹犹存。我来游秋浦,三入桃陂源。千峰照积雪,万壑尽啼猿。兴与谢公合,文因周子论。扫崖去落叶,席月开清樽。溪当大楼南,溪水正南奔。回作玉镜潭,澄明洗心魂。此中得佳境,可以绝嚣喧。清夜方归来,酣歌出平原。别后经此地,为予谢兰荪。

以上三首诗歌,综合李白行迹及各家系年,可基本确定为写于天宝十三载(754)秋冬。

### 泛沔州城南郎官湖

乾元(758)岁秋八月,白迁于夜郎,遇故人尚书郎张谓出使夏口。沔州牧杜公、汉阳宰王公,觞于江城之南湖,乐天下之再平也。方夜水月如练,清光可掇。张公殊有胜概,四望超然,乃顾白曰:此湖古来贤豪游者非一,而枉践佳景,寂寥无闻,夫子可为我标之嘉名,以传不朽。白因举酒酹水,号之曰郎官湖,亦由郑圃之有仆射陂也。席上文士辅翼、岑静以为知言。乃命赋诗纪事,刻石湖侧,将与大别山共相磨灭焉。

张公多逸兴,共泛沔城隅。当时秋月好,不减武昌都。

四座醉清光,为欢古来无。郎官爱此水,因号郎官湖。

风流若未减,名与此山俱。

## 二

除上述确认为李白命名的四处地名之外,通过王琦《李太白全集》附录、有关方志,发现黄山之醉石、九华山之金沙泉、山东徂徕山之独秀峰、大别山,后人亦在很大程度上认为是由李白命名的。现分别简述之:

**醉石** 王琦《李太白全集》附录引《黄山志》:"醉石在香泉溪浒,昔李青莲游此,绕石醉呼,故名。"又引汪灝《游黄山记》:"有醉石,酩酊层岩上,有行者,惧其迎风堕也。相传李谪仙曾踏歌其旁。"明清之际,文人墨客对醉石多有题咏,且多与醉石近旁的三叠泉、洗杯池合咏。从现存李白诗文及原始资料看,不能确证李白曾登临黄山,不过,明人朱谏、清人曾国藩据李白诗意认为李白应该登临过黄山。今人陈建根先生《李白登黄山考辨》(见《中国李白研究(1995-1996年集)》)的结论也是,在经济繁荣、水陆交通便利的盛唐,李白登上黄山绝顶是完全有可能的,绝不是想象之词。但无论如何,李白《送温处士归黄山白鹅峰旧居》却是现存第一首描绘黄山的诗篇。它生动地描写了黄山的雄伟,群峰壁立,灵秀奇异。由于这首诗写于黄山易名不久(747年"黟山"易名"黄山"),诗中"莲峰""石柱""芙蓉""炼玉""乘桥"等诗句和诗中诸多的想象均为后来诸峰命名开启了思路(余恕诚、朱文根先生《李白与皖南》,2012年第2期《江淮论坛》)。由此看来,李白"绕石醉呼"的可能性是很大的。

**金沙泉** 据《九华山志》记载:九华山"金沙泉"有两处:"一在地藏塔前,石刻金沙泉三字。一在无相寺南,则大不盈瓯。皆四时不竭,金沙为底。"后一"金沙泉"相传为李白命名。"金沙泉"故事,九华山人有口皆碑。唐天宝年间李白确实来游九华并命名九华山,是否结缘"金沙泉",现已不能确考,但这美丽的传说,令人遐思和赞叹。

**独秀峰** 王琦《李太白全集》附录引《一统志》:"竹溪六逸堂,在徂徕山西北巉石峰下。唐天宝间,孔巢父、李白、韩准、裴政、张叔明、陶沔隐居于此。有金翰林承旨党怀英撰碑石刻。"竹溪六逸遗址位于山东省泰安市徂徕山西南麓乳山下,四周山峰围屏,溪水西流。竹溪东南为三岭崮,又名三台山,北岩为独秀峰。独秀峰北崖有金大定十年(1170)石震刻石:"徂徕居士石震,过独秀峰览太白遗刻,有感题于后,婿党怀英偕行。"据山东学者刘传录考证,题名中的党怀英为金代泰安人,当时著名书法家,又是李白族叔李阳冰一派籀篆传人,他将"独秀峰"题字定为"太白遗刻",尤为可靠,故后世金石著述多从石震、党怀英之说,定题刻为李白所书。但这一题刻由于年久漫漶,加之僻处空山,难于寻访,自清代便不为人所知。故清人著录中多云石刻已"佚"或"磨灭"。如孙星衍《泰山石刻记》云:"独秀峰三大字,《泰山小史》:古人刻峰名于石上。相传李太白书。在徂徕三岭崮北,佚。"又道光《泰安县志·金石》云:"独秀峰三大字,在徂徕山阳三岭崮绝岩,旧传李白书。今磨灭。"1998年夏新泰市博物馆在调查徂徕礤石峪石刻时,根据一位林场员工提供的线索,数经考察,终于重新访获了这方保存尚好的唐代石刻。"独秀峰"三字刻石,是研究李白在山东的行迹和"高迹隐徂徕"史实的珍贵资料(刘传录《李白徂徕题刻"独秀峰"》,原载1998年8月《蜀报》)。山东另一学者柳方来相对审慎一些,认为"独秀峰"传为李白所书。笔者倾向于柳方来观点(见柳方来《李白东鲁居地沙丘城新考》,《齐鲁学刊》2000年第2期)。

**大别山** 大别山名称的由来比较流行的有李白命名、自然分割、神话传说、汉武帝感慨四种说法,其中最脍炙人口、当地最为认可、主要对外宣传的是李白命名大别山。据传李白登上大别山主峰白马尖,发现山南山北两侧景色截然不同,不禁赞叹:山之南山花烂漫,山之北白雪皑皑,此山大别与他山也!大别山由此得名。笔者认为,大别山之名其实和李白命名郎官湖一诗有密切联系。该诗题序已经提到大别山:"乃命赋诗纪事,刻石湖侧,将与大别山共相磨灭焉。"不过,其间颇有曲折。《尚书·禹贡》就有"内方至于大别"的记载,只是这个大别山又名鲁山,在沔州汉阳县东北,与郎官湖很近,王琦在《李太白全集》中对此注释得很详细。所以李白才在诗序中说"刻石湖侧,将与大别山共相磨灭焉。"又在诗尾再次照应"风流若未减,名与此山俱。"后来,这座也叫鲁山的大别山可能因其体量不是太大,而被现在的大别山夺其名而用之,李白命名大别山便因此名正言顺了。这是历史上非常奇特的一种现象。

如果再考虑李白生前就出现"当时著述,十丧其九"(李阳冰《草堂集序》)的情况,李白命名以上地名的可能性会大大增加。

## 三

透过李白命名地名,至少会给我们带来以下一些富有启发性的思考(下文论述以李白自述命名为主,对传说由李白命名又不可确考的地名,为行文方便也偶尔述及):

1.李白命名地名行为基本出现在他五十多岁以后的晚年,这种情况是否可以说明李白自四十四岁被玄宗赐金还山之后十年间的山水漫游、隐居,与其青年时期的山水漫游、隐居的目的不尽一致。青年时期的漫游隐居,隐不绝俗,目的性非常明确,主要是养高忘机,培植声名,希求引荐,最终达到了玄宗所说的"素蓄道义,为朕所知"。后期漫游时这一目的大大弱化,以山水疗救身心忘怀伤痛功能大大增强。此时漫游,李白往往在某一区域盘桓很长时间,在吴中、浙江、皖南都是如此,某一地名在同期的不同诗作中反复出现,如五松山、九华山、宣城、陵阳、清溪等。为某一处山水命名,实际上是李白长期浸润此地山水的结果,尽管这一结果的出现具有某种偶然性。辨识李白前后期漫游山水时心理上的微妙区别,有助于更好更准确地理解李白诗歌的精神意蕴。当然,李白爱好山水的本性一生没有变化。

2.李白命名山水有无深层意义或精神寄托?这个问题笔者认为不能一概而论,需要具体分析。查屏球先生在旁征博引历代典籍、方志记载五松山的资料后推论李白命名五松山大有深意,认为"李白以此名山,即显博览群书之才学,又露以秦皇自居之豪气",此论有一定说服力,可备一说。命名九华山,李白自序"时访道江汉,憩于夏侯回之堂,开檐岸帻,坐眺松雪,因与二三子联句,传之将来。"从"传之将来"这一心理来看,李白命名九华山是有用意的。盖因九华山峰如莲花,儒道释三教共处一山,李白自号青莲,又三教思想杂糅,当时又兴会淋漓,"九华山"之名一出,便深入人心,遂传扬流布,千古不移。李白命名郎官湖,序、诗秀洁,都叙述得很明白:"郎官爱此水,因号郎官湖。"李白在流放夜郎途中与故人时任尚书郎的张谓相会,他乡遇故知,又当时水月如练,清光可掇,四望超然,加之张谓主动邀请李白为此城南之湖命名,因此李白一时忘却流放之身,兴致高涨,脱口而出"郎官湖",这一命名未见得有何深意,但与此时此际山光水色和老友新朋心旷神怡的超然心态十分融洽。这也是李白平生交游中的一种常见心态。命名玉镜潭,与命名郎官湖相似,看不出有何深意,只是一时醉心于此。不过,玉镜潭为李白主动命名,命名郎官湖乃受邀之举。

3. 李白命名地名,虽皆为一时诗兴大发,但绝非仓促草率之举,而有将自己托山水之名而传之不朽的愿望。四首诗中两首有较长的诗序,一首有"潭在秋浦桃树陂下,余新名此潭"的自注,一首有"征古绝遗老,因名五松山"的特别说明。这些文字都不像素称豪放飘逸的诗仙李白的无意之举。退一步说,即便李白无意,那也有李白潜意识中"传之不朽"的意念在起作用。李白是中国诗歌史上自我意识最为强烈的诗人之一,诗中反复出现"李白""谪仙人""青莲居士""我"等自我称谓,不仅如此,李白还有强烈的自我仙化的倾向。这些观点可以说已成为李白研究的共识。赐金还山之后,李白"直取卿相""使寰区大定,海县清一"的政治理想事实上已经破灭,尽管他还时时不忘"高卧东山时起来,欲济苍生应未晚",但这更多的只是自我心理安慰了。因此,赐金还山以来的十年漫游之后,老境渐临,虽也时时寻找鲲鹏再起的机会,但也更多地注意自己诗稿的存留,他仍然自信会"诗卷长留天地间"(杜甫语)。所以才有不断委托魏颢、江汉倩公、李阳冰为自己编辑手稿的行动。李白命名山水,与委托魏颢等编辑手稿大概出于同样的心理动机。所谓"传之将来""以传不朽""刻石湖侧,将与大别山共相磨灭焉""名与此山俱"等等,都是这一心理动机的明确表达。

4. 从李白在游宴过程中命名地名的举动可以透视李白诗歌创作豪逸与豪悲两类风格的微妙异同。李白自述的四处地名命名,都是在与朋友的游宴过程中产生的。传说的四处地名命名推想大约也是如此。命名情境的高度一致性即说明李白是时时刻刻行动着的诗人(这一点是常识),更说明在山水间游宴能极大地触发李白的诗性和创作激情,并迅速喷发而出形成诗篇。李白独处时的诗歌往往豪中见悲,如《月下独酌四首》《独坐敬亭山》《行路难》等,与朋友游宴山水之诗往往豪中见逸,如上文李白自述的命名地名的四首诗歌,尽管通观李白所有诗歌不可一概而论,但大体如此,这一点好像还没有人指出过。这又似乎进一步说明,豪中见悲是李白对生命本质的体验,而豪中见逸是李白向世人展示的个性形象。正因如此,豪中见悲的诗篇往往成为李白的名篇或代表作,而豪中见逸的诗篇则难以成为名篇或代表作。但更为吊诡的是,李白豪中见悲的名篇在民间很少有附会传说,倒是抒发豪情逸兴的山水诗往往附丽许多脍炙人口的轶事传说,这或许是因为有具体地点的山水和人物更容易被移花接木生发故事,而豪中见悲往往兴来无端起落无迹,不易和人物形象联系起来。所以,笔者一直倾向性认为,民间传说的李白形象很大程度上是对李白的误读,又由于这种误读具有长期的累积性和广泛的接受性,反过来又影响了一般学者对李白的认知和研究。

5. 从李白命名地名的情境和方式可以推想李白的诗歌创作思路和构思特点。李白《冬日于龙门送从弟京兆参军令问之淮南觐省序》中,李令问问李白:"兄心肝五藏,皆锦绣耶? 不然,何开口成文,挥翰雾散?"李令问的这一疑问也是千百年来对李白天才诗歌创作的共同疑问。这个问题可能永远没有最终答案,因为这是艺术之为艺术、天才之为天才的终极秘密,只要人类存在一天,这个秘密就会存在一天。但这并不妨碍人们对李白诗歌构思创作特点的探讨。与任何诗人一样,李白诗、文创作,与命名地名的思路都是一致的。从命名地名的思路看,李白创作的重要特点之一:联想的直接性。关于五松山的命名,无论是一松五枝,还是五棵松树,都不影响李白直接以五松山命名。改九子山为九华山,也应是李白在"坐眺松雪"之际,目光扫过状如莲花的九峰,不暇思考,脱口而出"九华山"的。因潭水清澄而命名"玉镜潭",李白更会不假思索,李白以"镜""明镜"比喻清溪的诗句比比皆是,一旦身临其境,"玉镜潭"之名就会自动跃出脑海。以朋友尚书郎之官职而命名"郎官湖",则是李白以历史上的同姓名人、官职称谓对方的习惯性反映。这与李贺、李商隐喜爱借助神话、典故而形成曲折诡丽的联想和想象有很大不同。当然,李白联想的直接性,又必须与他的泛览百家的知识结构、横放杰出的神奇幻想、高度自信的人格精神紧密结合在一起,才可以创作出那些恢宏壮丽的诗篇。但无论如何,李白的天才性在某种意义上就是联想的直接性,他的神话性、传奇性也基本由此而生,他的少数诗歌流于直白草率也缘于此。艺术联想和想象牵涉艺术的根本问题,极其广泛深奥,本文无力探究,只好点到为止。

6. 从李白命名地名的区域性分布可以探究李白对长江流域和黄河流域心理认同感的差异。李白自述命名的四处地名全在长江流域,如果算上传说李白命名的四处地名,则七处在长江流域,一处在黄河流域。李白出川后,先后寓家今湖北安陆、山东济宁、安徽南陵,巧合的是,李白命名地名也全在湖北、山东、安徽这三个地域,这也印证了本文上面的观点,即李白命名地名虽为一时之举,但命名之地都是其长期盘桓流连之地,潜意识中,李白似乎更认同将自己命名的地方或附近区域作为寓家之地。将某地作为寓家之地与将某地仅仅作为隐居之地在李白心理上是有很大不同的,这是另外一个问题,此处不烦详述。我们关注的是,李白命名多处长江流域地名的心理因素。李白描绘黄河的诗篇固然不少,而且名篇比例很大,极具特色,但李白描绘黄河总给人一种距离感,多是远眺印象,即便像"我浮黄河去京阙,挂席欲进波连山"这样在黄河上航行的诗句,也不能给读者留下诗人融于黄河的印象,相反,诗人主体形象倒更突出于黄河的惊涛骇浪之上。但李白对长江却有无限的亲切感。李白描绘长江及其两岸山水的诗篇,因其澄明碧透、清空缥缈,往往令人心醉神驰,诗人自己的形象也往往融化于明净碧透的江流之中。余恕诚先生在其《李白与长江》(2002年第1期《文学评论》)这篇著名论文中对此有精彩的分析和论述。要之,黄河诗篇的庄严壮丽,激发了李白"奋其智能,愿为辅弼"的人生理想,长江诗篇的清空透明,更集中鲜明地透露出李白的心性气质。也可以说,浩荡奔腾的黄河与长江,这两条中华民族的母亲河,分别对应着李白功成身退的人生设计。根据日本学者松浦友久的研究,李白天生具有对透明光辉事物的亲近感,这一观点极具启发性。无疑,长江沿岸透明清空的山山水水,不仅给予李白精神上的巨大抚慰,更是李白人生的最好归宿。李白在晚年给长江流域的山水命名,实际上就是为自己的天才性格作出精彩的注脚。

(2016年版《中国李白研究》)

# 李白诗篇万古传
## ——中国李白研究会会长郁贤皓教授访谈

金秋十月,九九重阳,2001 年中国马鞍山国际吟诗节如约而至,国内外研究李白的专家学者云集钢城,共襄盛事。10 月 24 日傍晚,本报记者独家专访了下榻马钢宾馆的中国李白研究会会长、南京师范大学教授、博士生导师郁贤皓先生。记者简要说明采访意图后,郁教授便不假思索,从李白研究角度单刀直入,如数家珍般娓娓道来。

### 李杜文章在　光焰万丈长

盛唐诗歌,李(白)杜(甫)双峰并峙。但直至清代,李白研究者仍寥若晨星,这与历代名家蜂拥注释杜诗形成鲜明对照。清代以前,研究李白成绩卓著者只有四家三本书。南宋杨齐贤最早为李白诗作注,但此书现已失传。元萧士赟在杨注基础上补注,成书《分类补注李太白诗》。明胡震亨编撰了《李诗通》。上述两书现仅存南京图书馆,两书注释太少,但价值颇高。清王琦注《李太白全集》对后世影响巨大,也最为普及。郁教授解释说,千载以下对李白诗歌研究成果寥寥,主要因为李诗难懂。李白固有像《静夜思》这样明快的小诗妇孺皆知,但他大量的乐府诗非常难懂,这些诗都以抒情为主,写作背景、地点、时间难以弄清。这与杜甫、白居易的叙事诗反差极其鲜明。进入 20 世纪,李白研究相对活跃起来。30 年代曾出现过一个高潮,主要集中在李白的胡汉身份、出生地、籍贯、家世等方面,但这一时期的研究没有深入下去。50 至 60 年代,研究李白论文增多,但在当时以阶级斗争为纲的社会背景下,千篇一律,都在探讨李白诗歌的所谓人民性和浪漫主义风格,对李白生平事迹没作研究。其间,只有林庚提出李白诗歌反映"盛唐气象"的精神,引人注目,但当时另有一学者裴斐反对此说,认为李诗只有人生如梦和怀才不遇两大主题。这一争论一直持续到现在。

十年"文革",百花凋零,李白研究可谓相对一片空白。这时,郁教授主要谈到1971年出版的郭沫若著《李白与杜甫》一书的影响。此书扬李抑杜达到极致。李杜优劣论中唐就已出现。白居易、元稹推崇杜甫,认为李白之诗多醇酒妇人。韩愈将李杜并列,认为"李杜文章在,光焰万丈长"。有宋一代,宗杜盛行,李白明显处于劣势。元明清三代多数学者较为公允,认识到李杜各有优长。郁教授认为,以艺术成就论,李白天才无人匹敌。千百年来,学杜多,学李少,主要是学杜靠功力,可以反复推敲。而李白写诗信手挥洒,不假思索,日试万言,倚马可待,世上极难有此等天才。但实际上,李白写诗下过极深的苦功夫,他博览群书,遍拟前贤,学诗可谓炉火纯青,臻于化境。另外,李白诗歌与其个性极有关系。李白性格开放,不安现状,不受约束,浪游名山大川,一心想以布衣身份直取卿相。他与家庭经常分离,希望天下大乱,做乱世英雄而功成身退,所以诸葛亮、张良、范蠡、鲁仲连等都是他倾慕的对象。他的绝句兴味悠长,只攻一点不及其余,他的乐府诗淋漓尽致气势磅礴。这与杜诗的讲究平仄格律,四平八稳,起承转合恰是两极。因此,郁教授的看法是,郭沫若先生是诗人、学者,知识广博,领悟力极强,他对杜诗评价固然有错,但对李白评价的部分观点发前人所未发,应对郭一分为二,不能一概批判。以郭著为开端,新时期的李白研究向纵深发展。

**李白研究已真正走向世界**

改革开放,也给李白研究带来了繁荣的春天。以傅璇琮《唐代诗人丛考》(80年出版)和郁贤皓《李白丛考》(82年出版)为标志,开始以实证研究的新学风为新时期的李白研究打下坚实基础。这些著作超越乾嘉朴学传统,运用系统观念,注重书面材料和地下材料、实物遗存、考古发现的结合,相互比勘印证,取得了富有原创性的结果,从而极大地推动了学术界和民间以新视角、新方法研究李白的广泛兴趣。整个80年代是李白研究的高峰,论文数量多而且很有价值,颇富创建。1986年出版《中日李白研究论文集》标志着李白研究开始走向世界。随后,郁教授把话题转向成立于1987年的中国李白研究会。《中国李白研究》作为会刊每年一期至今正常出版。进入90

年代,李白研究文章更多,但也出现学风不正、内容空疏之弊端,应大力提倡基础研究和创造性研究。中国李白研究会成立后,国际交流日益增多,日本、韩国、中国港台地区、新加坡、马来西亚、美国、加拿大、澳大利亚等众多学者都成为研究会的名誉会员或客籍会员,西方一些新方法的引进为李白研究吹进了新鲜空气。可以说,李白研究已真正走向世界。

当问及当前李白研究的热点问题时,郁教授说,他已在最近的《文史知识》纪念李白诞辰1300周年特刊上著文列出8世纪以来李白研究的十大焦点,这些问题大部分也是当前的热点,诸如李白出生地、许多诗歌的主题、李白诗的真假等,都有大量疑问尚待解决,李白研究空间非常广阔,方兴未艾。在此,郁教授高度评价中国李白研究会的作用。他说,正因研究会的成立,才广泛联合了国内外学术界和民间的李白研究力量,使李白研究队伍和李白爱好者越来越多。它承担着学术交流、培养年轻学人、积蓄研究力量、整合学术资源、促进学术开放等诸多功能。它与中国唐代学会一同成为全国所有学会中最富有朝气、最生机勃勃的学会。言谈之间,郁教授流露出对研究会的赞赏和喜爱之情。

## 马鞍山市在全国李白研究的中心地位已经确立

最后,我们请郁教授谈谈李白对马鞍山的意义。郁教授对马鞍山市一贯高度重视和支持中国李白研究会的工作表示非常满意。他说,中国李白研究会地点和秘书处设在马鞍山,马鞍山市设置专门机构、人员,建立国际李白资料中心和李白网站,这在全国是罕见的,是具有深远意义的举措。他认为,马鞍山市牢牢抓住一白(李白)一黑(钢铁),精神文明和物质文明同等重视,体现了非常正确的战略眼光。他对马鞍山市多年来致力于研究李白与马鞍山关系,出版诸多地方文献的工作给予了热情的鼓励和支持,实际上,我们也知道,郁先生对马鞍山市的李白研究一直非常关注,花费了不少心血,提携和培养了一批地方学术力量。郁教授希望马鞍山市能继续做好李白文化资源的开发和利用工作。他无限感慨地说,马鞍山市在全国李白研究的中心地位已经确立,绝对独一无二。办好吟诗节,做好李白研究的学术和普及工作,对马鞍山的长远发展具有极其重要的意义。记者理解,郁教授这番话的潜台词是,诗仙终老并长眠于这块土地,实乃江东有幸。传承诗仙精神,弘扬李白文化,不仅具有象征意义,更有现实价值,如今,马鞍山市已集国家卫生城市、园林城市、创建文明城市工作先进城市、国家优秀旅游城市四美于一身,打响李白牌,对于提升马鞍山知名度美誉度、创建特色城市形象、提高城市文化品位、塑造城市文化性格、提高市民文明素质、深度开发马鞍山市旅游资源、扩大马鞍山市对外开放、拓宽马鞍山市引资渠道和范围、增强国际交往等方面,都有不可估量的意义和作用。

原定半个小时的采访在不知不觉间突破了。郁教授宏观的思考,扎实的功力,敏捷的思维,广博的知识,深刻的洞见,热忱的态度,给记者留下深刻的印象,虽说深秋,面对郁教授,我们却如坐春风,如沐春雨,身心一片舒畅。窗外暮色苍茫,我们起身告辞,与教授握手言别。我们祝愿郁先生永葆学术青春,带领中国李白研究会踏上更加广阔美丽的沃土,取得更加丰硕诱人的成果!我们祝愿李白终老之乡的马鞍山,永远善待诗仙,不断从李白文化中汲取新的精神资源,推动两个文明建设更好更快地向前发展!

# 李白使用严光典故之探析

## 一、严光典故来源

严光不受汉光武帝征召而归隐富春的故事对后世影响极大。典出《后汉书·逸民传》：

严光字子陵，一名遵，会稽余姚人也。少有高名，与光武同游学。及光武即位，乃变名姓，隐身不见。帝思其贤，乃令以物色访之。后齐国上言："有一男子，披羊裘钓泽中。"帝疑其光，乃备安车玄纁，遣使聘之。三反而后至。舍于北军，给床褥，太官朝夕进膳。司徒侯霸与光素旧，遣使奉书。使人因谓光曰："公闻先生至，区区欲即诣造，迫于典司，是以不获。愿因日暮，自屈语言。"光不答，乃投札与之，口授曰："君房足下，位至鼎足，甚善。怀仁辅义天下悦，阿谀顺旨要领绝。"霸得书，封奏之。帝笑曰："狂奴故态也。"车驾即日幸其馆。光卧不起，帝即其卧所，抚光腹曰："咄咄子陵！不可相助为理邪？"光又眠不应。良久，乃张目熟视，曰："昔唐尧著德，巢父洗耳。士故有志，何至相迫乎！"帝曰："子陵，我竟不能下汝邪？"于是升舆叹息而去。复引光入，论道旧故，相对累日。帝从容问光曰："朕何如昔时？"对曰："陛下差增于往。"因共偃卧，光以足加帝腹上。明日，太史奏客星犯御坐甚急。帝笑曰："朕故人严子陵共卧耳。"除为谏议大夫，不屈。乃耕于富春山，后人名其钓处为严陵濑焉。建武十七年，复特征，不至。年八十，终于家。帝伤惜之，诏下郡县赐钱百万、谷千斛。

后世文学围绕这一传记,衍生出严光濑、严子垂钓、子陵钓台、富春山、桐江叟、披羊裘、高揖天子、客星隐、辞帝座等同一故事典故群。其中,北宋范仲淹在《严先生祠堂记》中的四句赞词"云山苍苍,江水泱泱,先生之风,山高水长",更是集中表达了历代中国文人对严光的钦慕之情。

**二、李白使用严光典故枚举**

据刘伟《李白杜甫诗歌引用人物典故比较研究》一文统计,李白使用严光典故共14例。但该文没有具体列举。裴斐《李白与历史人物·严光》一节说"言及严光十二首",笔者通过大量搜索只新发现1例,即新增《题宛溪馆》一首。现全部列举如下,诗歌内容较长者只节录相关内容。

1.《翰林读书言怀呈集贤诸学士》

晨趋紫禁中,夕待金门诏。观书散遗帙,探古穷至妙。

片言苟会心,掩卷忽而笑。青蝇易相点,《白雪》难同调。

本是疏散人,屡贻褊促诮。云天属清朗,林壑忆游眺。

或时清风来,闲倚栏下啸。严光桐庐溪,谢客临海峤。

功成谢人间,从此一投钓。

这首诗按詹锳先生《李白诗文系年》(以下简称《系年》),系于天宝二载,即743年作于长安李白供奉翰林期间。

2.《送岑征君归鸣皋山》

岑公相门子,雅望归安石。奕世皆夔龙,中台竟三拆。

至人达机兆,高揖九州伯。奈何天地间,而作隐沦客。

贵道能全真,潜辉卧幽邻。探元入窅默,观化游无垠。

光武有天下,严陵为故人。虽登洛阳殿,不屈巢由身。

余亦谢明主,今称偃蹇臣。登高览万古,思与广成邻。

蹈海宁受赏,还山非问津。西来一摇扇,共拂元规尘。

此诗《系年》定于天宝四载(745),安旗系于746年。朱谏注曰此诗作于"还山不久",一般认为该诗作于梁园。

3.《酬张卿夜宿南陵见赠》(节录)

……我昔辞林丘,云龙忽相见。

客星动太微,朝去洛阳殿。……

此诗《系年》定于天宝五载(746),当在兖州创作。

4.《古风·其十二》

松柏本孤直,难为桃李颜。昭昭严子陵,垂钓沧波间。

身将客星隐,心与浮云闲。长揖万乘君,还归富春山。

清风洒六合,邈然不可攀。使我长叹息,冥栖岩石间。

此诗《系年》定于天宝六载(747),当是李白由东鲁南下游富春山严子陵钓台时怀古而作。

5.《答王十二寒夜独酌有怀》(节录)

……一生傲岸苦不谐,恩疏媒劳志多乖。

严陵高揖汉天子,何必长剑拄颐事玉阶。……

《系年》定此诗作于天宝九载(750),曾巩认为此诗作于吴中,但多数学者存疑。

6.《书情赠蔡舍人雄》(节录)

……夫子王佐才,而今复谁论?曾飙振六翮,不日思腾骞。

我纵五湖棹,烟涛恣崩奔。梦钓子陵湍,英风缅犹存。

徒希客星隐,弱植不足援。……

《系年》定此诗作于天宝十二载(753),大约作于梁园,似将离梁宋之地南游而告别蔡舍人。

7.《酬崔侍御》

严陵不从万乘游,归卧空山钓碧流。

自是客星辞帝坐,元非太白醉扬州。

此诗《系年》为天宝十二载(753)李白在金陵回赠崔成甫所作。

8.《题宛溪馆》

吾怜宛溪好,百尺照心明。何谢新安水,千寻见底清。

白沙留月色,绿竹助秋声。却笑严湍上,于今独擅名。

《系年》定此诗作于天宝十二载(753)秋,写于漫游皖南宣城之际。

9.《送王屋山人魏万还王屋》(节录)

……乱流新安口,北指严光濑。

钓台碧云中,邈与苍岭对。……

此诗《系年》为太白天宝十三载(754)于金陵与魏万相遇时所作。

10.《独酌清溪江石上寄权昭夷》

我携一樽酒,独上江祖石。自从天地开,更长几千尺。

举杯向天笑,天回日西照。永愿坐此石,长垂严陵钓。

寄谢山中人,可与尔同调。

此诗《系年》定于天宝十三载(754)秋,李白漫游皖南池州清溪时所作。

11.《下陵阳沿高溪三门六刺滩》

三门横峻滩,六刺走波澜。

石惊虎伏起,水状龙萦盘。

何惭七里濑,使我欲垂竿。

此诗当作于天宝十四载(755),李白游皖南宣城时所作。

12.《箜篌谣》(节录)

攀天莫登龙,走山莫骑虎。

贵贱结交心不移,惟有严陵及光武。……

裴斐认为不知作于何时。但詹锳主编《李白全集校注汇释集评》认为此诗系于至德二载(757)李白在浔阳狱中所作。

13.《赠从孙义兴宰铭》(节录)

……他日一来游,因之严光濑。

此诗《系年》为上元二年(761)作,地点不详。笔者参考综合《系年》先后诸诗,大概推测作于金陵或其附近某地。

上述各诗系年、作地各家不尽一致,随着研究深入可能还有变化,但笔者认为就此13首诗歌而言,詹锳《系年》还算基本准确,没有大误。现将上述材料作一览表,以便读者对照。

### 李白使用严光典故一览表

| 序号 | 诗名 | 用典词语 | 时间 | 地点 |
|---|---|---|---|---|
| 1 | 翰林读书言怀呈集贤诸学士 | 严光、桐庐溪、投钓 | 天宝二载(743) | 长安 |
| 2 | 送岑征君归鸣皋山 | 严陵、洛阳殿 | 天宝四载(745)746年? | 梁园 |
| 3 | 酬张卿夜宿南陵见赠 | 客星、洛阳殿 | 天宝五载(746) | 兖州 |
| 4 | 古风·其十二 | 严子陵、垂钓、沧波、长揖万乘君、富春山 | 天宝六载(747) | 富春江严子陵钓台 |

续上表

| 序号 | 诗名 | 用典词语 | 时间 | 地点 |
|---|---|---|---|---|
| 5 | 答王十二寒夜独酌有怀 | 严陵、高揖汉天子 | 天宝九载（750）749年？ | 吴中？ |
| 6 | 书情赠蔡舍人雄 | 梦钓、子陵湍、客星 | 天宝十二载(753) | 梁园 |
| 7 | 酬崔侍御 | 严陵、万乘游、钓碧流、客星隐、辞帝座 | 天宝十二载(753) | 金陵 |
| 8 | 题宛溪馆 | 严湍 | 天宝十二载(753) | 宣城 |
| 9 | 送王屋山人魏万还王屋 | 严光濑、钓台 | 天宝十三载(754) | 金陵 |
| 10 | 独酌清溪江石上寄权昭夷 | 严陵钓 | 天宝十三载(754) | 池州 |
| 11 | 下陵阳沿高溪三门六刺滩 | 七里濑、垂竿 | 天宝十四载(755) | 宣城 |
| 12 | 笺篌谣 | 严陵 | 至德二载(757) | 浔阳狱？ |
| 13 | 赠从孙义兴宰铭 | 严光濑 | 上元二年(761) | 金陵？ |

### 三、相关分析

第一，李白使用严光典故起点时间分析。

李阳冰在李白去世前为李白编《草堂集序》称，李白诗歌已"十丧其九"。尽管我们不能以现有千首余诗歌想象李白万首诗歌的内容和全貌，但其基本思想倾向应已体现在现有诗作中。就现有资料看，李白使用严光典故始于天宝二载(743)供职翰林期间创作《翰林读书言怀呈集贤诸学士》。此前李白曾多次隐居，如青少年读书期间隐居大匡山，出川后又"酒隐安陆，蹉跎十年"，举家迁山东后又曾加入"竹溪六逸"隐居徂徕山，多次提到上古的隐士巢、由、夷、齐。李白隐不绝俗，对巢由夷齐兼有褒贬，但未提严光。受玄宗征召入宫并进而遭谗，宫中失意希望破灭之际，这才想起了严光垂钓的山水之乐。这说明，有了与玄宗皇帝在宫中的直接接触，李白主观上把自己与玄宗的关系看成严光与光武的关系。也就是说，受到玄宗征辟，有了翰林经历，李白才认为有了身份和资格把自己当作严光。就这一点而言，李白此后不断使用严光典故是对自我身份的认定和自身价值的定位。从这个意义上讲，李白使用严光典故是相当准确、很有分寸的。

第二,李白使用严光典故两个高峰时期分析。

从上面的一览表可以清楚地看到,两个高峰期分别是天宝四载至九载(即745—750)这几年间和天宝十二载至十四载(即753—755)这几年间。之所以出现第一个高峰,是因为李白被玄宗赐金还山,几年间一直心绪不平,失意中透出孤傲之情。特别是还山后一两年内写的《送岑征君归鸣皋山》《酬张卿夜宿南陵见赠》接连两次提到"洛阳殿":"虽登洛阳殿,不屈巢由身"和"客星动太微,朝去洛阳殿",这说明李白对宫廷活动的形象记忆鲜明深刻,是他此后自伤自傲回忆的资本。或许正是这种潜在的内趋力,使李白在南游时专程凭吊富春江严子陵钓台,写下《古风·其十二》这首歌咏严光的诗篇。出现第二次高峰,主要是和李白在江南的金陵、宣城、池州等地漫游有关。皖南山水与富春山水地缘相近,风景高度相似。山水滋润抚慰李白的心灵,使李白愤激的心情渐趋平静,李白更多的是自觉地享受到山水隐逸之趣。进一步比较前后两个高峰,还可以发现,虽然都是用严光典故,但着重点不同。前者侧重于宫廷与辞别,后者侧重于山水与归隐。深入分析辞别与归隐之间一体两面的关系,能够真切体会到随着时间的流逝,李白对于宫廷生活之形象记忆的淡化。

第三,李白运用严光典故主要用于酬唱赠答分析。

除《古风·其十二》《题宛溪馆》《下陵阳沿高溪三门六刺滩》《笺篌谣》四首外,其他九首均为酬唱赠答作品。九首之中有六首自比严光,都是喻指其一度入宫的经历,并且都是抒愤放言。而在四首独抒情感的诗歌中,其情感强度要相对弱化一些。这说明,李白是一个善于交往而且勇于、急于向人剖白自己心迹的诗人。当他独处之时,固然也有像《行路难》《月下独酌四首》这样抒写心情极度愤懑的诗篇,但是也有许多像《题宛溪馆》《下陵阳沿高溪三门六刺滩》这样清新飘逸的诗篇。不过,像李白的许多诗歌一样,从运用严光典故也可以看出,李白不是一个善于自我省思的诗人。就是在浔阳狱中所作《笺篌谣》中,差点丢掉性命的从璘事件,让李白作了最沉痛的反思,但他的反思结果还是"贵贱结交心不移,惟有严陵及光武"。《唐宋诗醇》卷二:"白之受知明皇,礼遇殊绝,当时王公贵人交游亦众。浔阳既败,莫为省记,故以严陵、光武及管、鲍为比。言管、蔡者,事之缘起如此也。"言肃宗、永王兄弟之情得失当然不错,李白借此古乐府旧题为永王李璘失败而伤悼。

但言兄弟之情又涉及严陵、光武贵贱结交心不移,颇为不伦不类。这里应该是李白想起了玄宗曾经对自己的种种礼遇而情不自禁地联想起光武严陵故事。但君臣之义与朋友之交是两类不同性质的交往关系,李白于此把两种关系混为一谈,严重地错位了。

第四,李白使用严光典故群缺乏"披羊裘""披裘客"分析。

从上面一览表"用典词语"中可以看出,李白使用严光典故,极其熟练,挥洒自如,同一典故无论事典语典、正用反用、明用暗用,皆能随心所欲,任其差遣。但严光典故群中还有光武征召前,严光"披羊裘"钓于泽中这一事典,却不被李白采用。此处试析其原因:(1)披裘钓于泽中是严光被光武征召之前,这与李白奉诏进京事迹了不相关,因而被李白忽视。(2)李白所谓的隐,是隐不绝俗,养高望机,是通过隐逸扩大名声,希望引起皇帝的重视,而严光的披裘钓泽是真正的遁世逃名,与李白的隐逸心理动机完全相反,因而被李白心理排斥。(3)披裘钓泽是从生理到心理均呈静态的隐逸方式,而李白是一个天生行动的诗人,一生好入名山游,因而静态的披裘形象为李白的好动性格所抵触。(4)披裘钓泽呈现出一种荒江野老、岁暮阴寒的视觉效果,而李白是偏爱光辉纯净、清空透明的山水之境的,因此为李白所不取。(5)披裘钓泽更多的是传承了上古时代的遗民形象,与李白心仪的姜尚垂钓渭水待时而起没有任何交集,而李白又深受六朝名士洒脱旷达、狂放傲世之风的影响,因而无法呈现于李白的笔底。

第五,严光与光武、李白与玄宗关系的异同分析。

相同之处:(1)两人才华横溢素为皇帝所知。(2)都是由皇帝主动下诏或差人邀请。(3)相遇后均获得皇帝非同寻常的礼遇。不同之处:(1)严光与光武是早年的同学,严光的才华、人品、学问素为光武所知。李白是主动结交各层官员、名流、投书献诗,扩大名声,最后被玄宗知晓。(2)严光是光武派员访之遣使聘之,李白是受玉真公主等推荐而打动玄宗,才由朝廷下诏征召的。(3)严光是"三反而后至",非常不情愿,李白得诏后仰天大笑,挥剑起舞,极度兴奋,迅速"举鞭跨马涉远道"。(4)严光坚决不就谏议大夫而一意归耕富春,李白则是被皇帝先宠后疏,赐金还山的。这些异同表明,李白与严光主观上选择的人生道路是完全不同的。李白与玄宗的关系是不能与严光和光武攀比的。但李白反复自比严光,既出于高度的自尊,亦见其天真。

**四、结论**

(1)李白的人生理想是功成身退,他的人生典范是谢安(谢安在李白诗文中 26 次言及)和鲁仲连(共 16 次)(俱见刘伟《李白杜甫诗歌引用人物典故比较研究》)。严光是李白想象中功成身退之后的生活方式。

(2)李白称引严光,主要出于平等意识和人格自尊,而不是一般的所谓自由和归隐。

(3)供奉翰林和赐金还山是李白终生的荣耀与伤痛,李白自比严光,既是分享荣耀,更是疗救伤痛。因此,李白一般都是在逆境中才想起严光。

(4)严光的人生是圆满的,李白的人生是失败的。严光因其圆满而引起后代无限敬仰和向往,李白因其艺术天才与从政失败而引起后代无限敬佩和惋惜。

(附注:1.通过友人辗转联系到《李白杜甫诗歌引用人物典故比较研究》一文作者刘伟女士,但她说此文原稿已丢失,因此我现在无法知道她的第 14 例李白用严光典故到底是什么。2.2013 年 11 月,阮堂明兄来电,他发现李白《宣城清溪》很可能就是第 14 例。全诗如下:"清溪胜桐庐,水木有佳色。山貌日高古,石容天倾侧。彩鸟昔未名,白猿初相识。不见同怀人,对之空叹息。"我也高度认同阮堂明兄的观点,此诗与《独酌清溪江石上寄权昭夷》当为同时同地所作,诗中之"同怀人"当即指严光。此一例的发现,一是弥补了笔者本文原来的遗憾,二是更足以证明本文的观点。特此说明)

(原载于 2014 年版《中国李白研究》)

# 李白四咏天门山

"天门中断楚江开,碧水东流至此回。两岸青山相对出,孤帆一片日边来。"这首《望天门山》是李白名作,因入选中小学课本而家喻户晓,妇孺皆知。李白此后还多次吟咏过天门山,知道的人可能就不多了。天门山仅另见于李白诗歌诗题的就还有三处,这三首诗分别是:

自金陵溯流,过白璧山玩月,达天门,寄句容王主簿

沧江溯流归,白璧见秋月。秋月照白璧,皓如山阴雪。
幽人停宵征,贾客忘早发。进帆天门山,回首牛渚没。
川长信风来,日出宿雾歇。故人在咫尺,新赏成胡越。
寄君青兰花,惠好庶不绝。

天门山铭

梁山博望,关扃楚滨。夹据洪流,实为吴津。两坐错落,如鲸张鳞。惟海有若,唯川有神。牛渚怪物,目围车轮。光射岛屿,气凌星辰。卷沙扬涛,溺马杀人。国泰呈瑞,时讹返珍。开则九江纳锡,闭则五岳飞尘。天险之地,无安匪亲。

姑熟十咏·天门山

迥出江山上,双峰自相对。岸映松色寒,石分浪花碎。
参差远天际,缥缈晴霞外。落日舟去遥,回首沉青霭。

令人感兴趣的问题是,李白分别是在什么样的心境之下写这几首诗的?更进一步,诗人为了表达不同的感情,又是怎样围绕天门山来选材的?从中我们可以窥见诗仙灵活多变的构思方式和浩瀚奔涌的伟力才情。

《望天门山》是开元十三年(725)李白仗剑去国、出川东下,首次经过天门山时所写的,是李白写马鞍山,也是写安徽的第一首诗歌。这时的李白,年轻豪迈,意气风发,立志使"寰区大定,海县清一",当时正值开元盛世前期,大唐国力强盛,四海晏平,李白一叶轻舟,浮江而下,已经饱览了"山随平野尽,江入大荒流"的江汉平原风光,内心豪气升腾,这时忽遇景色壮美的天门山,诗情瞬间喷涌而出,青春理想、江山风物、时代精神、盛唐气象高度融合,遂成千古绝唱。《望天门山》也成为李白登上盛唐诗坛的第一首标志性作品。

《自金陵溯流,过白璧山玩月,达天门,寄句容王主簿》是天宝六年(747)李白漫游金陵当涂一带时所作。这时李白已被玄宗赐金放还四年之久,愤懑的心情已经渐渐平静,但他早已名满天下,于是浪迹山水,啸傲自适。这首诗写他从金陵溯江而上夜游白璧山(即现在马鞍山的人头矶)和天门山时的情景,在记游的同时兼寄相距虽近但不能同游的朋友。此诗极具李白个性色彩,极其风流潇洒,引人入胜。《旧唐书》本传载,李白与崔宗之"尝月夜乘舟自采石达金陵,白衣宫锦袍,于舟中顾瞻笑傲,旁若无人。"大概就是根据此诗附会而来,由此可见这首诗的吸引力是多么大了!诗中写"进帆天门山,回首牛渚没。川长信风来,日出宿雾歇",少了"孤帆一片日边来"的壮美与豪情,多了清晨云散日出,江风习习的清凉与惬意。天门山,向我们展现了她清丽秀美的另一侧面。

有人认为《天门山铭》也是作于747年,但我感到此铭与《横江词六首》情感基调相通,其作于753—754年也就是安史之乱爆发的前一两年可能更符合实际。《天门山铭》中,再也见不到盛唐时期的那种平静与开阔,有的是山雨欲来的天地色变和时事紧张。从某种意义上讲,此铭与《蜀道难》异曲同工,深刻表达了诗人对唐王朝危机的敏锐洞察和对统治者的泣血警告。纳锡,入贡之意。此处九江纳锡即九江入贡,全国太平。陆机《汉高帝功臣颂》:"'波振四海,尘飞五岳。'波振、尘飞,以喻乱也。"五岳飞尘,即天下动乱。"开则九江纳锡,闭则五岳飞尘"是对天门山重要战略位置的诗化概括。李白一生虽在政治上没有什么建树,政治能力也没有得到证明,但他以天才诗人的悟性对山川形胜的认识和对国事国运趋势的判断是非常准确的。所以,《天门山铭》是饱含深厚时代意识、表现诗人独特感悟、具有强大诗性张力的政治抒情诗。

　　《姑熟十咏》自苏东坡、陆游以来一直都有人怀疑是伪作,迄今未有定论。苏东坡甚至当面怀疑是当涂人,有"太白后身"之称的郭祥正所作,引起两位朋友间的一点不快。不过,历史上更多的人坚持认为《姑熟十咏》应为李白所作,而且是李白晚年(761－762)定居当涂时的作品。此时的李白报国无门又贫病交加,写诗呈情,时任当涂县令的李阳冰慨然接纳了李白,并为之在龙山青山河畔筑起草堂,让拼搏一生也漂泊一生的李白有了一处栖息之地,所以李白对当涂人民和山水的感情是非常之深的。也正是李阳冰为李白编纂了《草堂集》并为之作序,才使我们今天有幸读到李白,否则李白诗歌散失殆尽,那将是中国文化史上的巨大遗憾。李白晚年诗歌风格稍有变化,人间烟火的味道更浓了一些,像《游谢氏山亭》(沦老卧江海,再欢天地清。病闲久寂寞,岁物徒芬荣。借君西池游,聊以散我情。扫雪松下去,打萝石道行。谢公池塘上,春草飒已生。花枝拂人来,山鸟向我鸣。田家有美酒,落日与之倾。醉罢弄归月,遥欣稚子迎。)就是这样。《天门山》是《姑熟十咏》组诗最后一首,我甚至认为这是李白有意为之,因为天门山寄寓了李白太多太多的回忆。全诗是在十分平静的心境之下娓娓道来,既有诗仙一贯的飘逸清丽的本色,更有老年人看惯风云变幻之后静观天地的闲适通达,如果细细品味,还能发现它与六朝诗歌的某些相通之处。此时的天门山,双峰相对,默默无言而又默契相处,仿佛一对饱经沧桑的老友,岸上松色,石间浪花,也好像相依相偎,难舍难分。远处天际,晴霞缥缈,落日轻舟,随波荡漾,回首怅望,暮霭沉沉。全诗纯粹写景,但饱含深情,诗人平静的外表和安静的目光下,涌动的是对自己一生的感慨回味。"落日舟去遥,回首沉青霭"实际上是对自己一生的诗化的总结。千载之下,我们读这一联,眼前恍惚还能映现出淡淡暮霭里李白舟行江上越来越远越来越虚的缥缈身影。

　　面对同一座天门山,李白在不同时期不同心境下选择不同的角度,分别写出了风格各异而又同样脍炙人口的诗篇,为我们留下了宝贵的精神财富。我们吟咏诗篇,我们怀念诗仙!

# 以"谪仙人"称誉为起点透视李白人生悲剧

一

在中国诗歌史上,以"谪仙人"(或"诗仙")称誉诗人且被广泛接受的只有李白一例。这个空前绝后的称誉对李白一生影响巨大。松浦友久对"谪仙人"的称呼做过详尽而精到的论述和辨析,极具启发性,令人信服地证明,从历史上看"谪仙"的称呼并不只用于李白,但就中国文学史而言,"谪仙人"之名只有在李白这里,才具有独占性和代表性,因为"谪仙人"的意象结构存在着与李白生平、性格和诗风共通(亲近性)的要素,用"谪仙人"作为李白传记论以及中国文学批评史上的重要概念之一,是具有划时代的影响力。

但是松浦友久认为,李白在被贺知章呼为"谪仙人"供奉翰林时期,当时就作了相当多的表现自己意图的"谪仙歌",这却是笔者不能苟同的。基本史料是下列三条:

> 1. 又与贺知章、崔宗之等自为八仙之游,谓公谪仙人。朝列赋谪仙之歌凡数百首,多言公之不得意。
>
> (李阳冰《草堂集序》)
>
> 2. 时人又以公及贺监、汝阳王、崔宗之、裴周南等八人,为酒中八仙。朝列赋谪仙歌百余首。
>
> (范传正《新墓碑》)
>
> 3. 故宾客贺公奇白风骨,呼为谪仙子。由是朝廷作歌数百篇。
>
> (魏颢《李翰林集序》)

松浦友久在其著作《李白的客寓意识及其诗思》中两次对"朝列赋"的主语作过解释。第一次解释在该书10~11页:"两条史料(指上文1,2)都证有'朝列赋……',虽似应读作'朝列的人们……',但从魏颢《李翰林集序》中则作'朝廷作歌数百篇,李阳冰《草堂集序》中'朝列赋谪仙之歌凡数百首,多言公之不得意'看,读作'朝廷中许多人也作歌咏李白不遇的作品数百首'则与宫廷诗歌创作实际情况不合。从同时代中没有一首'李谪仙歌'这一情况看,应读作'李白自己在朝列(朝班、朝廷)……'为是。"第二次解释是在该书第180页:"将李阳冰《序》中所记'朝列赋'的主语解释为'在朝列的人们'也是可以的,但因(1)考虑到魏颢《序》、范传正《碑》的相关记述;(2)同时代周围诗人作品中无一首《李谪仙歌》之类的作品留存;(3)在宣扬李白在朝期事迹的杜甫《寄李十二白二十韵》和任华《杂言寄李白》中,均未记述'朝列'之人对李白表示的'盛仪'……等等。由此来看,将之解释成'李白自身在朝列(朝班、朝廷)',似较为妥当。"

应该说,松浦友久的解释是相当审慎的,但笔者仍不能同意。这是因为(1)同时代周围诗人无一首《李谪仙歌》之类的作品留存,并不能说明他们没有作过此类诗歌。(2)杜甫、任华未记述朝列之人对李白的"盛仪",只能说明他们对李白事迹的记述具有选择性和倾向性,更何况杜甫说过"世人皆欲杀,吾意独怜才"呢?(3)李《序》谓"公谪仙人""多言公之不得意",从语句的连贯性上也应当解释为朝列之人,况且,"言公不得意"更明显是他指。(4)即使朝列诗人同情李白,对李白有谪仙之才而不得施展持同情和惋惜,而赋谪仙之歌,又有何不可呢?(5)不可想象李白在一年之内创作百余首甚至数百首同题的谪仙之歌以抒发怨愤。(6)从后世追慕李白的大量诗歌看,多数也都以谪仙为核心展开构思,这也能反证是朝列之人赋谪仙之歌。

那么,是别人还是李白自己赋谪仙之歌,对我们认识李白会产生什么不同的影响呢?笔者认为,李白自己和朝野上下都高度认同"谪仙人"这一称誉,但"谪仙人"这一概念的外延内涵在双方心目中是不同的。对朝野上下而言,"谪仙人"只是文学性称誉。这一称誉基本上集体否定了李白在现实的政治事功方面的才能。对李白自己而言,他片面夸大了"谪仙人"的适用范围。从他一系列干谒文章的主观愿望和他的一生追求看,他一直坚信自己的政治才能。也毋宁说,李白把"谪仙人"看作世人对自己政治文学的整体性评价,他认为文学才能与政治才能具有表里一致、不可分割的统一关系。"怀经济之才,抗巢由之节。文可以变风俗,学可以究天人,一命不沾,四海称屈"(《为宋中丞自荐表》)。在李白思想中,经济之才和文学之才是混而不分的。由此可以透视,以"谪仙人"称誉为起点,李白和朝野上下(也即时代)开始相互误读。

## 二

研究李白,首先要认清李白的性格。但李白的性格仿佛是个千古之谜,像他的家世和身份一样,令人捉摸不定。李白集侠客、刺客、道士、策士、狂士、隐士、志士、学士、酒徒、布衣、纵横家、旅行家、流放犯等于一身,让人眼花缭乱。然而,支撑在这些多变角色背后的是更为复杂矛盾的思想性格。在李白身上,中国传统的儒、道、释、兵、侠、法、隐、杂、墨、纵横家等思想都不同程度地存在着,加之唐代开放的文化政策,一些异域思想,如从西域传来的摩尼教、波斯等传来的袄教都崇拜光明,"祠天地、日月、水火",对李白追求光明、喜爱明月也有一定的影响。因此李白自己说过的"十岁观百家","十五观奇书","轩辕以来,颇得闻矣",应当言之不诬。李白这种博杂百家、兼收并蓄的复杂思想,不仅在当时,而且在后世历代诗人中都是极其罕见的。但如果我们以李白诗文为内证,来证明李白具有某种思想,又往往会导致相互否定或莫衷一是,让人无所适从。不过,李白是行动着的诗人,他的行为和他对不同境遇的反应最能说明他的思想。诚如有的学者分析所说,李白一生的思想确实复杂,但这些思想并不是并列和始终不变的,而是有主次之分,并且随着环境和经历的变化而起伏。

贯穿李白一生的主导思想是先秦道家的自由精神和儒家的理想主义,也即"功成身退"。其他各种思想都以此为中心,或加以容纳吸收改造,或加以过滤扬弃。如对墨家只取其任侠仗义;对纵横家只取其游说诸侯的方法;对道家只吸收其追求自由精神、激浊扬清的批判意识和不逢迎阿谀、发扬个性人格独立的一面,而弃其明哲保身,回避矛盾、透逃顺时的一面;对儒家只吸收其锐意进取、积极用世、兼济天下的一面,而否弃其热衷功名、唯上是从、留恋富贵的一面。由此审视李白的生平与思想,就可以看出李白复杂多变的思想面貌是万变不离其宗的,其任侠、游说诸侯、隐居访道等,实质是为了抬高自己的身价,都是为了实现其人生理想而服务的。至于其诗歌中经常流露的各种情绪,也都是出于寻找心灵慰藉和心理平衡的需要。

对于李白功成身退的思想主调,龚自珍在《最录李白集》中有简练鲜明的表述:"庄屈实二,不可以并,并之以为心,自白始,儒、仙、侠实三,不可以合,合之以为气,又自白始也。"表面上看,功成身退并非不可企及的理想模式。唐代思想开放,三教并尊,进身之途不止一端,功成身退的诱惑性更大。但对李白而言,功成身退则永远是海市蜃楼,这是本文所要申说的重点之一。

首先,李白把传统思想中作为人生态度的功成身退转化成终生不渝的理想与追求,也即把用舍随机、行藏在我的自在转化为刻意追求的主观奋斗。倘若机会未至,条件不成熟,必然导致理想与现实的冲突。《老子》所谓:"万物作而弗始,生而弗有,为而弗恃,功成而弗居","功遂身退,天之道也","万物恃之以生而不辞,功成而不有",实际上是体悟天道之言,委化任运。老子的功成是自然而然,与李白勉力为之的功成相去甚远。《孟子·尽心上》说:"穷则独善其身,达则兼善天下。"体现儒家用之则行、舍之则藏的舒卷自在的处世方法。儒道的功成身退都含有某种超然处世的辩证法态度。而李白在《代寿山答孟少府移文书》中津津乐道的是:"申管晏之谈,谋帝王之术,奋其智能,愿为辅弼,使寰区大定,海县清一。事君之道成,荣亲之义毕,然后与陶朱留侯,浮五湖,戏沧洲,不足为难矣。"这段话向来被认为是李白表达其功成身退思想最完整的一段文字。李白首先设立了功成与身退的先后顺序和因果关系,实际上在融合儒道观念的同时也扭曲了功成身退的非逻辑的自然状态,使功成身退变成了一件事物不可分割的一体两面。正是这一设定,拉开了李白与儒道两家的距离,使李白终身陷入进退维谷的尴尬境地。如果功成没有实现,则没有身退的可能,如果只有身退,则又回到道家自然状态的老路,更是对功成身退这一整体的异化。

其次,历史上功成身退成功的模式有特殊的历史条件,盛唐的李白缺乏这一条件。战国时代具有纵横家气质的策士鲁仲连功成身退屡受李白誉美,《古风·其十》:"齐有倜傥生,鲁连特高妙。明月出海底,一朝开光曜。却秦振英声,后世仰末照。意轻千金赠,顾向平原笑。吾亦淡荡人,拂衣可同调。"《五月东鲁行答汶上翁》:"我以一箭书,能取聊城功。"在《赠崔郎中宗之》中说:"鲁连逃千金,珪组岂可酬?"在《在水军宴赠幕府诸侍御》中说:"所冀旄头灭,功成追鲁连。"永王兵败,李白在《奔亡道中五首》中还念念不忘:"仍留一枝箭,未射鲁连书。"临终前《献从叔当涂宰阳冰》中仍说:"鲁连善谈笑,季布折公卿。"现存李白诗文中更有二十余处歌咏东晋名臣谢安的。《梁园吟》:"东山高卧时起来,欲济苍生未应晚。"《永王东巡歌十一首》:"但用东山谢安石,为君谈笑静胡沙。"《春滞沅湘有怀山中》说:"所愿归东山,寸心于此足。"谢安"卧白云于东山"和"为苍生而一起"(《江夏送倩公归汉东序》)这种完美的人生事迹的结合,可以说是李白生命中最为崇拜的对象。但鲁仲连生在战国纷争的时代,谢安处在南北割据的时代,盛唐却是大一统的时代。战国时代为谋臣策士纵横之徒提供了广阔的驰骋空间,合纵连横游说诸侯是那一时代策士们最为时髦的生存方式,也是百家争鸣主流意识形态没有形成之前各国策士们得心应手的谋取功名建功立业的生存策略。谢安作为东晋宰相,从容指挥淝水之战并赢得千古英名,这一史实传奇的背后实质上有诸多必然因素。谢安本来出身名门望族,其家族势力在桓温之后几乎可以左右东晋一朝。谢安出仕以前,已屡次征召不从,并已留下"谢安不肯出,将如苍生何"的典故。至淝水之战,谢安已步入官场二十余年,十分沉稳老练,且已掌握对东晋朝廷的绝对控制权。再者,谢安性情从容镇定,矫情镇物,安定人心也在决战之前发挥了重要作用。除此之外,淝水之战时东晋前秦交战双方利弊其实相当清晰,前秦谋臣大都认为东晋已占天时地利人和,只因苻坚刚愎自用个性才招致失败。除此之外,还有前线若干突发因素等,才导致淝水之战东晋以少胜多。而李白,作为一个豪放杰出的诗人,上述谢安的种种条件他都不具备,因而李白"屡称东山"充其量只是一个幻想而已。

最后,李白张扬自我和追求平等的个性从根本上否定了功成身退实现的可能,注定这一理想空中楼阁的虚幻性。就像李白不管多么勤奋好学,胸罗经史,杂揽百家,但历代认为他天纵之才是与生俱来的一样,不管李白对压抑人才的社会怎样无情鞭挞嬉笑怒骂,我们也总是认为他的爱国情感、济世拯物之情是与生俱来的。国家的强盛,鼓舞他向往功名事业的雄心;政治的危机,更激发了他拯物济世的热望。用现代眼光看,李白的政治抱负源自于他强烈的自信,源自于他实现自我价值的深层动机,这种动机不会因任何阻碍而动摇,但遭遇挫折后会以各种改头换面的形式予以表现。从时代需要看,李白的报国之志无疑是令人感佩的,而且也一直激励着后代具有雄心壮志的人物,成为中华民族优秀的精神传统,但是成功往往在于细节。李白从政失败的原因在于:(1)他把张扬自我个性的主观愿望误读为对理想抱负的追求。(2)他把皇权专制下的开明、自由误读为对人格平等的默许甚至纵容。先看第一个误读。在《代寿山答孟少府移文书》中李白的自我认知是:"近者逸人李白自峨眉而来,尔其天为容,道为貌,不屈己,不干人,巢由以来,一人而已。"在《为宋中丞自荐表》中再次宣称自己"怀经济之才,抗巢由之节"。前者、后者分别为青年、暮年时代作品。可见李白对自己经世济民才能的认识终身未变。这就造成了当他奉诏入京时"仰天大笑出门去,我辈岂是蓬蒿人"。认为机遇来临时的极端狂傲和高度自信。而他生前托付手稿的魏颢和李阳冰又怎么看待李白的呢?魏颢《李翰林集序》说李白"身既生蜀,则江山英秀。伏羲造书契后,文章滥觞者《六经》,《六经》糟粕《离骚》,《离骚》糠秕建安七子。七子至白,中有兰芳。情理宛约,词句妍丽,白与古人争长。三字九言,鬼出神入,瞪若乎后耳。"李阳冰《草堂集序》则认为李白:"自三代已来,风骚之后,驰驱屈、宋,鞭挞扬、马,千载独步,唯公一人。"由此看来,最受李白信任的魏颢、李阳冰也只认为他是诗坛的天才,而根本不提李白的经世之才。魏颢同时也看出李白欲在政治上大有作为的信念:"吾观白之文义,有济代命,然千钧之弩,魏王大瓠,用之有时。议者奈何以白有叔夜之短,倘黄祖过祢,晋帝罪阮,古无其贤。所谓仲尼不假盖于子夏。"也许以李白个性,李白倘在天之灵也不愿认同魏颢这番见解。但客观地说,魏颢对李白的理解在当世应该无人匹敌。也即是说,李白自我个性张扬的路径出现方向性偏差,因而差之毫厘,失之千里。再看第二个误读。无论玄宗怎样开明,怎样雄才大略,维护自己统治的政治底线是十分明确的。在一个缺乏民主观念的社会里,人格意义上的平等只能是天方夜谭。而李白正是中国传统社会中罕见的追求人格平等的诗人。这几乎迥异于一切传统社会的诗人。在处理君臣关系上,李白总体上也遵循忠孝的基本原则,但由于诗人追求独立自由的平等人格,在特定的条件下,他又把忠孝观念抛到九霄云外,在济世理想受到打击压抑时,他对儒家忠孝观念又会彻底否定。李白幻想以不损害独立自由人格为先决条件而实现其功成身退的理想,只能落得到处碰壁。他羡慕严子陵与汉光武帝的同学关系:"严陵不从万乘游,归卧空山钓碧流,自是客星辞帝坐,元非太白醉扬州。"(《酬崔侍御》)在李白的观念里,王侯将相与自己处于主客平等的地位,所以他说:"出则以平交王侯,遁则以俯视巢许。"(《冬夜于随州紫阳先生餐霞楼送烟子元演隐仙城山序》)"府县尽为门下客,王侯尽是平交人。"(《少年行》)从平等观念出发,他称赞郦食其对刘邦的长揖不拜:"高阳酒徒起草中,长揖山东隆准公。入门不拜骋雄辩,两女辍洗来趋风。东下齐城七十二,指挥楚汉如旋蓬。"(《梁甫吟》)当诗人受诏入京,玄宗曾"降辇步迎,如见绮皓。以七宝床赐食,御手调羹以饭之。谓曰:卿是布衣,名为朕知,非素蓄道义何以及此?"这一礼遇极大地加深了李白对玄宗君臣间主客平等的幻想。可是赐金还山时玄宗对李白的评价却是"此人固穷相","非廊庙器",前后翻云覆雨,有天壤之别。此后李白更是"脱屣轩冕,释羁缰锁,因肆情性,大放宇宙间"(范传正《唐左拾遗翰林学士李公新墓碑》)。他的平等孤傲的性格得到彻底表现:"一生傲岸苦不谐,恩疏媒劳志多乖。严陵高揖汉天子,何必长剑拄颐事玉阶。"(《答王十二寒夜独酌有怀》)"且放白鹿青崖间,须行即骑访名山,安能摧眉折腰事权贵,使我不得开心颜。"李白做出"戏万乘若僚友,视俦列如草芥"惊世骇俗的壮举,固然让后人趋风千古景仰膜拜,但也等于以决裂的方式宣告功成身退理想的完全破灭。

## 三

基于上述分析,由于李白精神性格的特殊性、复杂性以及理想追求与个性张扬的错位,可以认为李白在其时代知音寥寥无几。即使是贺知章和杜甫,也都没能走进李白的精神世界,忽视了李白的精神痛苦。贺知章对李白有知遇之恩且为忘形到尔汝的忘年之交,但贺知章完全是从诗歌艺术的角度称赞李白的。尽管记载不一,但大致可以确定,贺知章是在读到李白《蜀道难》时,"叹者数四,号为谪仙"的。又在读到《乌栖曲》或《乌夜啼》时,叹赏此诗可以泣鬼神的。但看不出贺知章对李白政治才能的任何评价。杜甫对李白的友谊持久而深厚,至真至诚,感人肺腑。杜甫现存15首寄怀李白的诗歌,其中多数是对李白诗歌魅力的高度评价及其才志不得施展的同情理解和安慰。《与李十二白同寻范十隐居》称:"李侯有佳句,往往似阴铿。"《春日忆李白》高度评价:"白也诗无敌,飘然思不群。清新庾开府,俊逸鲍参军。"《梦李白·其二》理解并告慰李白:"出门搔白首,苦负平生志。冠盖满京华,斯人独憔悴。孰云网恢恢,将老身反累。千秋万岁名,寂寞身后事。"《天末怀李白》中更为李白洒一掬同情之泪:"文章憎命达,魑魅喜人过。"因"近无李白消息"而作《不见》:"不见李生久,佯狂真可哀。世人皆欲杀,吾意独怜才。敏捷诗千首,飘零酒一杯。匡山读书处,头白好归来。"诗歌叙述了对李白境遇一如既往的同情,和对其才能的无限钦佩之感。《寄李十二白二十韵》,由于是二十韵四十句的长篇排律,所记颇类李白性格和阅历的传记,是杜甫全面展示对李白思想认识深度的作品。此诗一方面表达对李白"才高心不展,道屈善无邻"的理解与同情,另一方面更重要的是为李白洗雪从永王李璘事件而被放逐的冤屈,剖白李白对王室的真情。杜甫对李白的理解,既让人千载之后感慨唏嘘,但我们也不能不辨明杜甫并没有触及李白真正的矛盾和痛苦之处。

  杜甫从传统的儒家忠君观念出发看待李白,所以李白命运悲剧就是"处士祢衡俊,诸生原宪贫"之类的怀才不遇。为李白从璘洗冤也只是"苏武先还汉,黄公岂事秦"之类耿耿忠心辩白。杜甫没有看到李白极其复杂的思想来源和李白特殊个性中的异端气质。

  从李白的异端气质来看李白与王维、高适的互不提及可能更加意味深长。王维是开元、天宝时期京城诗人的领袖,王维之诗向被推为唐诗正宗,王维本人也被代宗皇帝封为"天下文宗"。至于成为翰林供奉的李白文名,在长安时已为人所周知这点还是很明显的,因此实在很难理解二人都不关心对方的存在。况且,二人还有那么多共同的朋友如杜甫、孟浩然、贾至、王昌龄、晁衡等,可以很清楚翰林供奉时期,王维、李白具有可交往接近的公共场所。李白和高适更是具有直接交往的体验,而且还屡屡被杜甫提及。即使考虑李白与王维、高适交往之作可能散佚的因素,也很难设想各自作品都已完全散佚。松浦友久从李白同王维之间所显现的气质和诗风明显差异,从李白晚年同高适之间产生政治立场对立等来考虑这一问题,具有正确的指向性。但我认为最重要也是更深层次的原因,是李白异端思想阻隔了相互之间的心灵沟通。王维作为天下文宗,必然会对李白天才狂放的诗歌及特立独行的举止带给诗坛的挑战予以有意漠视,这从美国人宇文所安的《盛唐诗》中可以清理出一些蛛丝马迹。而高适是古今诗人之达者,年轻时与李白、杜甫一起呼鹰走马、痛饮狂歌的生活并不能说明精神上的相通和交流。一句话,道不同不相为谋。忽略与互不提及是相互之间冷漠的尊重,也许这是同床异梦者最好的处置方式。王维和高适,作为盛唐文化和政治上最成功的诗人,无疑代表了当时的思想主流。李白和王维、高适的互不提及,更能说明整个时代在对李白惊讶的同时而又给予弃之边缘而毫不顾惜的冷漠。从这个意义上理解杜甫"世人皆欲杀,吾意独怜才",更让人徒增浩叹。

由于李白被时代整体漠视,功成身退的理想如上文分析又具有不可实现的虚幻性,因而李白的精神基调是不被理解的幽愤。随着入世的深入,遭受一次比一次更为强烈的摧残,他的幽愤也越来越深沉,越来越激烈。《上李邕》作于蜀中时期。"时人见我恒殊调,见余大言皆冷笑。宣父犹能畏后生,丈夫未可轻年少"。年轻的李白对时人因我"殊调""大言"的冷笑毫不在意,且以大鹏自比,并劝说李邕像孔子说过的后生可畏那样重视自己,这里虽见不到幽愤的影子,但可以说已埋进幽愤的种子。酒隐安陆时期所作《上安州李长史书》,开始为自己所作所为进行剖白,《上安州裴长史书》,是李白因遭人毁谤而向裴长史上书自辩。虽为雪谤,但愤多幽少,积极用世的心情倒日渐迫切。《暮春江夏送张祖监丞之东都序》中,李白开始直接表达自己的幽愤了:"吁咄哉!仆书室坐愁,亦已久矣。每思欲遐登蓬莱,极目四海,手弄白日,顶摩青穹,挥斥幽愤,不可得也。"文中虽然流露归隐之意,但主要还是表达自己有才无命、报国无门、壮志难伸的情怀。《行路难三首》是李白待诏翰林之前对于不能进入仕途幽愤的集中表达。"大道如青天,我独不得出!"是此时幽愤的形象概括。第一首"停杯投箸不能食,拔剑四顾心茫然。欲渡黄河冰塞川,将登太行雪满山"是幽愤心情的写照。"长风破浪会有时,直挂云帆济沧海"是在幽愤中对未来充满希冀。第二首大量运用冯谖、韩信、贾谊、郭隗、剧辛、乐毅等历史典故,实际上是借他人酒杯浇自己块垒,借以排遣积重难返的幽愤。第三首"含光混世贵无名,何用孤高比云月",大量运用许由、夷齐、伍子胥、屈原、陆机、李斯、张翰等历史典故,实际上是激愤至极而又无由表达发抒之后的反语,从而逼出"且乐生前一杯酒,何须身后千载名"言不由衷的结语。但无论如何,这一时期的幽愤还比较直露,对社会不公的批判揭露也比较直接,容易拨动读者心弦,引起强烈的共鸣和震撼。但赐金还山之后的忧愤,便是别具一种面目了。固然,像"君不见黄河之水天上来,奔流到海不复回,君不见高堂明镜悲白发,朝如青丝暮成雪,人生得意须尽欢,莫使金樽空对月"(《将进酒》)、"抽刀断水水更流,举杯消愁愁更愁!人生在世不称意,明朝散发弄扁舟"(《宣州谢朓楼饯别校书叔云》)、"我且为君捶碎黄鹤楼,君亦为吾倒却鹦鹉洲!赤壁争雄如梦里,且须歌舞宽离忧。"(《江夏赠韦南陵冰》)为人津津乐道,或悲中见豪,或悲中见逸,但笔者认为,"我本不弃世,世人自弃我"(《送蔡山人》)和"仙宫两无从,人间久摧藏"(《留别曹南群官之江南》)才是太白一生中最为催人泪下、痛彻肺腑的自我总结。作为一生感情奔放、精神发越的李白,能说出这样的话,不知包含了多少辛酸与无奈。这两句话,看似平静如水,波澜不兴,实则是在遭受无数嘲笑、逸毁、冷眼、讽刺、误解、失望甚至绝望之后的沉痛反思,表达出进退失据、彷徨无依、无从告白、悲从中来、辗转吞声的极端孤独感和失败感。太白的这一形象看似拉开了与豪放飘逸、嗜酒天真、气凌五岳、笑傲沧州的一贯形象的距离,实则这一生命底色是太白一切行为和诗歌的依据。裴斐先生对此有独到的见解,此不多赘。

## 四

理解李白的精神基调是幽愤,能够帮助我们进一步理解李白是具有现代人格魅力的古人。他的现代人格因素包括自由、自信、开放、平等的价值观以及永恒的孤独感、幻灭感和荒谬感。大鹏是庄子创造的自由精神的象征,李白继承并发展,寄托了李白"激三千以崛起,向九万而迅征"的宏伟远大的理想抱负。李白的高度自信是中华民族最为缺乏的精神元素。举凡历史上具有鲜明个性的英雄人物,几乎都被李白用以自况。尽管这种自况在别人看来带有不切实际的幻想成分,但李白自己则是笃信不移的。正是这种自信,极大地提升了他观察世界的视角,使李白以俯视的眼光看待历史,漫游山水,也使李白可以孤身一人而抵挡来自四面八方的诽谤和误解,并在任何时候都不丧失自己的理想。李白的思想博综百家,以自己的理想模式大胆取舍,吸收变形改造为我所用,像一枚晶莹剔透的多面体宝石散射出迷人的光彩。李白追求独立自主的平等人格,这是最为惊世骇俗的壮举,是对传统社会秩序的颠覆性挑战,这也是导致他人生悲剧的根本原因。如果我们用人生的孤独来读解他的名篇《月下独酌四首》,当会产生新颖的联想。

  花间一壶酒,独酌无相亲。举杯邀明月,对影成三人。
  月既不解饮,影徒随我身。暂伴月将影,行乐须及春。
  我歌月徘徊,我舞影零乱。醒时同交欢,醉后各分散。
  永结无情游,相期邈云汉。

  没有锥心蚀骨的孤独感,是断然想象不出把月影作为自己同伴的。李白由豪放而转入沉潜内敛,月影实际上是自我的另一面,我与影的往复交欢就是内心冲突诗化哲学的表征,甚至可以说,透过这首诗,能够体会到李白丧失了在人间交往寻求知己的兴趣。同理《独坐敬亭山》也可以看作是李白在与世界剧烈冲突后暂借敬亭山以寻求安慰、抚平内心伤痕的诗歌,是孤独人生的写照。如果说孤独感是不被理解的心灵觉醒的话,那么,幻灭感就是觉醒之后心灵又一次堕入虚无的精神体验。"古来圣贤皆寂寞,惟有饮者留其名"(《将进酒》)、"鬐鬣蔽青天,何由睹蓬莱?徐市载秦女,楼船几时回?但见三泉下,金棺葬寒灰"(《古风·其三》)、"登高丘,望远海。六鳌骨已霜,三山流安在?扶桑半摧折,白日沉光彩。银台金阙如梦中,秦皇汉武空相待。精卫费木石,鼋鼍无所凭。君不见骊山茂陵尽灰灭,牧羊之子来攀登,盗贼劫宝玉,精灵竟何能?穷兵黩武有如此,鼎湖飞龙安可乘?"(《登高丘而望远海》)、"咸阳市中叹黄犬,何如月下倾金罍?君不见晋朝羊公一片石,龟头剥落生莓苔,泪亦不能为之堕,心亦不能为之哀。……襄王云雨今安在?江水东流猿夜声"(《襄阳歌》)、"昔人豪贵信陵君,今人耕种信陵坟。荒城虚照碧山月,古木尽入苍梧云。梁王宫阙今安在?枚马先归不相待。舞影歌声散绿池,空余汴水东流海。沉吟此事泪满衣,黄金买醉未能归"(《梁园吟》)。李白的诗歌特别是一些长篇歌行中表达幻灭感的地方触目皆是。幻灭感的产生,通常是借助历史遗迹起兴,在悠悠时空的转换中生发出白云苍狗、世事沧桑的深沉浩叹。但李白的幻灭感,与一般的怀古诗不同,他不仅感伤往事,吊古伤今,而且蕴含了极为丰富的生命意识,完全超越了一般所谓的自叹身世、人生如梦的流俗层次,而达到在追求理想的同时怀疑理想,怀疑理想而仍不懈追求的极其复杂的生命意义层面。如此,我们才不会轻易把这些诗歌意义等同于及时行乐的消极思想。但是,如果李白只达到对人生幻灭感的理解,他的诗歌仍然不会产生惊天地泣鬼神、震古烁今的巨大艺术魅力。笔者认为,现代意义上的荒谬感才是李白诗歌最终达到的高度。这种荒谬感不是李白有意为之,而是由他幽愤的生命激情中喷发凝结而成,是由孤独感和幻灭感共同作用并积淀而成的对于社会现象无法理解的解释。

　　前面说过,李白的幽愤与日俱增,无处发泄的幽愤其最高表现形式往往就是荒谬感。李白的许多寓言、感怀、陈情之诗,都包含着荒谬感的因子。如《雪谗诗赠友人》通篇自我辩白,但字里行间都是"人生实难,逢此织罗。积毁销金,沉忧作歌"的幽愤万端无可如何的心情。《书情赠蔡舍人雄》中说:"白璧竟何辜?青蝇遂成冤。一朝去京国,十载客梁园。猛犬吠九关,杀人愤精魂。"实际上也是向蔡雄陈情,剖白心迹,同时又对"遭逢圣明主,敢进兴亡言,蛾眉积逸妒,鱼目嗤玙璠"颠倒黑白的现实强烈愤慨。其他如《送薛九被谗去鲁》《上崔相百忧章》《万愤词投魏郎中》也莫不如此。从艺术上看,这类诗歌大部分艺术质量平平,这是因为它们抒发感情比较直露,常用著名典故,其寓意已经固化,小人得志,贤士无名,黄钟毁弃,瓦釜雷鸣之类两极对立揭示才士不平的理解路径,平易顺畅,更因为这种不平现象乃是历史常态而易被读者轻轻放过。但是这种理解却遮蔽了李白真正的痛苦。这类诗歌的名篇是《答王十二寒夜独酌有怀》。它首先营造了一个高洁清寒诗意勃发的环境,然后以长河鼓浪奔涌不息的方式对各种不合理现象以否定、反诘,在极端对立中容不得读者理性思考而直接以感性方式认同李白的判断,然后归结到"君不见李北海,英风豪气今何在!君不见裴尚书,土坟三尺蒿棘居"。从这些刚刚发生的残酷事实,最后顺理成章地推出"少年早欲五湖去,见此弥将钟鼎疏"的结论。然而,李白对社会荒谬感的深刻体验并没有导致他真正求仙隐居,远离人间,而是欲罢不能,藕断丝连,大有虽九死而不悔,虽百折而不挠的坚忍执着。这一点从传统看,是对孔子"知其不可为而为"入世精神的发扬光大。从现代看,又暗合存在主义萨特所谓的西西弗斯的荒谬命运。李白这种独特的人生体验超越了当时的文化环境,而李白自己也不能理性自觉地加以认识,因而这种悲哀是李白与时代的双重悲哀。在现代语境下减少对李白的误读,并对李白思想进行现代性转换,具备现实条件,应当成为李白研究的重点之一。

(原载于 2005 年版《中国李白研究》)

# 王维和李白山水诗的艺术比较

王维是盛唐山水诗派的领袖。由于他和团结在他周围的众多山水诗人的努力,使得山水诗在盛唐蔚为大观。在王维手里,山水诗的艺术发展到顶峰,达到了他的时代所应达到的高度。大诗人李白,并不刻意创作山水诗,但他"一生好入名山游",他的山水诗无论在数量和质量上都超出了前人。山水诗无疑构成了他丰富多彩的诗歌内容的一个重要部分。前人对他们二人山水诗艺术特色的认识,一般只停留在当下既得的零星的认识层面,没有作过整体性的艺术比较。如果我们对之进行综合比较,从中发掘出某些普遍性的艺术经验,将对深化唐诗研究不无裨益,本文拟就意象的构成与组合、景物关系,诗情画意、地域影响等几方面,对王、李山水诗的艺术作一初步的综合比较。

**一、意象构成及组合的比较**

意象是构成意境的材料。一个诗人要建立自己的独特风格,首先要创造出具有个性的意象群。因为意象是含有丰富情思的物象,所以"一个意象成功地创造出来之后,虽然可以被别的诗人沿用,但往往只在一个或几个诗人笔下最有生命力,以致这种意象便和这一个或几个诗人联系在一起,甚至成为诗人的化身。如陶渊明之于菊、陆游之于梅都有这种关系。"作为大诗人,王维和李白在山水诗里都营造了属于自己的意象群,但各自的意象群又有明显的差异。

王维诗歌空闲清寂,与此风格相适应的就是最能体现这种风格的意象群。

如"荒城",就是王诗中一个常见的意象,"荒城自萧索,万里山河空""荒城临古渡,落日满秋山""祖帐已伤离,荒城复愁人","荒城"给人一种饱含历史兴衰的空远苍凉之感。

王维长期隐居,山中别墅的"荆扉"便成为具有个人身份色彩的意象。如"东山有茅屋,幸为扫荆扉""行当浮桂棹,未几拂荆扉""静者亦何事,荆扉乘昼关",不一而足。

晚年倾心奉佛的王维,"焚香"禅诵当为日课。诸如"焚香卧瑶席,涧芳袭人衣""北窗桃李下,闲坐但焚香""趺坐檐前日,焚香竹下烟""藉草饭松屑,焚香看道书",不胜枚举。

王维似乎特别喜爱日暮。面对苍山夕阳,他并非感伤孤独迟暮,他是借落日体会清闲静穆、俯仰自得、超然物外的悠游之情:"闲门寂已闭,落日照秋草""落日山水好,漾舟信归风""斜光照墟落,穷巷牛羊归""秋天万里净,日暮澄江空"……

这里的荒城、荆扉、焚香、落日等意象,并非全是王维独创,但由于王维频繁地使用它们,因而它们便着上王维的色彩。只需把它们稍加组合,就可明显看出这是王维,而绝不是孟浩然、储光羲。历代读者正是从这些最小的意象单位,逐渐领悟到王维诗歌"清深闲淡""趣味澄复"的意境的。

李白山水诗的意象同样对应于他豪放不羁的诗风。他笔下的黄河、长江,奔腾咆哮,一泻千里。

"黄河"的意象如:"黄河万里触山动,盘涡毂转秦地雷""黄河之水天上来,奔流到海不复回""黄河落天走东海,万里写入胸怀间"。

"长江"的意象如:"登高壮观天地间,大江茫茫去不还""山随平野尽,江入大荒流""天门中断楚江开,碧水东流至此回"。

黄河、长江,只有在李白的巨笔之下,才具有与众不同的非凡气势。同样,李白笔下的浪是惊涛骇浪,滔天巨浪。"一风三日吹倒山,白浪高于瓦官阁""海神来过恶风回,浪打天门石壁开""浙江八月何如此?涛似连山喷雪来"。他的山峰,峥嵘挺拔,高出天外。"连峰去天不盈尺,枯松倒挂倚绝壁""庐山东南五老峰,青天削出金芙蓉"……这些意象都具有惊人的气概,它们曲折地表现了李白冲决束缚、追求自由的热情,可以想见他飘逸豪放的诗风。

李白自幼与"明月"结下不解之缘,对"明月"一往情深。"小时不识月,呼作白玉盘。又疑瑶台镜,飞在青云端。"皎洁的明月启迪了李白的童心。"举杯邀明月,对影成三人",孤独时明月来伴,为李白抒愁解闷。"我寄愁心与明月,随风直到夜郎西",思念远方的朋友时,明月为之传情。甚至梦中明月都要与李白结伴而行"湖月照我影,送我至剡溪"。李白对明月意象生动、熟练的运用,使李白与明月几乎化为同身。众所周知的《静夜思》:"床前明月光,疑是地上霜。举头望明月,低头思故乡。"便是明证。李白清新俊逸的诗风,恐怕跟"明月"意象的大量灵活运用有着密切的关系吧。

王维、李白发展创造的那些独特的意象群,一直为后人沿用,使它们不仅具有盛唐风采,而且包含了我们民族共同的深层心理,得到了越来越多读者的广泛认同。

王、李山水诗不仅在意象构成上有显著差别,在意象组合的疏密程度上也明显不同。

王维的意象组合较密,数个意象往往压缩在一句诗中,但意象跳跃性大,精微细密的感觉往往在意象之间游移,意象关系靠若有若无的深层意蕴,靠读者多样的审美能力加以补充而紧密化。李白诗歌意象相对"疏宕"一些。他的山水诗像疏体写意画,三两传神之笔可能胜过精雕细刻,飘逸之气时时从中泄出。用"字里行间"来概括他们的意象组合,颇为合适。王维的意象更多的是在"字里",李白更多在"行间"。与此相联系,王维山水诗整体情感起伏不大,多顺水推舟,波澜不兴,有"行到水穷处,坐看云起时"之妙,正如前人评说的一样:"如秋水芙蕖,倚风自笑。"李白山水诗意象疏朗,通篇转折多,情感变化剧烈,如狂飙骤起,惊雷乍响,令人心旌动摇。故读王诗,心情渐趋恬静,读李诗,心胸渐趋激荡,不妨各举一例:

　　日落江湖白,潮来天地青。

　　　　　　　　　　　　　　（王维《送邢桂州》）

如果细分,江、湖、天、地、日、白、潮、青皆为单独意象,两句十字,八个意象,不可谓不密。倘留心分析各意象的内在联系,意象空间距离大,并无实然联系,它们是靠读者的想象才建立起相融相合的关系的。正因如此,我们读王维山水诗才不觉凝重、滞涩,只会全身心地沉入静寂超然的气氛里,其他诸如:"秋天万里净,日暮澄江空""山临青塞断,江向白云平",也都意象密而关系疏,读这样的诗作,会自然而然地产生热爱自然、热爱生活的情感,从而活跃生命思维,提高精神品位。

李白诗歌意象疏宕,不少诗歌一句一个意象或两句合起来才构成一个完整的意象,读起来流利,毫无壅塞之感。而每一意象又总是那样独特新鲜,耐人寻味。"长安一片月"中,"长安""一片"都是"月"的定语,因此一句只有一个意象,"相看两不厌,只有敬亭山"一联,仅"敬亭山"是一意象。正因意象疏朗,所以诗的句与句之间可想象的空间特别阔大,包蕴了丰富的情思。如《山中问答》:

问余何意栖碧山,笑而不答心自闲。
桃花流水窅然去,别有天地非人间。

诗仅四句,而意境悠远。有问有答,有叙述,有议论,有描绘,转折轻便活泼。首句发问,问得突兀,次句作接,接得迷离,虽机锋顿露,又神态超然,它妙在不答,变幻曲折,摇曳生姿,魅力无穷。三句写碧山之景,其实是"不答"之答,与上句似断实连,当你想穷究碧山韵味的时候,诗人突然以"别有天地非人间"绾结,结得神韵悠悠而又干干脆脆。王琦所谓:"风断云连,似离似和",可谓中的之论。小诗之所以获得这样的效果,与它的意象疏朗有重要关系。李白的许多中长篇山水诗,如《蜀道难》《梦游天姥吟留别》,莫不如此。

意象构成及组合方式的不同,造就王、李山水诗风格的迥异,但意象毕竟不同于风格意境,风格的差异,下面将述及。

**二、景物关系的比较**

景物是构成山水诗最直接、最主要的材料。景物是山水诗的生命,没有景物,就没有山水诗。因为山水诗中作者流露的情感,一般是依附在景物或景物关系之中的,诗人总不外借景抒情、因景生情,或以情观景、情景交融。但自然界中的日月风云、山岳江河、草木禽兽等千品万类,它们中的任何一种,都不是独立的存在,而是在相互联系或相互作用中呈现出各自纷然灿然的美。因此诗歌写景,要求诗人对景物间的关系有较深入的观察体会。

唐代诗人中,王维处理景物间关系最复杂也最细致。

首先,王维的山水诗景物表现出鲜明的主次关系。如《汉江临泛》:

楚塞三湘接,荆门九派通。

江流天地外,山色有无中。

郡邑浮前浦,波澜动远空。

襄阳好风日,留醉与山翁。

诗塑造汉江的形象,而写汉江之外的景色甚多,但它们都处于陪衬地位,既不与汉江平分秋色,也不游离于汉江之外,而是起着表现汉江的作用。没有楚塞、三湘、荆门、九派,便不能表现汉江的渺远和江流动人的形态;没有郡邑、远空的映衬,便摹写出汉江的联系及主次关系,因而将汉江形象塑造得如此丰富完整而又凝练集中,其他如《辋川集二十首》《皇甫岳云溪杂题五首》,均为一题一景的分咏小诗,每一景物都配以相应的其他小景作为点缀、映带,表现出主次关系,从而使人读之感到清新明净、隽味悠长。

其次,王维善于处理景物间局部与整体的关系。如《终南山》:

太乙近天都,连山到海隅。

白云回望合,青霭入看无。

分野中峰变,阴晴众壑殊。

欲投人处宿,隔水问樵夫。

诗写的是终南山,首联巨笔粗勒其总轮廓,主峰太乙高耸云霄,余脉绵延至海,气势雄伟。其后三联都是从局部,或正面,或侧面写终南山的,从而使终南山的形象生动饱满。颔联写登山途中所见,奇幻而又真实,颈联写登上绝顶后远眺天地群山的雄奇景象,尺幅万里。千岩万壑,变化无常。显然,此联是对首联的补充修饰。尾联以人物之小反衬山之高大,不难想象,人物在如此巨大的画幅上,只不过是一粒微芥而已。景物的主次关系与景物的局部和整体关系有一定相同之处,有时不易区分。以上两例都体现了这两种关系,只是为论述方便而不得不割裂开来。

再次,王维在对景物大小远近的空间层次关系的处理上也表现出高度技巧。天地间大景小景,各有其独立的品格,各有其独特的美。"天寒远山净,日暮长河急",高山大河,固然雄伟壮丽,"靡靡绿萍合,垂杨扫复开""跳波自相溅,白鹭惊复下",绿萍小鸟又何尝不惹人流连忘返呢?而这些大小不同的景物进入同一首诗的时候,却不是随意摆布都会呈现出美的。只有把握了它们的内在关系,才能塑造出美的形象。"大漠孤烟直,长河落日圆",这里的大漠、长河是大景,孤烟、落日是小景,没有孤烟落日的小景,也就不能显出沙漠的广阔无垠,长河的渺远不尽。所以王夫之说王维善于"以小景传大景之神"。

远景近景是大景小景的另一种表现形式。"苍茫蒹葭外,云水与昭邱。樯带城鸟取,江连暮雨愁。"上联远景,下联近景。"海隅云汉转,江畔火星流。城郭传金柝,闾阎闭绿洲。"前两句写天上地下景物连成一体,真切地表现夜幕下的远景,后两句以城郭与居民住房繁多的近景对比,组成一幅动人的江上夜景图。这些都得力于对景物空间关系的细致观察体会,景物大小远近的关系较主次关系更为内在、更为深层,当然也更易被忽视。

李白山水诗的景物关系,也注意到上述几点,例如《秋登宣城谢朓北楼》:

　　江城如画里,山晓望晴空。
　　两水夹明镜,双桥落彩虹。
　　人烟寒橘柚,秋色老梧桐。
　　谁念北楼上,临风怀谢公?

首联概写览眺之景,兼及览眺感受,总起全篇。颔联、颈联都是具体描写,从不同角度和侧面说明江城为何"如画"。他的《黄鹤楼送孟浩然之广陵》"孤帆远影碧空尽,唯见长江天际流"一联,不仅远近景物层次分明,景物"片帆"由大到小的变化过程也在时间的流走中映现于眼前。

但总的来说,李白不像王维那样自觉刻意,因而景物关系表现不是十分明显。李白更多的是按照客观景物的本来分布而自由地将其引进诗中的,他不在乎景物的繁简,只是纵目骋望,随意点染,山容水态自然络绎奔趋笔底,自成高格,因此他的山水诗较王维的诗写意性和抒情性都更强,表现形式也更加自由。在他的长诗《蜀道难》里,景物层出不穷,秦塞、天梯、石栈、鸟道、太白峰、峨眉巅、高标、回川、黄鹤、猿猱、青泥(岭)、巉岩、月下古木、杜鹃、连峰、松林、绝壁、飞湍瀑流、绝涧深壑……我们很难看出这些景物之间有什么主次、整体、局部的关系,它们通通贯穿在"蜀道之难"这一中心描写中,是随着入蜀的行程而渐次展开的,这是全景式的描述,但选择的景物又具有某种象征性,并非随意罗列堆砌在一起的。

另外,李白山水诗常以气势取胜,节律急迫,有一种不断向前冲击的力量,景物的变化往往赶不上情感的流逝,景物随情感的冲击倾泻而下,让人来不及推敲思考。《庐山谣》《蜀道难》如此,《梦留天姥吟留别》更如此。诗中景物,愈换愈奇,由人境而梦境而仙境,纵横奇诡,流光溢彩,摄人心魄,谁还会在这里慢吞吞地欣赏山之峻伟,云之卷舒呢?你必须全身心地扑向那灿烂明丽的烟霞,缤纷绚烂的仙境。个人被湮没在纷繁动荡的景物中,五光十色的光线霎时间全都射向你,集中在你身上,你茫然愕然,不知所措,而诗正是在急剧动荡奇诡变幻的景物中把美传达给你了。这绝非是涓涓细流那样滋润心田的审美体验,它在瞬间就把人的精神提升到逃离恍惚、飘然欲仙的境界中。

王维、李白山水诗对景物关系的处理除了上述不同点,在许多地方又表现出一定的相似性。他们都注意景物色彩调配,使景物形象鲜明,富有视觉魅力;都注意景物情态意趣的点染烘托,都注意虚景实景的巧妙搭配,在大大丰富诗歌精神意蕴的同时,也使诗歌声韵流转,情怀摇漾,意味无穷。但我们进行艺术比较,主要是发现各自的独特之处,对于共同点,点到即可。

总之,王维、李白山水诗的景物关系复杂多变而又各自遵循一定的规则,他们处理景物的方法也各有千秋。他们遗留下来关于处理景物的诸多新鲜经验,有效地提高了诗歌表现自然美的能力,值得我们深入研究、借鉴。

**三、画意、画面的比较**

王维开创南宗水墨山水画派,被推为"文人画"的始祖,对后世影响极大。苏东坡说过:"味摩诘之诗,诗中有画;观摩诘之画,画中有诗。"然而一般意义上的"诗中有画"并非王维独有,大凡著名山水诗人都能做到这一点。但自觉地融画法入诗从而将山水诗的画意臻于妙境的,除了"宿世谬词客,前身应画师"的王维,他人就难以企及了,所以王维诗歌的一个重要特点,是以画法入诗。

第一,以画法入诗表现在位置经营和景物配置上,美国美学家苏珊朗格认为绘画的本质是"创造虚幻的空间",南朝齐谢赫《绘画六法》中第一条就讲"经营位置",可见空间位置的布局对绘画来说是何等重要。王维自觉地将绘画理论和技法运用到诗歌创作上,特别善于处理空间位置即景物大小、高下、远近等方面的关系,不妨仍以《终南山》为例(诗句的内容见等二部分)。首联"太乙近天都,逐山到海隅"使用画法,出句写主峰之高峻,接句状余脉之绵延,正体现了作者《论画》所说的:"主峰最宜高耸,客山须是奔趋"的绘画原则。颔联"白云回望合,青霭入看无",是抓住回望入看这一刹那间最新鲜的感受给山着墨点染的。颈联"分野中峰变,阴晴众壑殊"是绝顶鸟瞰,也只有中国画才能表现出如此雄阔境界。尾联用烘托法,以人物之微衬托崇山之峻,效果极佳。此诗全篇都用画法。可谓以画法入诗的典范。自然景物间的种种关系也就历历在目了。再如《新晴野望》中的颈联"白水明田外,碧峰出山后",将景物高下、层次、远近关系表现得极为分明。此联有格局,有色彩,有亮度,俨然构成了一幅天然绝妙的画图,至于"大漠孤烟直,长河落日圆",几乎是把简洁优美的几何图形直接用于诗句了,使之成为千古佳句。其他如《辋川闲居赠裴秀才迪》《归嵩山作》《辋川集二十首》,景物前后左右也都配合得错落有致,体现了中国画诗画相通的特点。

第二,以画法入诗还表现在以散点透视趋置景物、组织结构上。王维写规模较大的山水,在摄取组合景物时,往往采用类似中国画的散点透视法。通过流动观照,将非同一时间、同一地点的景物,组合安排在同一幅画里。《桃源行》《终南山》都是显例。"分野中峰变,阴晴众壑殊",千岩万壑或阴或晴,或阳光或云雾,非一时所见,但它们却入于同一画面,正是散点透视的结果。《送梓州李使君》中的"山中一半雨,树杪百重泉",《晓行巴峡》中的"水国舟中市,山桥树杪行",这里的泉水和山桥实际上不可能高过树杪,但在平远的绘画中,为表现远近层次,以散点透视却可以将远处的桥和泉置于近处的树杪之上,这是一种本质的真实,只有用画家的眼光才能捕捉到的印象。它仿佛是错觉,但却是有意味的错觉,带有浓厚的画意。

第三,由于身兼画家,王维许多诗歌都表现出绘画所具有的微妙质感和视觉情趣。限于篇幅,仅举一例。《送綦母潜落第还乡》:"远树带行客,孤城当落晖",行客在暮色中渐行渐远,融入远树,为远树映带;孤城承受着落日余晖,而又显出主动的反馈,好像是诗人承受别后孤独而又不甘孤独,竭力消弭孤独一样。读者的视线仿佛先是集中在孤城所反射出的辉煌落日的光线上,尔后,目光随远近之客的游动而一步步移向天涯。苍茫晚景中,我们体验到生命的明亮和别惜的暗淡。这种感受只有诗画结合才能表现出来。它奇妙而又厚实,包藏着悠长的韵味。所以《青轩诗辑》说:"'带'字'当'字极佳,非得画中三昧者,不能下此二字。"

王维以画法入诗还表现在其他方面,但相对以上三点来说比较次要,此处不烦说。李白不是画家,他的诗也没有体现画法,但他的山水诗的抒情性、直观性强,也富有画意,不过他与王维不同。说李诗具有浓厚的画意不如说具有生动的画面。我以"画意"为对比观照对象,探讨地域对他们山水诗意境和风格的影响。

终南山,位于中原西北,属黄河流域,山多水少,重山叠岭间以潺湲溪涧。长江中下游地区,雨水较多,江河纵横交错,湖泊星罗棋布,江南更是水江泽国,不说水多山少,起码山水平分秋色。山峰对峙于上,溪河贯达于下,山水环绕,构成这一地区特殊的地域景观。古人认为山静而水动,山仁而水乐,"仁者乐山,智者乐水"。山以其沉默庄严启迪人们的智慧,引人进行深沉的推理思考,水以其清亮流动,荡涤人们胸中尘翳,使人心境空明,从而产生欢悦的激情,引起美妙而富有灵趣的幻想。不难看出,王维诗中山的形象多于水的形象,李白的诗中山水构成及作用相差无几,甚或水多于山。有山水之境感悟人生奥义也有诸多不同。

我们看王维描写的山:"山寂寂兮无人,又苍苍兮多木""千里横黛色,数峰出云间""秋山一何净,苍翠临寒城""空谷归人少,青山背日寒""大壑随阶转,群山入户登""飞鸟去不穷,连山复秋色""山下孤烟远村,天边独树高原"……王维笔下的山异彩纷呈,姿态万千。或远山,或近山,或春山,或秋山,或烟霭缭绕之云山,或怪石嶙峋之净山,或置身万山丛中,东西莫辨,或亲临绝顶之上,天地一览。无论诗人和山的实际距离是远是近,诗人那颗心始终是融化山中的,诗人即山,山即诗人。而王维笔下的水呢?

"日隐桑柘外,河明井闾间""逶迤南川水,明灭青林端""窗中三楚尽,林上九江平""清浅白石滩,绿蒲向堪把""落日下崦嵫,清波殊淼漫""澄波澹将夕,清月皓方闲""泉声咽危石,日色冷青松"……描写固不算少,但这些水或呈静态,或呈涓涓流动之态,缺少一种摇天撼地的气势,缺少一种雄浑磅礴的冲击力,仿佛诗人离水很远,是站在山顶或平原遥望山下或天际的溪涧河流的。即使水体有浩瀚奔腾的气势,也因这一特殊的观察与表现角度而显

得安静平缓了。王维又非常善于以动衬静,上面例句就有。再如《青溪》:

　　言入黄花川,每逐青溪水。
　　随山将万转,趣途无百里。
　　声喧乱石中,色静深松里。
　　漾漾泛菱荇,澄澄映葭苇。
　　我心素已闲,清川澹如此。
　　请留盘石上,垂钓将已矣!

　　青溪始终流动,遇溪涧阻拦还跳珠相溅,一片喧哗。但整首诗给人的感觉却是:静。水流不大,亦不深,清澄、柔静。它随山势而自然流转,虽一时喧哗,一旦流入松林,很快又恢复其恬静的个性,或微波粼粼摇漾水面的菱荇,或清澈碧透映照蒹葭俏丽的身姿。青溪的这些特点,多由自然环境决定的,它流经的地区,离海较远,雨量较少,故溪水浅平,它周围植被又好,故溪水清碧,其他像"寒山转苍翠,秋水日潺湲""荆溪白石出,天寒红叶稀",或秋水无多,潺潺终日;或孟冬天寒,溪石裸露。它们也都体现了鲜明的地域特色和王维诗歌以静衬动的艺术特点。

　　当然王维诗中也有一些雄浑浩壮的大水:"日落江湖白,潮来天地青""连天汉水广,孤客郢城归""树色分扬子,潮声满富春"等,但这些诗或作于作者知南选初到南方之时,或是赠朋友到南方山水之地去做官的,它们倒恰好反映了地域环境对王维山水诗创作的影响。无怪乎刘勰深有感触地说:"屈原之所以洞鉴风骚之情者,岂得江山之助乎?"

　　李白表现荆楚、吴越等长江流域山水风物的诗篇很多,因他在这里生活时间最长,对此地山水也最熟悉。自然界的山容水态也影响了他的山水诗。往往一句之中有山有水,山水不可拆离。这一地域,属亚热带,地近江海,雨量充沛,山色朗润,植被蒙茸,给人以总体的"画面"感,乃是李白山水诗区别于王维山水诗"画意"的明显之处。仔细分析李白山水诗景物构成与画面的关系,大致可分为两类。

　　一类是表现山水小品的近似明信片的风景小帧,这类诗尽管随意性不强,近于写实,但笔法空灵,气韵生动。如《秋登宣城谢朓北楼》,自然景物位置没有变化,而由实景变成艺术。正如高明的摄影家选取一定角度拍摄山水景物一样,由于景物受到框定和有意识的取舍,因而当实景从自然之物转变成名信片的时候,它已经是一种令人喜爱的艺术品了。更何况李白还在诗中流露出不涸的天真智慧和高超的艺术技巧呢?"两水夹明镜,双桥落彩虹""人烟寒橘柚,秋色老梧桐""野竹分青霭,飞泉挂碧峰""人行明镜中,鸟度屏风里",景物都比较实在,位置也较固定,但它们渗入了作者的特定感受,有经过精心的剪辑加工,如"夹""落""分""挂"等动词的谨慎选用,"明镜""彩虹""青霭""碧峰"等偏正名词的巧妙配置,这样所达到的艺术效果就决非实景之于人们的普通感受了。

另一类画面近于彩色电影变幻不定的抒情风景镜头,包含着"蒙太奇"的韵味。如果前一类可以概括为"静"景,这一类便可概括为"动"景。它们想象奇特,夸张出格,表现了李白"兴酣落笔摇五岳,诗成笑傲凌沧洲"的豪放飘逸的风格。《庐山谣》《蜀道难》《梦留天姥吟留别》《当涂赵炎少府粉图山水歌》(题山水画诗歌可视作山水诗)中的许多景物描写,很难用静态的明信片或山水小品来比拟,只能求诸不断闪现的电影镜头。诗中一系列长句排山倒海,倾泻而下,画面频繁出现,有快速逝灭之感,令人目不暇接,眼花缭乱。一些短诗,像《早发白帝城》《与夏十二登岳阳楼》等,也是这样,或是一日千里的巨幅长江画卷的更迭闪现,倏来倏去;或是"醉后凉风起,吹人舞袖回"式的朦胧恍惚,天地不分,左右莫辨。小诗的动态景物更能体现李白狂放洒脱的性格和诗风。

尽管王维、李白在诗歌画意、画面上有诸多不同,但在创造这种画意画面时,运用的艺术手法却有不少共同之处。他们都善于抓住景物的主要特征,摄取最鲜明最生动的一刹那,加以渲染和突出表现;都善于表达和组合瞬间捕捉到的感受和印象,王维的感受具体精微,具有广泛性,李白的感受奇特怪异,更具独特性。只是这种艺术手法已超出画意与画面的范畴,此不赘述。

**四、地域特色的比较**

自然地理环境对民族性格具有鲜明的影响。同样,对民族文化也会产生深刻影响。在某一民族地域内,各地景观气候的不同,也会导致具有地域风格特色文学的出现。对王维、李白山水诗作艺术比较时,不得不给其地域风格以特别注意。

王维一生,除年轻时贬官济州,壮年的一次出塞,一次知南选(到南方从事考察官员一类活动)而外,其他时间基本上都在两都(洛阳、长安)、两山(终南山、嵩山)度过的,而尤以终南山为活动中心,从他现存的百余首山水诗中,可以明显看出地域对其创作的影响。李白,一生都在漫游中度过的。他从祖国山河中领略了无限风光,产生了郁勃诗情,李白在长江下游一带滞留时间最长,年轻时,"酒隐安陆,蹉跎十年",744年被玄宗赐金放还后他几乎一直在大江南北浪迹萍踪。李白歌咏庐山、黄山、九华山、天台山等名山巨岳的诗篇之多之美,古来共谈,流芳万代,自不必多说。单就他写水,把江河湖海写得那样神采飞扬,浩瀚恣肆,就知道南方山水对李白心灵滋润的程度是何等之深。

李白诗中的水,仪态万千,秀色纷呈,空灵飘逸。或摹水之清澈明净:"沙带秋月明,水摇寒山碧""晚登高楼望,木落双江清""云天扫空碧,川岳涵余清";或写水的一往无前,奔腾浩瀚:"黄河之水天上来,奔流到海不复回""登高壮观天地间,大江茫茫去不还。黄云万里动风色,白波九道流雪山";或写水流因风因石遇阻而激起的千层巨浪:"巨灵咆哮擘两山,洪波喷流射东海""一风三日吹倒山,白浪高于瓦官阁";或状瀑布从天而降,声震千岩:"飞流直下三千尺,疑是银河落九天""飞湍瀑流争喧豗,砯崖转石万壑雷"……而且李白动辄就要"挂席""移帆",诗人舟行于苍茫烟水之中,诗人的形象就凸现在清空的江影里,诗人与江水也浑然一体。"流水无情去,征帆逐吹开""人乘海上月,帆落湖中天""云峰出远海,帆影挂清川""登舻美清夜,挂席移轻舟"……这些诗里,表现出各种水的性格特征。可以说自然界的水势水态有多少变化,李白描写水的诗句就有多少变化,李白对水的一往情深,正如对酒恋恋不舍一样,以致后人传说他是醉后跳江捉月而死的。

综上所述,我们可以得出如下结论:自然地域的气候、景观对王维、李白诗歌创作都产生了深刻影响,因而形成各自鲜明的地域风格特色。王维深居大山,与水,特别是与浑浩流转的大水接触少,故而诗多以山为观照点,对山的兴趣比对水的兴趣大,他常在对山的静默观照中领悟智慧和静默的快乐,加之他受禅宗的影响,故而多表现为空闲、清寂、冲淡的境界,风格偏于阴柔,属优美的一面。前人评"王摩诘诗,浑厚闲雅,覆盖古今,但如久居山林之人,徒成旷淡"。这显然是从环境地理方面着眼评论的,只是历来对此重视不够。

李白由于受南方江河之水的浸润,加之生性放达、豪迈,故其诗风空灵飘逸,豪放不羁,壮浪恣纵。李白在对水的观照中,发现宇宙间千品万类的本质特点:动。他博大的胸襟激荡飘逸的诗思。杜甫称赞他"笔落惊风雨,诗成泣鬼神",皮日休说他:"言出天地外,思出鬼神表,读之则神驰八极,测之则心怀四溟",都是从自然之动与诗心之动两方面评价的。与王维相比,李白诗风阳刚,当属壮美一类。

阴柔优美,阳刚壮美,同是诗之上品,不可轩轾。前人评王维、李白,一得"理趣",一得"情趣",大概也看出了山水与情理的关系。我们这里单从自然地域方面比较讨论山水诗风格的,地域文化的影响,没有提及。

以上,从意象的构成与组合、景物关系,诗中画意画面、地域风格等几方面对王维、李白山水诗作了一次全景式的粗疏比较。限于篇幅,本文对二人山水诗艺术的许多方面,如音乐性、禅宗道教思想浸染都没有提及。并且即使论述的几方面,不少论点也未能充分展开。这样,内容就与本文论题的实际内涵产生了一定差距,但作者试图从山水诗艺术的主要方面入手,再参照综合先辈和时贤研究成果的基础上,提出自己的若干见解,这个目的或许达到了。

(原载于1992年第2期《马鞍山商专学报》)

# 附 录
## ——"文化发展年"里的文化思考

市委、市政府把2007年定为全市的"文化发展年",成立了领导小组,召开了文化工作大会,分解部署了文化发展项目。这一举措,一方面表明市委、市政府对十七大精神认识深刻,贯彻落实行动迅速,尤其对其中关于文化大发展、大繁荣,兴起社会主义文化建设新高潮的要求和论断把握准确,另一方面也说明市委、市政府实事求是,从本市实际出发,倾听群众呼声,加快文化建设步伐,全面推进马鞍山和谐社会建设,体现了以人为本的执政理念。当前,全市上下正在开展以"又好又快新跨越,率先全面达小康"为主题的新一轮解放思想大讨论活动。笔者长期关注马鞍山文化建设,大讨论活动中又有一些新的思考,借此机会,谈谈自己对几组文化概念的认识并提出自己的一些意见和建议。

**一、关于文化内涵和文化功能**

文化的内涵包罗万象,歧义纷呈,没有一个明确的、广泛认同的定义,但我们可以从几个层次上来理解文化。从宏观角度看,文化是人类创造的一切文明成果,包括物质文明、精神文明、政治(制度)文明、生态文明。从中观层次看,文化是与经济、政治相对的社会存在,同时又对经济、政治具有强烈的渗透作用。广泛体现在意识形态、制度、法律、社会管理、道德建设等各个方面,核心是一个国家或民族独特的思维形式和价值观,即一般所说的"大文化"。从微观角度看,文化也可狭义地指文学艺术。我们所说的"文化发展年",一般对应于"大文化"概念。

文化功能像文化内涵一样,无法准确描述。从最宽泛的意义上讲,文化是人之所以为人,人区别于动物的标志。因此,文化即人化。人本身就是文化的载体,是不同文化的体现。人与人的区别,除财产、阶层、地位、性别等外在因素外,根本还在于文化素养的不同、精神境界的高低。这里还要破除"文化就是知识"这样一个习非为是的观念。文化具有导向作用,知识更多的是起工具作用,两者性质、功能不容混淆。文化对企业的意义也不言而喻,企业初创阶段主要靠资金、技术,发展阶段主要靠制度,稳定和成熟阶段主要靠品牌、精神、理念等企业文化来支撑。当然,资金、技术、制度等仍是企业发展必不可少的基础。因此,企业的竞争最终靠企业文化竞争。一个优秀企业家除应具备丰富的管理经验外还应当具有强烈的创新精神、明确的价值取向、高度的社会责任感。

当前,有的同志为了表示对文化的重视,常常会说,文化也是生产力。如果从发展文化产业角度看,这种说法不错。但文化产业不能等同于文化。笼统地说,文化也是生产力,实际上仍然是以发展经济的方式看待文化,没有认清文化的性质,仍然是GDP崇拜的变相表达。打个比方,如果说经济是粮食,那么文化就是空气。不能认为空气就是粮食,人离不开粮食,但更须臾离不开空气。

**二、关于文化硬件建设和软件建设**

文化硬件建设是指文化设施建设,概念清晰。文化软件建设包括文化体制、制度、管理以及文化礼仪、社会风尚、道德观念等方方面面,内涵十分宽泛。加强文化硬件建设,只要领导重视,增加投入,改变面貌并不困难。难在如何加强文化软件建设,这是衡量决策者是否真正重视文化的重要标志。具体困难,一是文化软件建设范围太广,不易寻求载体加以落实。二是建设标准不易衡量,且随社会变迁而不断变化。三是督查考核往往无从下手,易流于形式。四是最根本的,即文化软件建设是一个漫长的过程,只能定性无法定量,无法用阶段性目标和责任制追究等方法来考核管理。在经济建设和社会管理方面行之有效的方法在文化软件建设方面往往失效。因此,加强文化软件建设,如果要不流于空洞的口号,就必须使决策者有高度的文化自觉。它像道德一样,存在于人的内心世界,然而悖谬的是,如何测度决策者的内心世界又是一个难题。所以问题走向反面,文化软件建设不能光依靠行政命令,而主要依靠广大人民群众和社会共同体对各级领导、决策者的社会评价。从这个意义上讲,人民的口碑是最重要的测度工具,群众的眼睛是雪亮的,公道自在人心。

另外,在文化软硬件建设方面还应注重避免重建设、轻管理、轻功能发挥的现象。如果文化设施功能不能持续有效发挥,没有显现应有的社会效益,人民群众也会有负面议论,会认为把钱花糟了,搞的是形象工程、面子工程,令决策者处于更加尴尬的境地。目前,不少地方文化建设已经走进误区,以文化设施建设代替文化发展,大造假古董,而对真正的文物保护不力,对人民群众切身的文化权益漠然置之,名义上是大建设,实际上是搞花架子。马鞍山市应当汲取他者教训,未雨绸缪。

### 三、关于城市文化和特色文化

区域竞争和城市竞争日趋白热化。在资源禀赋和体制、机制相似的前提下,各地都挖空心思,借力发展。加之近年"文化"越来越染上城市综合竞争力、和谐社会的色彩,于是打造文化名城、发展城市文化的口号便不绝于耳,其中不难发现急功近利的浮躁心态。但城市文化不是靠打造、包装就能发展起来的,就像一个粗俗的人不是靠一套西装革履就能改变形象一样。城市文化与城市功能定位、地理气候条件、历史传统积淀、当地风俗民情等复杂因素息息相关。从根本上看,城市文化是自然形成的。主观能动性的发挥仅仅在于加深对城市文化发展规律的认识,顺应规律,因势利导,而绝不是不顾历史和现实"大力发展",强行嫁接。前几年马鞍山市曾开展过一次较大规模的城市文化发展定位研讨活动,有识之士提出若干有价值的见解,并将研讨论文结集出版,对推动马鞍山市文化发展起过作用。但回过头来看,实效不太明显,其中一个重要原因就是文化定位不是靠论证规划就能实现的,必须深入到城市文脉的内在肌理,逐渐引导涵养而成。

特色文化也是近年流行的一个词汇。特色文化也是在历史基础上自然形成的,带有鲜明的地域色彩。它一旦形成,就天然具有稳固性,不可替代,不可重复。具体到马鞍山市,的确应该在"采石""李白"上大做文章,因为它们的专有性打上了马鞍山地域的深刻烙印,在大众心目中仿佛著名商标一样与马鞍山紧密联系在一起。马鞍山市连续多年举办的吟诗节和中国诗歌节在国内外产生了一定影响,有一套较成熟的运作模式,但多数内容年年低水平重复,缺少精心的总结提炼,创意不足,新意不多,影响了办节质量的提升。四川江油(县级市)市政府多年来孜孜以求,集全市之力加强文化建设营造文化氛围,推动改名为"太白市"的运动,成效明显。他山之石,可以攻玉。我们不妨加强与他们的联系,特别是注重考察其办节理念及运作手段,结合马鞍山市实际加以运用。2007年春季马鞍山市举办的李白国际户外游仙节形式新颖,有很强的生命力,值得大力提倡。至于没有多少文化含量的新兴产业,与文化挂钩则要十分慎重。比如,近年马鞍山市兴起的沐浴休闲就是前景看好的新兴消费产业,但没有必要把它炒作成不着边际的"水文化""沐浴文化"等空泛概念。

### 四、关于文化体制和文化人才

与文化设施建设相比,文化体制改革更有牵动性和影响力。文化体制改革与经济体制改革、企业改革相比,更须慎重。因为文化产品具有商品和意识形态双重属性,而在当前背景下,文化产品的意识形态属性又往往被忽视。但文化单位又不能以意识形态具有特殊性为由而拒绝改革,传统的文化单位人浮于事、效益不高有目共睹。因此,文化体制改革不能照搬企业改革模式。市、县一级的文化事业单位完全走市场化改革之路是很难行得通的。不能以甩包袱的心态来操作文化单位的改革。在改革方案制订和改革过程中,一应明确目标,宣传充分。不要为改革而改革,或在准备不足、思想不通的情况下强行推进改革。二应界定性质,区别对待。认真分析改革后可能面临的新情况、新问题及闯荡市场的能力,对改革后的文化事业和企业单位分别给予不同政策。三应部门联动,综合配套。文化单位改革涉及财政、工商、税务等部门。多年来,各级政府陆续出台过许多鼓励、引导文化产业发展的政策,但落实不力,没有较完善的配套政策,改革往往半途而废。四应确定改革的缓冲期和过渡阶段,这样有利于改革步骤的逐步展开。

毛泽东说过,政治路线确定之后,干部就是决定因素。同样,体制理顺之后,人才就是关键因素。事业发展关键在人。与经济建设相比,马鞍山市文化建设人才在三个领域相对匮乏。一是文化领军人物、灵魂人物,即真正意义上的文化名人。这与马鞍山市作为工业城市的性质有关,马鞍山市没有综合性文科高校、文化研究机构、出版机构。这种先天不足导致我们很难贡献出在全国有影响的本土思想大家和艺术大家。因此所产文化产品多数是文化初级产品,原创性不强,在与兄弟地市文化力竞争中优势不明显。从现实考虑,我们只能退而求其次,对于本土有成长潜力的文化人物应精心呵护,大力推介,为其提供基本的生活保障,营造良好的创造环境,防止这类文化人才隐性流失。对于已在一定范围内产生影响的文化人物经考察确定后应采取特殊优惠政策加以引进,逐步形成文化人才集聚的高地。要做好这件事,马鞍山各级领导应持有这样一种信念:文化名人代表一座城市的精神高度,从内心生发对文化的虔敬,对文化人物的尊重。二是文化管理人才。与第一类文化人才相比,这一类人才对马鞍山市文化发展更具有迫切的现实意义。限于传统的选人用人机制,大文宣系统的人才和官员多半内循环。其优点是对文化系统自身情况比较了解,多数为人处世也较儒雅,不足是对社会管理,对经济运行比较陌生,横向协调能力稍弱,站在宏观角度综合全面考虑问题不够。通俗地讲,大文宣系统通才匮乏。因此从战略高度统筹考虑马鞍山市文化管理人才的培养使用问题势在必行。三是文化艺术专业人才。文化系统专业部门的专业人才占编比例低大概是全国地市一级的通病。马鞍山市文博、考古、图书、群文、非遗、艺术研究等方面人才都很紧缺,有的专业几乎是空白。2007年马鞍山市还将创建全国文明城市。对照标准,某些专业人才缺口很大。市新博物馆、图书馆、大剧院建成之后,专业人才不足的矛盾将更加突出。不能寄希望于这些文化单位走市场化,而必须立足市情,选准配强核心岗位的文化专业人员,才能充分发挥这些标志性文化设施的文化功能。

以上分析了几组文化术语的含义,有的举例加以说明,表述不够周详,但笔者认为这些分析可以帮助读者加深对文化的理解。下面提出若干具体建议,对充实深化"文化发展年"项目或许具有拾遗补缺的作用。

1.重新论证上马"太白书院"项目。2005年这一国债项目已被市发改委立项,后因人事问题被搁置。各级领导和外地朋友来马鞍山,最令我们头疼的就是没有多少文化亮点给大家展现。游客来马,也只能停留半天,穿城而过。"太白书院"项目是集收藏《四库全书》、李白研究资料,开展学术讲座、学术研究、文化旅游建筑等于一体的综合性文化项目。它的建成使用,将对提升马鞍山市的文化形象,增强对李白学术界的吸引力、凝聚力起到积极作用。建议选址在烟墩山遗址公园附近,以便它与规划中的明清古建筑园、古床博物馆形成鼎立之势,最终将这一区域建设成为特色浓郁的文化街区。

2.论证规划马鞍山旅游环线。马鞍山市腹地不广,文化旅游景点又很分散,景点现状对游客产生不了强烈的吸引力。如能在加强景点建设的同时,规划建设以旅游为主,兼及产业布局、城乡人民生活方便的交通环线,缩短景点时间距离,将能很好地促进马鞍山市旅游发展。

3.在城市出入口加强地标性宣传。经过整治,马鞍山市出入口形象已大为改观。马鞍山市获得多项国家级荣誉称号,但城市出入口富有创意和感染力的地标性宣传广告、城市雕塑太少,缺乏特色文化魅力。在加大地标性宣传的同时,可在全国范围内开展广泛征集马鞍山市城标活动。

4.提升江东人文论坛的文化含量。市有关部门组建江东人文论坛,是一创新之举。但从已举办的几期内容来看,实用性太强,缺乏文化含量。可以事先广泛征集市民意见,提炼兴趣点,有计划地邀请一批文化名人来此讲座,市电视台再录制转播,扩大受众面,把论坛办成广大市民热切向往的文化课堂,不断推进学习型城市建设。

5.可与《光明日报》合作,开展两项活动。其一,《光明日报》2006年开辟"百城赋"专栏,好评如潮。仅安徽省就有合肥、淮北、池州、芜湖、滁州等市赋文登载,建议马鞍山市先广泛征集"马鞍山赋"原创作品,在全市开展公选公评活动,把这一活动作为一次生动的市情普及和宣传教育,最后推荐一篇在《光明日报》上发表。其二,开展研讨《千字文》活动。"三百千千"(即《三字经》《百家姓》《千字文》《千家诗》)是传统蒙学经典。宁波市鄞州区2006年在《光明日报》发起修改《三字经》活动,在全国引起强烈反响(明清人认为《三字经》作者是宋代大儒、宁波人王应麟)。《千字文》的影响不亚于《三字经》,且产生于梁代,作者也非常明确就是被称为"蒙学之祖"的马鞍山人周兴嗣。马鞍山市已开始立项兴建周兴嗣故居,着手收集历代书家《千字文》墨迹。如能在《光明日报》开辟专栏征文活动,将会在更大范围、更高层次上弘扬《千字文》的蒙学文化,为把马鞍山最终建成"中华启蒙教育研究中心"奠定基础。

6.切实关注马鞍山本土在全国范围内具有一定影响力的艺术家。以笔者所见,青年诗人杨键和画家杭法基,应引起相关部门的重视。马鞍山号称"诗城",又举办过十几届吟诗节、诗歌节,实在不应忽视杨键的存在。在诗歌衰微的当代,杨键诗歌顽强地证明了真正的诗歌仍然具有打动心灵的精神力量。有兴趣的读者可在网上查阅感受一下杨键在中国当代诗坛的影响力。杭法基的现代抽象新墨画独树一帜,堪称国内一流。杨键、杭法基的作品都具有高浓度的文化哲学含量,而他们本人长期遮蔽于主流视野之外,自甘寂寞,顽强创作,显示了可贵的艺术家风骨。

　　7.市情乡土文化进入党校课程。提升官员的综合素质对促进地方和谐发展作用巨大。市情、乡土文化进入党校课堂,虽不会起到立竿见影的功效,但这种导向很重要,会慢慢改变全市干部对本市的印象,使他们在今后的工作和生活中不断以新的眼光审视脚下的土地,进而增强热爱马鞍山、热爱乡土的自豪之情。这对塑造马鞍山市的精神品格、城市形象都将产生潜移默化的作用。

　　以上几点具体建议不够系统,有的是拾遗补缺,有的现在就实行起来有一定困难,只是希望能引起有关方面的注意。不妥之处,欢迎广大读者批评。

# 后　记

　　《星光下的劳作——曹化根文艺评论集》是我的第一本文艺评论集,现在出版了,有几句话想说一说。

　　我搞文艺评论是业余的,一来误打误撞,二来完全出于兴趣。年轻时当老师批改学生作文,自己也试着练笔,偶尔发表一点散文、随笔,现在从文字上讲也还看得过去,其实那时受很多框框条条影响,今天从意义和结构上看,只能说是一种类似八股的东西,也就是说当时还不会写作,更别说评论了。1993－1995年,我在马鞍山市电大当了几年代课教师,教过社会学、现当代文学、艺术鉴赏、应用写作等课程。由于没有升学竞争负担,课堂上我可以尽兴发挥,学生喜欢听,我自己收获也很大,自己最大的自由就是摆脱了所谓的教学参考书,完全按照自己的理解上课,最大的收获就是在深入思考之后,敢于提出独立见解、独立判断,由此我体会到教学的快乐。此后我在一家晚报做了一年记者,写了不少文化通讯和文化专题报道,这就涉及评论,于是慢慢摸索出文化评论的一点门路。后来又有在文联和政府工作的经历,有感而发,业余写点文艺评论,虽然没有学会学院派的庄重严肃,但多少有些发自心灵的"干货"。

　　真正写文艺评论是很苦的事,是笨人才会干的活,但苦中有乐,写久了还有点上瘾。既然写评论,就想尽力写得好一些,提出真见解,敢于真批评,发自真性情,而且有理论支撑。要做到这一点,就要逼着自己多看多想。另外,在当前浮躁的环境里,自己要有定力。多年前,我写过一首没有多少诗意的小诗《漩涡》:"因为一种力/所有的物质/纷纷下沉/离中心越近/下沉得越快/安于边缘　才能/静静地　流向远方。"在任何时代,"引领"都是大词,从根本意义上讲,文艺评论应该发挥引领功能。实现这种高远的目标需要极其艰苦的攀登,一般而言,它只存于心中。我只是希望自己不要被时代拉下太远,能够听到它或者凌乱或者整齐的脚步声,已经是莫大的幸福了!

感谢钱念孙先生在百忙之中为这本小书作序!序中的希望是我前进的方向。感谢为这本小书出版付出辛劳的所有人!

曹化根

2016 年 11 月 28 日